GSAT 삼성직무적성검사(1회)

수리논리

추리

GSAT 삼성직무적성검사(2회)

수리논리

1	① ② ③ ④ ⑤
2	① ② ③ ④ ⑤
3	① ② ③ ④ ⑤
4	① ② ③ ④ ⑤
5	① ② ③ ④ ⑤
6	① ② ③ ④ ⑤
7	① ② ③ ④ ⑤
8	① ② ③ ④ ⑤
9	① ② ③ ④ ⑤
10	① ② ③ ④ ⑤
11	① ② ③ ④ ⑤
12	① ② ③ ④ ⑤
13	① ② ③ ④ ⑤
14	① ② ③ ④ ⑤
15	① ② ③ ④ ⑤
16	① ② ③ ④ ⑤
17	① ② ③ ④ ⑤
18	① ② ③ ④ ⑤
19	① ② ③ ④ ⑤
20	① ② ③ ④ ⑤

추리

1	① ② ③ ④ ⑤
2	① ② ③ ④ ⑤
3	① ② ③ ④ ⑤
4	① ② ③ ④ ⑤
5	① ② ③ ④ ⑤
6	① ② ③ ④ ⑤
7	① ② ③ ④ ⑤
8	① ② ③ ④ ⑤
9	① ② ③ ④ ⑤
10	① ② ③ ④ ⑤
11	① ② ③ ④ ⑤
12	① ② ③ ④ ⑤
13	① ② ③ ④ ⑤
14	① ② ③ ④ ⑤
15	① ② ③ ④ ⑤
16	① ② ③ ④ ⑤
17	① ② ③ ④ ⑤
18	① ② ③ ④ ⑤
19	① ② ③ ④ ⑤
20	① ② ③ ④ ⑤
21	① ② ③ ④ ⑤
22	① ② ③ ④ ⑤
23	① ② ③ ④ ⑤
24	① ② ③ ④ ⑤
25	① ② ③ ④ ⑤
26	① ② ③ ④ ⑤
27	① ② ③ ④ ⑤
28	① ② ③ ④ ⑤
29	① ② ③ ④ ⑤
30	① ② ③ ④ ⑤

GSAT 삼성직무적성검사(3회)

답안지 (OMR)

GSAT 삼성직무적성검사(4회)

GSAT 삼성직무적성검사 (5회)

삼성 GSAT
봉투모의고사

제1회
모의고사

QMG 박문각

문제의고사
제1회

공개모의고사
술술 ESSAY

제1회 모의고사

삼성직무적성검사	수리논리	20문항/30분
	추리	30문항/30분

수리논리 | 01 ~ 20번

01 어느 작은 학교의 작년 남녀 학생 수의 비가 3:4이었는데, 그 후 남학생 5명이 새로 입학하고 여학생 2명이 다른 학교로 전학을 가서 올해 남녀 학생 수의 비는 10:9가 되었다. 작년의 남녀 학생 수는 몇 명 차이가 났겠는가?

① 5명　　　　　　　　　　② 6명
③ 7명　　　　　　　　　　④ 8명
⑤ 9명

02 각 자리의 숫자의 합이 7인 두 자리의 자연수가 있다. 이 자연수의 십의 자리 숫자와 일의 자리 숫자를 바꾼 수는 원래 수보다 9만큼 크다고 할 때, 원래의 수는 얼마인가?

① 26　　　　　　　　　　② 34
③ 41　　　　　　　　　　④ 52
⑤ 64

03 다음은 A지역의 50대 근로자에 관한 자료이다. 이에 대한 설명으로 옳은 것은?

A지역 50대 근로자 수 및 구성비

(단위: 명, %)

구분	2016년	2017년	2018년	2019년	2020년	2021년
전체	53,679	54,347	55,678	57,301	58,031	59,027
남자	37,453	38,432	38,579	38,903	39,301	39,507
여자	16,226	15,915	17,099	18,398	18,730	19,520
구성비	11.2	12.3	12.5	12.7	12.3	12.5

※ 구성비 = $\frac{\text{A지역 50대 근로자}}{\text{A지역 총 근로자}} \times 100$

① A지역에서 50대 남녀 근로자의 수는 조사 기간 중 매년 꾸준히 늘었다.
② 전년 대비 2021년 50대 근로자 수의 증가율은 3% 이상이다.
③ 조사 기간 동안 매년 A지역 50대 남자 근로자 수는 여자 근로자 수의 2배 이상이다.
④ 2016년의 A지역 총 근로자 수는 2018년의 A지역 총 근로자 수보다 적다.
⑤ 조사 기간 중 A지역 50대 근로자 중에서 남자가 차지하는 비중은 매년 70% 이상이다.

04 다음은 A~E 지역의 1인당 돼지고기 평균 소비량에 관한 자료이다. 2020년 1인당 돼지고기 평균 소비량이 가장 많은 지역과 두 번째로 많은 지역을 바르게 짝지은 것은?

2021년 A~E 지역의 연간 1인당 돼지고기 평균 소비량

(단위: g, %)

구분	A	B	C	D	E
평균	10,403	15,321	20,437	8,538	30,243
2020년 대비 증감률	3	7	2	10	-7

	가장 많은 지역	두 번째로 많은 지역
①	C	D
②	C	A
③	E	C
④	E	D
⑤	B	E

05 다음 자료는 세계 주요국 또는 기관의 아프가니스탄 지원금 약속 현황 및 집행 현황을 나타낸 자료이다. 이때 (가), (나), (다)에 들어갈 값을 바르게 짝지은 것을 고르면? (단, 비율은 소수점 둘째 자리에서 반올림하고 금액은 백만 달러 단위까지만 나타낸다.)

아프가니스탄 지원금 약속 및 집행 현황

(단위: 백만 달러, %)

구분	약속금액	집행금액	집행비율
미국	10,400	5,023	48.3
EU	1,721	(가)	62.4
세계은행	1,604	853	53.2
영국	1,455	1,266	87.0
일본	1,410	1,393	98.8
독일	1,226	768	62.6
캐나다	(나)	731	93.8
이탈리아	424	424	100.0
스페인	63	26	(다)

	(가)	(나)	(다)
①	840	686	41.3
②	840	779	40.5
③	1,073	779	41.3
④	1,073	782	40.5
⑤	1,579	779	42.3

06 다음은 최근 8년간의 기업결합 건수를 유형별 및 수단별로 정리한 자료이다. 이에 대한 설명으로 옳지 않은 것은?

유형별 및 수단별 기업결합

(단위: 건)

구분		2014년	2015년	2016년	2017년	2018년	2019년	2020년	2021년
유형별	수평	151	143	155	158	137	189	203	200
	수직	47	45	43	42	47	48	53	67
	혼합	353	352	357	359	347	353	414	317
	계	551	540	555	559	531	590	670	584
수단별	주식취득	216	123	159	171	143	189	245	203
	합병	201	207	209	215	223	237	302	303
	회사신설	134	210	187	173	165	164	123	78
	계	551	540	555	559	531	590	670	584

※ 모든 기업결합은 주식취득, 합병 그리고 회사신설로 이루어졌다.

① 전년 대비 기업결합 수 증가율이 가장 높은 해에는 유형별 기업결합 중에서 혼합적 기업결합이 가장 큰 비율로 늘어났다.
② 전년 대비 전체 기업결합의 수가 줄어들었을 때 합병에 의한 기업결합의 수는 늘었다.
③ 조사기간 중 전체 기업결합 수의 증감 방향과 수평적 기업결합 수의 증감 방향은 일치했다.
④ 전체 기업결합 수는 전년 대비 감소한 해보다 증가한 해가 더 많다.
⑤ 전년 대비 기업결합 수가 가장 큰 폭으로 하락한 해에 수단별 기업결합 중에서 가장 큰 영향을 준 것은 주식취득에 의한 기업결합이다.

07 다음은 바이오 관련 기업에 관한 자료이다. 이에 대한 설명으로 옳은 것은?

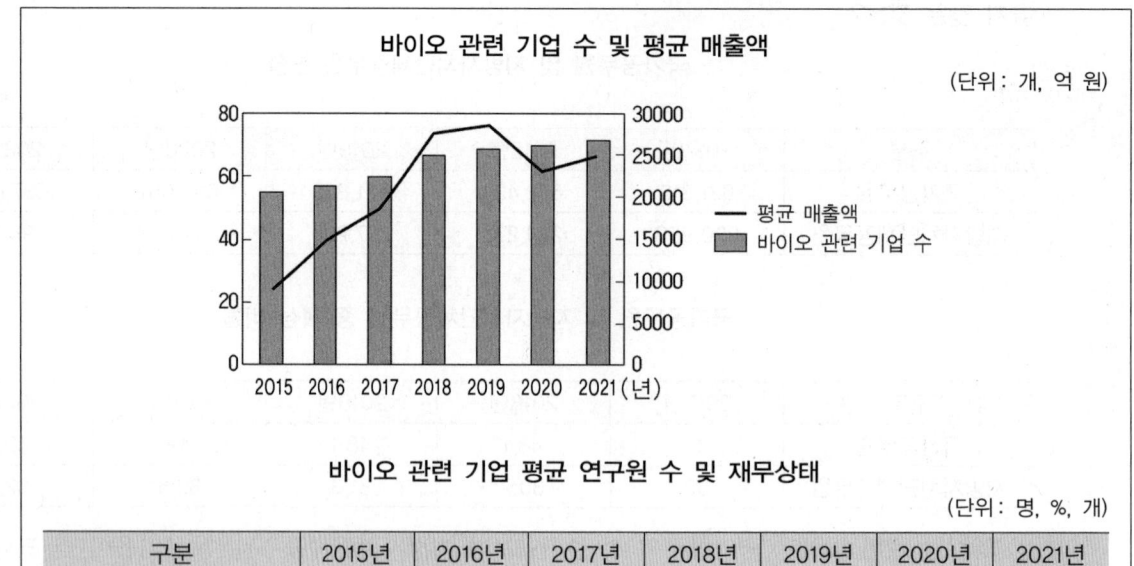

바이오 관련 기업 평균 연구원 수 및 재무상태

(단위: 명, %, 개)

구분		2015년	2016년	2017년	2018년	2019년	2020년	2021년
평균 연구원 수		30.1	28.3	28.1	27.3	27.0	26.1	25.5
재무상태	자기자본비율	45.7	37.8	37.9	37.9	41.3	42.7	43.3
	부채비율	121.3	155.3	154.3	153.7	142.4	140.5	140.7
	연구원당 평균 특허권 보유개수	3.3	2.8	3.0	2.9	3.3	3.7	3.9

① 바이오 관련 기업 수가 가장 큰 폭으로 증가한 해에 자기자본비율은 전년 대비 증가하였다.
② 2019년에 부채비율은 전년 대비 증가하였다.
③ 부채비율이 가장 높았던 해에 연구원당 평균 특허권 보유개수는 가장 적었다.
④ 평균 연구원 수는 2015년 대비 2019년에 4.1명 감소하였다.
⑤ 조사기간 동안 바이오 관련 기업의 수가 증가하면서 평균 연구원 수도 같이 증가했다.

08 다음은 2017~2021년 국가공무원 및 지방자치단체공무원 현황에 관한 자료이다. 이에 대한 설명으로 옳지 않은 것은?

국가공무원 및 지방자치단체공무원 현황

(단위: 명)

구분	2017년	2018년	2019년	2020년	2021년
국가공무원	621,313	622,424	621,823	634,051	637,654
지방자치단체공무원	280,958	284,273	287,220	289,837	296,193

국가공무원 및 지방자치단체공무원 중 여성 비율

(단위: %)

구분	2017년	2018년	2019년	2020년	2021년
국가공무원	47	48.1	48.1	49	49.4
지방자치단체공무원	30	30.7	31.3	32.6	32.6

① 2017년 대비 2021년 국가공무원 수 증가율보다 지방자치단체공무원 수 증가율이 더 크다.
② 국가공무원 중 여성 비율과 지방자치단체공무원 중 여성 비율의 차이가 가장 큰 해는 2018년이다.
③ 국가공무원 중 여성 수는 2017년부터 2021년에 이르기까지 매년 증가하고 있지는 않다.
④ 지방자치단체공무원 중 남성 비율이 전년도와 비교하여 가장 큰 비율로 감소한 해는 2020년이다.
⑤ 2021년 지방자치단체공무원 중 여성 수는 전년도와 비교하여 동일하다.

09 다음은 2021년 전국 지역별, 월별 영상 회의 개최 건수에 관한 자료이다. 이에 대한 설명으로 옳은 것은?

2021년 전국 월별 영상 회의 개최 건수

(단위 : 건)

구분	1월	2월	3월	4월	5월	6월	7월	8월	9월	10월	11월	12월
개최 건수	77	68	114	61	96	97	92	102	120	88	68	99

2021년 전국 지역별 영상 회의 개최 건수

- 경기 : 159(건)
- 전북 : 93(건)
- 강원 : 76(건)
- 충남 : 65(건)
- 인천 : 54(건)
- 기타 : 193(건)
- 전남 : 442(건)

※ 전국 지역은 총 18지역이다.

① 영상 회의 개최 건수가 가장 적은 지역은 인천이다.
② 9월에 실시한 영상 회의 중 전남에서 실시한 영상 회의가 가장 많다.
③ 전북의 모든 영상 회의를 5월에 실시했다면 5월에 영상 회의를 개최한 지역은 최소 네 지역이다.
④ 12월에 개최한 영상 회의 건수는 전체의 10% 이상이다.
⑤ 강원, 전북, 전남의 영상 회의 개최 건수의 합은 전국 영상 회의 개최 건수의 절반 이상이다.

[10~11] 다음은 향후 여가시간 활용 방향에 대한 실태조사 자료이다. 이를 보고 이어지는 물음에 답하시오.

향후 여가시간 활용 방향에 대한 실태조사

(단위: 명, %)

구분		사례 수	의무활동시간을 늘릴 것이다	여가시간을 늘릴 것이다	필수유지시간을 늘릴 것이다	기타
전체	소계	10,602	12.3	56	31.6	0.1
성별	남성	5,179	12.9	56.2	30.8	0.1
	여성	5,423	11.6	55.9	32.4	0.1
연령	15~19세	827	20.7	47.8	31.3	0.2
	20대	1,476	18.5	56.1	25.4	0
	30대	1,707	10.9	59.2	29.9	0
	40대	1,991	10.2	58	31.7	0.1
	50대	1,956	8.8	60.2	31	0.1
	60대	1,336	12.4	55.7	32	0
	70대 이상	1,309	9.6	45.8	44.3	0.3
학력	초졸 이하	1,248	12.9	48.2	38.7	0.2
	중졸	1,471	14.8	47.4	37.7	0.1
	고졸	4,183	12.8	57.8	29.4	0
	대졸 이상	3,700	10.8	58.8	30.3	0.1
지역 규모	대도시	4,611	11.9	56.8	31.2	0.1
	중소도시	3,610	12.5	57.3	30.1	0
	읍면지역	2,381	12.7	51.5	35.7	0.1

※ 의무활동시간: 업무, 학업 등
※ 필수유지시간: 수면, 식사, 개인위생 등

10 위 자료를 이해한 내용으로 옳지 않은 것은? (단, 소수점 첫째 자리에서 반올림한다.)

① '의무활동시간을 늘릴 것이다'라고 답한 여성은 600명이 넘는다.
② 모든 연령대에서 '여가시간을 늘릴 것이다'라고 답한 사람의 비율이 '필수유지시간을 늘릴 것이다'의 비율보다 높다.
③ 전체 응답자 중에서 '의무활동시간을 늘릴 것이다'라고 답한 사람의 수는 대도시보다 중소도시가 더 많다.
④ 수면, 식사, 개인위생 시간을 더 늘릴 계획이 있다고 응답한 사람들 중 가장 낮은 비율을 보이는 연령대는 20대이다.
⑤ 전체 응답자 중 여가시간을 늘릴 것이란 사람과 의무활동시간을 늘릴 것이라고 응답한 사람은 4,500명 이상 차이가 난다.

11 위 자료를 바탕으로 만든 그래프로 옳지 않은 것은?

① 연령대별 '여가시간을 늘릴 것이다'라고 답한 사람의 비율

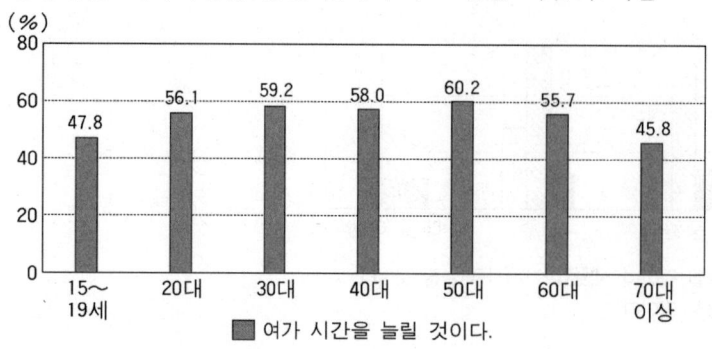

② 전체의 향후 여가시간 활용 방향

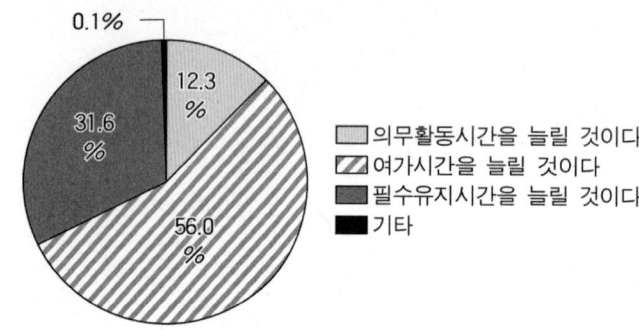

③ 지역 규모별 향후 여가시간 활용 방향

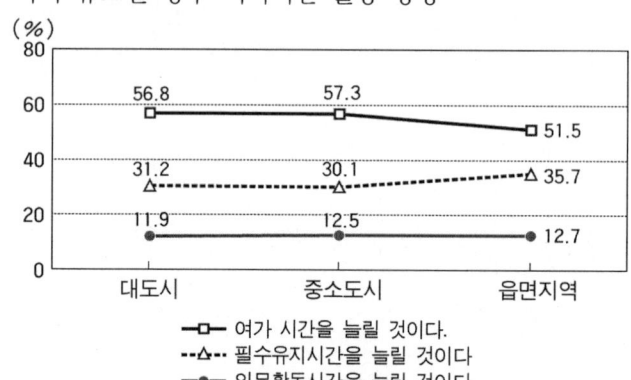

④ 성별에 따른 여가시간 활용 방향

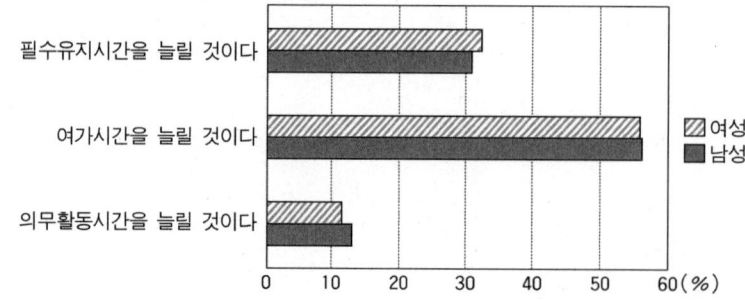

⑤ 학력별 향후 여가 시간 활용 방향

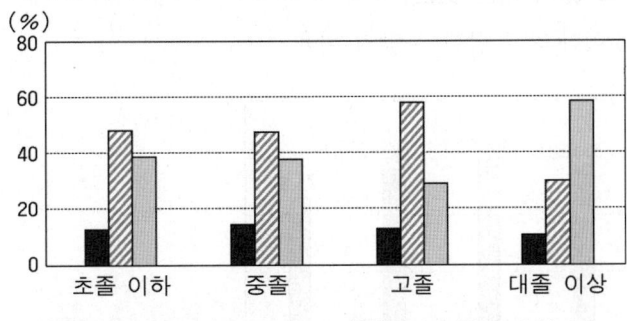

[12~13] 다음은 서울 및 수도권 지역의 가구를 대상으로 난방방식 현황 및 난방연료 사용 현황에 대해 조사한 자료이다. 이를 보고 이어지는 물음에 답하시오.

난방방식 현황

(단위: %)

종류	서울	인천	경기남부	경기북부	평균
중앙난방	22.3	13.5	6.3	11.8	14.4
개별난방	64.3	78.7	26.2	60.8	58.2
지역난방	13.4	7.8	67.5	27.4	27.4

난방연료 사용 현황

(단위: %)

종류	서울	인천	경기남부	경기북부	평균
도시가스	84.5	91.8	33.5	66.1	69.5
LPG	0.1	0.1	0.4	3.2	1.4
등유	2.4	0.4	0.8	3.0	2.2
열병합	12.6	7.4	64.3	27.1	26.6
기타	0.4	0.3	1.0	0.6	0.3

12 위 자료에 대한 설명으로 옳은 것은?

① 도시가스를 난방연료로 사용하는 가구 비율이 가장 적은 지역은 경기북부이다.
② 경기북부가 경기남부보다 지역난방을 사용하는 비중이 높고 개별난방을 사용하는 비중이 낮다.
③ 모든 지역에서 가장 많이 사용하는 난방연료는 도시가스이다.
④ 서울 및 수도권에서 가장 많이 사용하는 난방방식은 개별난방이다.
⑤ 개별난방을 난방방식으로 가장 많이 사용하는 지역은 서울이다.

13 자료 조사 당시 서울의 인구는 1천만 명이고 인천의 인구는 300만 명이었다. 서울과 인천에서 중앙난방 방식을 사용하는 인구는 얼마나 차이 나는가?

① 180만 명
② 182만 5천 명
③ 194만 2천 명
④ 204만 6천 명
⑤ 223만 명

[14~15] 다음은 우리나라 가구의 평균 자산 및 부채 현황과 가구주 나이별·성별·가구원 수별 가구 순자산에 관한 자료이다. 이를 보고 이어지는 물음에 답하시오.

가구 평균 자산 및 부채 현황

(단위: 만 원)

구분		2016년	2017년	2018년	2019년	2020년	2021년
자산		27,893	29,654	31,259	33,134	35,659	36,124
	실물자산	21,897	22,678	24,859	25,659	27,598	26,893
	금융자산	5,996	6,976	6,400	7,475	8,061	9,231
부채		5,105	5,213	5,485	5,789	5,978	6,127
	임대보증금	1,507	1,623	1,812	1,887	1,934	1,989
	금융부채	3,598	3,590	3,673	3,902	4,044	4,138
순자산		22,788	24,441	25,774	27,345	29,681	29,997

※ 순자산 = 자산 − 부채

가구주 나이별, 성별 및 가구원 수별 가구 순자산

(단위: 만 원)

구분		2016년	2017년	2018년	2019년	2020년	2021년
가구주 나이별	20대 이하	12,375	14,578	13,478	17,589	18,577	20,327
	30대	20,389	21,089	22,004	25,308	28,403	29,554
	40대	23,487	24,568	26,597	24,508	24,891	27,897
	50대 이상	30,517	29,587	31,213	31,789	33,245	34,536
가구주 성별	남자	25,318	27,568	29,527	30,568	31,475	32,158
	여자	11,958	(a)	13,579	15,124	17,058	19,531
가구원 수별	2인 이하	18,897	19,507	18,853	20,357	22,578	24,137
	3인	20,753	21,157	24,457	(b)	27,785	26,547
	4인	23,578	24,521	26,152	29,457	30,123	32,114
	5인 이상	25,537	24,589	27,321	28,345	31,245	33,245

14 위 자료에 관한 설명으로 적절하지 않은 것은?

① 실물자산의 전년 대비 증감률이 가장 큰 해와 5인 이상 가구의 전년 대비 순자산 증감률이 두 번째로 큰 해는 같다.
② 2018년 가구원 수별 순자산을 살펴보면 전년 대비 순자산 증감률이 가장 높은 것은 3인 가구이다.
③ 2016년 대비 2021년 가구주 나이별 순자산의 증가율이 두 번째로 높은 것은 30대이다.
④ 가구주 나이별 순자산에서 매년 가구 평균 순자산의 변화와 같은 증감 추이를 보이는 것은 30대이다.
⑤ 순자산이 전년 대비 가장 많이 증가한 해는 2020년이다.

15 다음 주어진 〈보기〉의 조건이 참일 때, 위 자료의 (a), (b)에 들어갈 수치를 바르게 짝지은 것은?

보기
Ⓐ 2017년 가구주가 여자인 가구의 순자산은 2016년에 비해 증가하였다.
Ⓑ 2019년 3인 가구의 순자산은 같은 해 2인 이하 가구의 순자산을 상회한다.

	(a)	(b)
①	10,327	23,758
②	11,598	22,457
③	12,387	21,578
④	12,579	20,127
⑤	13,124	19,578

16 다음은 권역별 건축 및 주거용 건물 건축공사 비용에 관한 자료이다. 이에 대한 설명으로 옳지 않은 것은?

권역별 건축 및 주거용 건물 건축공사 비용

(단위: 건, 억 원)

구분		수도권	중부권	호남권	영남권	제주권
건축 건수		120	170	150	200	140
건축공사비		134,270	114,720	115,300	200,370	100,370
주거용 건물 건축공사비	합	6,050	5,300	4,720	10,850	5,150
	단독주택	250	100	120	350	300
	오피스텔	2,500	2,700	2,050	5,000	1,600
	아파트	3,300	2,500	2,550	5,500	3,250

※ 건축공사비 내에 주거용 건물 건축공사비 포함

① 건축공사비에서 주거용 건물 건축공사비가 차지하는 비율은 모든 권역에서 7% 이하이다.
② 단독주택 건축공사비가 가장 적은 권역의 주거용 건물 건축공사비는 모든 권역 중에서 가장 적지는 않다.
③ 건축공사비가 가장 많은 권역에서는 주거용 건물 건축공사비 중 아파트 건축공사비가 가장 큰 비중을 차지한다.
④ 건축 건수 대비 건축공사비가 가장 적은 권역은 호남권이다.
⑤ 주거용 건물 건축공사비가 가장 많은 권역은 건축공사비도 가장 많다.

17 다음은 7개 지역 공공의료기관 취약계층 진료 비중과 공공의료기관 비중에 관한 자료이다. 이에 관한 설명으로 옳지 않은 것은?

공공의료기관 취약계층 진료 비중

(단위: %)

소득분위별 건강보험	서울	부산	대구	인천	광주	대전	울산	전국
건강보험(5분위)	31.6	29.6	29.2	23.0	29.5	30.6	42.0	29.0
건강보험(4분위)	17.3	18.3	19.6	15.4	17.5	18.8	12.0	17.5
건강보험(3분위)	11.7	12.4	12.9	11.8	13.1	13.2	4.8	12.5
건강보험(2분위)	9.7	9.6	9.4	9.1	9.6	10.0	1.5	9.7
건강보험(1분위)	10.2	10.4	10.4	10.0	11.4	10.8	14.1	11.3
건강보험(전체)	80.6	80.2	81.5	70.4	81.1	83.5	74.3	80.1
의료급여	19.4	19.8	18.5	19.6	18.9	16.5	25.7	19.9

공공의료기관 비중

구분	서울	부산	대구	인천	광주	대전	울산	전국
전체 의료기관(개소)	495	396	207	167	255	113	99	3,803
공공의료기관(개소)	21	10	9	7	9	7	1	220
공공의료기관 비중(%)	4.2	2.5	4.3	4.2	3.5	6.2	1.0	5.8

※ 의료급여: 건강보험을 적용하지 않고 의료급여법에 의하여 수급권자에게 무상으로 의료서비스를 제공하는 급여
※ 소득분위가 높을수록 연 소득이 낮다(5분위의 소득이 1분위의 소득보다 낮음).

① 전국의 공공의료기관 중 서울에 있는 공공의료기관 수는 10%가 되지 않는다.
② 전체 의료기관 중 공공의료기관 비중이 가장 낮은 지역과 가장 높은 지역의 차이는 5%p를 초과한다.
③ 7개 지역 중 의료서비스를 무상으로 받는 사람의 비중이 가장 높은 지역은 두 번째로 높은 지역과 5.9%p 차이가 난다.
④ 건강보험 1분위 계층과 5분위 계층 간 진료 비중 차이가 가장 큰 지역은 울산이다.
⑤ 소득이 낮은 계층일수록 공공의료기관에서 진료를 받는 비중이 높다.

18 B회사는 인턴사원을 채용한 후 일정 기간이 지나면 일부를 정직원으로 전환해 채용하고 있다. 이와 관련된 자료가 다음과 같을 때, 이에 대한 설명으로 옳지 않은 것은?

연령대별 인턴사원의 정직원 전환 규모

(단위 : 명)

구분	20대	30대	40대	50대	합계
정직원 합격	257	347	54	37	659
정직원 불합격	35	37	39	27	138

연령대별 인턴사원 정직원 불합격 사유에 대한 설문조사 결과

(단위 : 명)

구분	20대	30대	40대	50대
나이	0	2	11	9
학력	10	9	8	4
실무평가 미흡	21	22	7	3
협동심 부족	4	4	13	11
계	35	37	39	27

※ 정직원 불합격자가 본인이 생각하는 불합격 사유에 대해 응답한 것이며, 복수응답을 하거나 무응답을 한 사람은 없다.

① 20대와 30대에서는 가장 많은 사람들이 실무평가 미흡을 정직원 불합격 사유로 꼽았고 40대와 50대에서는 협동심 부족을 정직원 불합격 사유로 꼽은 사람이 가장 많았다.
② 인턴사원 중 불합격자의 비율이 가장 높은 연령대는 50대이다.
③ 가장 많은 불합격자가 꼽은 불합격 사유는 실무평가 미흡이고 이는 전체 응답의 50% 이상의 비중을 차지한다.
④ B회사 인턴사원의 정직원 합격률은 80% 이상이다.
⑤ 연령대가 높아질수록 실무평가 미흡을 정직원 불합격의 원인으로 꼽은 사람이 적다.

[19~20] 다음은 한국의 화장품 및 스마트폰 산업 동향에 관한 자료이다. 이를 보고 이어지는 물음에 답하시오.

화장품 산업 동향

구분	2017년	2018년	2019년	2020년	2021년
생산액(조 원)	35.7	36.4	37.2	38.3	37.6
세계시장 점유율(%)	21.3	22.4	23.5	24.7	23.2
수출액(억 불)	307.8	310.7	305.2	382.3	323.3
전년 대비 수출액 증가율(%)	25.3	0.9	-1.8	25.3	( )
수입액(억 불)	110.3	105.8	103.7	101.2	99.7
전년 대비 수입액 증가율(%)	10.7	-4.1	-2.0	-2.4	-1.5
기초화장품 가격($)	10.2	9.8	9.5	11.2	12.1

스마트폰 산업 동향

구분	2017년	2018년	2019년	2020년	2021년
생산액(조 원)	62.1	60.7	64.3	65.6	65.9
세계시장 점유율(%)	43.7	45.3	50.7	43.2	42.7
수출액(억 불)	632.3	673.8	703.1	634.7	623.5
전년 대비 수출액 증가율(%)	47.3	6.6	4.3	-9.7	-1.8
A사 신제품 가격($)	990	950	930	950	945
B사 신제품 가격($)	730	659	673	679	689

19 위 자료에 대한 설명으로 옳지 않은 것은?

① 꾸준한 상승을 보이던 화장품 산업의 세계시장 점유율은 2021년에 감소하였다.
② 2019년 한국의 스마트폰 세계시장 점유율은 50% 이상이다.
③ 2017년 대비 2021년 화장품 수입액은 8% 이상 감소했다.
④ A사의 신제품 스마트폰의 전년 대비 가격 인하 폭이 가장 큰 해에 스마트폰 수출액이 가장 높았다.
⑤ 2019년 이후로 2021년까지 스마트폰 수출액이 감소했으며 세계시장 점유율 또한 감소하였다.

20 전년 대비 2021년 화장품의 수출액 증감률은 얼마인가? (단, 소수점 둘째 자리에서 반올림한다.)

① 15.4%   ② 10.3%
③ -5.4%   ④ -10.4%
⑤ -15.4%

추리 | 01 ~ 30번

01 다음 결론이 반드시 참이 되게 하는 전제는?

전제	어떤 사원은 부지런하지 않은 사람이다.
결론	어떤 사원은 승진할 수 없다.

① 어떤 사원은 승진할 수 있다.
② 어떤 부지런한 사람은 승진할 수 없다.
③ 모든 부지런한 사람은 승진할 수 있다.
④ 모든 부지런하지 않은 사람은 승진할 수 없다.
⑤ 어떤 부지런하지 않은 사람은 승진할 수 있다.

02 다음 결론이 반드시 참이 되게 하는 전제는?

전제	A사의 모든 휴대폰 케이스는 튼튼하다.
결론	A사의 어떤 휴대폰 케이스도 실리콘으로 만든 휴대폰 케이스가 아니다.

① A사의 어떤 휴대폰 케이스는 실리콘으로 만든 휴대폰 케이스다.
② 실리콘으로 만든 어떤 휴대폰 케이스는 튼튼하지 않다.
③ 실리콘으로 만든 휴대폰 케이스 중 A사의 휴대폰 케이스가 있다.
④ 튼튼한 것 중에는 실리콘 케이스로 만든 휴대폰 케이스가 있다.
⑤ 실리콘으로 만든 모든 휴대폰 케이스는 튼튼하지 않다.

03 다음 전제를 바탕으로 도출할 수 있는 결론은?

전제	어떤 대학생들은 여행을 좋아한다.
	버스를 싫어하는 사람은 여행을 좋아하지 않는다.
결론	

① 여행을 좋아하는 모든 사람은 대학생이다.
② 어떤 대학생들은 버스를 싫어하지 않는다.
③ 버스를 싫어하는 사람은 대학생이 아니다.
④ 여행을 좋아하는 사람은 버스를 싫어한다.
⑤ 여행을 좋아하지 않는 사람은 대학생이 아니다.

04 갑, 을, 병, 정, 무가 예약하려는 호텔에는 5개의 방이 있다. 다음 조건을 고려할 때, 항상 참이 아닌 것은?

| 왼쪽 | 101호 | 102호 | 103호 | 104호 | 105호 | 오른쪽 |

- 각 방에는 한 명만 예약할 수 있다.
- 퀸 사이즈 침대는 두 개의 방에만 있다.
- 갑은 103호에 예약했다.
- 102호와 103호는 퀸 사이즈 침대가 없다.
- 을이 예약한 방은 갑이 예약한 방과 인접해 있지 않으며 퀸 사이즈 침대가 있다. 그리고 그 왼쪽에 있는 방에 병이 예약을 하지 않았다.
- 정이 예약한 방에는 퀸 사이즈 침대가 있으며 그 인접한 방에는 퀸 사이즈 침대가 없다.

① 101호에는 퀸 사이즈 침대가 준비되어 있다.
② 병과 무는 인접한 방을 쓰지 않는다.
③ 을은 105호에 예약을 했다.
④ 퀸 사이즈 침대는 주어진 방의 양 끝에 준비되어 있다.
⑤ 병이 예약한 방은 정확히 알 수 없다.

05 △△회사 기획팀 직원 5명이 제주도에서 열리는 세미나 참석을 위해 김포공항에서 만나기로 했다. A부장, B과장, C대리, D대리, E사원이 다음과 같은 순서로 공항에 도착했을 때, 항상 참인 것은?

- E사원이 B과장보다 늦게 도착했다.
- C대리는 바로 앞에 도착한 사람보다 5분 늦게, 가장 늦게 온 사람보다 11분 먼저 도착했다.
- A부장이 세 번째로 도착했다.
- 가장 늦게 도착한 사람은 가장 먼저 도착한 사람보다 16분 늦게 도착했고, 바로 앞에 온 사람보다는 1분 늦게 도착했다.

① 가장 먼저 도착한 사람은 D대리 또는 E사원이다.
② A부장이 사원보다 늦게 도착했다.
③ 네 번째로 도착한 사람이 B과장이라면 가장 먼저 도착한 사람은 D대리이다.
④ 마지막에 도착한 사람은 A부장보다 10분 이상 늦게 도착했다.
⑤ 마지막에 도착한 사람은 D대리가 아니다.

06 대학생 A, B, C, D, E, F가 담당교수와 다음주에 개별 면담을 하기로 하였다. 월요일부터 금요일 사이에 면담을 진행하며, 상담 순서를 다음 조건에 따라 정할 때 항상 참인 것은?

- 하루에 한 명씩 면담을 진행하며, 금요일에만 두 명이 면담을 진행한다.
- B는 A보다 늦게 면담을 한다.
- E는 화요일이나 목요일에 면담을 할 수 있다.
- C는 B가 면담을 한 바로 다음날 면담을 진행한다.
- C는 금요일에 면담을 할 수 없다.

① B는 수요일에 면담을 한다.
② F는 C가 면담을 한 바로 다음날에 면담을 한다.
③ 수요일에 C가 면담을 하는 경우, B는 목요일에 면담을 한다.
④ 월요일에는 A 또는 D가 면담을 한다.
⑤ 금요일에는 D와 F가 면담을 한다.

07 수정, 민재, 민정, 성욱 4명은 취업을 준비하고 있다. A~E의 5개 회사 중 4명이 취업하고 싶은 회사에 대한 정보가 다음과 같을 때 항상 참이 아닌 것은?

- 4명이 취업을 희망하는 회사의 수는 각각 3개 이상이다.
- 수정은 A, B, C 3개의 회사에 취업하기를 희망하고 성욱은 A, C, D, E 4개의 회사에 취업하기를 희망한다.
- 민재가 취업을 희망하는 회사의 수는 성욱과 같으며 입사를 희망하는 회사가 모두 겹치지는 않는다.
- 수정과 민정이 동시에 취업하길 원하는 회사는 A사뿐이며, 민정이 입사를 희망하는 회사의 수는 수정과 동일하다.
- 4명 모두 입사를 희망하는 회사는 1개이고, 3명이 입사를 희망하는 회사는 2개이다.

① 민재가 A사, B사에 취업하고 싶어 한다면 E사에는 취업을 희망하지 않는다.
② 민정이 취업을 희망하는 회사는 A사, D사, E사 3곳이다.
③ 민재는 B사에 취업하기를 희망한다.
④ 민재가 C사, D사에 취업하기를 희망한다면 E사에는 취업을 희망하지 않는다.
⑤ A사는 4명 모두 취업하기를 원하는 유일한 회사이다.

08 어느 대학 인문대학에서 봄맞이 체육대회를 열었다. 인문대학에 속한 6개 학과가 참여하여 4개의 경기를 하였고, 1, 2, 3위의 순위를 가렸다. 1위 팀에는 10점, 2위 팀에는 5점, 3위 팀에는 2점을 부여하고, 합산 점수가 가장 높은 2개 학과에 상품을 주기로 하였다. 다음과 같이 경기가 진행되었을 때, 항상 참인 것은?

> - 국문학과는 2개의 경기에 참가했고, 두 경기에서 모두 2위를 차지했다.
> - 영문학과는 3개의 경기에 참가했고, 세 경기에서 각각 1위, 2위, 3위를 차지했다.
> - 독문학과는 모든 경기에 참가했고 한 경기에서 3위, 한 경기에서 1위를 차지했다. 나머지 경기에서는 순위권에 들지 못했다.
> - 불문학과는 3개의 경기에 참가했고, 모든 경기에서 순위권에 들었다.
> - 국사학과는 2개의 경기에 참가했고 순위권에 들지 못하였다.
> - 중문학과는 2개의 경기에 참가했고, 한 경기에서 1위, 한 경기에서 2위를 차지했다.

① 상품을 받는 과는 불문학과와 영문학과이다.
② 총점이 두 번째로 높은 과는 독문학과이다.
③ 영문학과와 불문학과의 총점 차이는 3점이다.
④ 영문학과는 상품을 받지 못한다.
⑤ 2위를 두 경기에서 차지한 과는 있으나, 3위를 두 경기에서 차지한 과는 없다.

09 A, B, C, D, E가 중국집에서 메뉴를 골랐다. 다음 조건을 모두 수용한다고 했을 때, 이들이 반드시 선택하지 않을 메뉴는?

> A : 짜장면을 시키면, 짬뽕은 시키지 않아야 한다.
> B : 탕수육과 볶음밥 중 하나는 시켜야 한다.
> C : 유산슬과 짜장면 모두를 시키거나 시키지 않아야 한다.
> D : 탕수육, 짜장면, 유산슬 중에 최소 2개는 시켜야 한다.
> E : 유산슬을 시키면, 볶음밥과 짬뽕 중 하나는 시켜지 않아야 한다.

① 짬뽕
② 짜장면
③ 탕수육
④ 유산슬
⑤ 볶음밥

10 A, B, C사는 지열, D, E, F사는 태양열 그리고 G, H, I사는 태양광 에너지와 관련된 회사이다. 다음 A~I사의 특허신청 내역에 관한 정보를 고려할 때, 반드시 참인 것은?

> - 특허권은 총 5개의 회사가 획득했다.
> - 지열 에너지 관련 회사는 하나 이상의 특허권을 획득했다.
> - D와 E 중 한 회사만 특허권을 획득했다.
> - A가 특허권을 획득했다면, D와 H는 특허권을 획득하지 못한다.
> - 태양광 에너지 관련 회사는 지열 에너지 관련 회사보다 획득한 특허권의 개수가 더 많다.
> - F가 특허권을 획득했다면, B와 I도 특허권을 획득한다.

① 지열 에너지 관련 회사와 태양열 에너지 관련 회사가 획득한 특허권의 수가 동일할 때, A는 특허권을 획득하지 못하였다.
② 태양광 에너지 관련 회사와 태양열 에너지 관련 회사가 획득한 특허권의 수가 동일할 때, E는 특허권을 획득했다.
③ G와 H와 I는 특허권을 획득했다.
④ G와 B는 특허권을 획득했다.
⑤ 지열 에너지 관련 회사가 획득한 특허권의 개수는 태양열 에너지 관련 회사가 획득한 특허권의 개수보다 적다.

11 다음은 실용음악 학원의 선생님 갑, 을, 병, 정, 무 5명에 관한 정보이다. 다음 중 반드시 참이 아닌 것은?

> 1. 갑, 을, 병, 정, 무는 A~E실에서 레슨을 진행한다.
> 2. 기타, 드럼, 작곡, 보컬, 피아노를 각각 한 명씩 가르친다.
> 3. 갑은 A실에서 가르친다.
> 4. 을은 기타를 가르치지 않으며 B실에서 가르치지도 않는다.
> 5. 병은 D 혹은 E실에서 가르친다.
> 6. 정은 작곡을 가르친다.
> 7. B실에서 드럼을 가르치며 C실에서는 작곡을 가르치지 않는다.
> 8. D실에서 보컬을 가르치며 E실에서는 기타를 가르치지 않는다.

① 을은 피아노를 가르친다.
② 무는 B실에서 가르치지 않는다.
③ 작곡은 E실에서 가르친다.
④ 갑은 A실에서 기타를 가르친다.
⑤ 정은 C실에서 가르치지 않는다.

12 어느 회사에서 3개의 프로젝트 팀 A, B, C가 각기 프로젝트를 진행하고 있다. 직원 갑, 을, 병, 정, 무가 다음과 같이 프로젝트 팀 업무를 수행한다고 할 때, 항상 참인 것은?

> - 갑과 을은 같은 팀에서 일하지 않는다.
> - 두 개의 팀에 모두 속해 일하는 직원은 두 명이며, 나머지 직원들은 한 개의 팀에서만 일한다.
> - B팀의 프로젝트 업무가 가장 빨리 마무리되었다.
> - 병과 정은 한 개의 팀에서만 일한다.
> - 을은 두 개의 팀에서 일을 하는데, 두 팀 중 한 팀의 업무가 가장 빨리 마무리됐다.
> - 병이 속한 팀에는 갑도 함께 일하며, 정이 속한 팀에서는 무도 함께 일한다.
> - A팀에 속한 직원은 2명, B팀에 속한 직원은 3명이다.

① 두 개 팀에서 일하는 직원은 A팀에는 속하지 않는다.
② 정과 무는 같은 팀에서 일하지 않는다.
③ 을과 무는 B팀에서만 함께 일한다.
④ 정은 프로젝트 업무가 가장 빨리 마무리된 팀에 속한다.
⑤ 갑과 병은 C팀에 속한다.

13 철수, 영희, 민수, 나영 4명이 커피숍에 갔다. 이들은 각각 아메리카노, 카페 라떼, 카페 모카 중 하나의 음료를 주문했으며, 이들 중 두 명은 커피에 샷을 추가했다. 이들이 다음과 같이 주문을 했을 때, 항상 참인 것은?

> - 모든 종류의 커피가 적어도 한 잔은 주문되었다.
> - 민수는 나영과 같은 커피를 주문했다.
> - 영희나 민수 중 적어도 한 명은 카페 모카를 주문했다.
> - 영희는 카페 모카를 주문하지 않았으며, 민수는 샷을 추가하지 않았다.
> - 카페 라떼를 주문한 사람은 샷을 추가하지 않았다.

① 철수나 영희는 모두 커피에 샷 추가를 하지 않았다.
② 철수는 커피에 샷을 추가했다.
③ 나영이는 아메리카노나 카페 모카를 주문했다.
④ 철수가 아메리카노를 주문했다면 그는 샷을 추가하지 않았다.
⑤ 영희가 아메리카노를 주문했다면 나영이는 샷을 추가했다.

14 갑과 을은 유럽 국가에서 각각 4개국을 택하여 여행하려고 한다. 이 둘은 서로 다른 국가를 택하며, 이들이 선택한 여행 지역은 중복되지 않는다고 한다. 다음 조건에 따라 선택한다고 할 때, 반드시 참인 것은?

> • 서부 유럽: 이탈리아, 프랑스, 독일, 스위스, 네덜란드
> • 북부 유럽: 노르웨이, 덴마크, 스웨덴, 아이슬란드, 핀란드
>
> (ㄱ) 갑은 서부유럽에서 3개국, 북부유럽에서 1개국을 택하여 여행한다.
> (ㄴ) 을은 서부유럽과 북부유럽에서 각각 2개국을 택하여 여행한다.
> (ㄷ) 갑은 이탈리아 혹은 스위스를 여행한다.
> (ㄹ) 을이 덴마크를 여행할 경우, 노르웨이는 여행하고 네덜란드는 여행하지 않는다.
> (ㅁ) 둘 중 한 사람은 스위스와 독일을 모두 여행한다.
> (ㅂ) 갑은 프랑스를 여행하고 스위스는 여행하지 않는다.

① 갑은 스웨덴을 여행하지 않는다.
② 갑이 택한 서부유럽 국가는 이탈리아, 프랑스, 독일이다.
③ 을이 덴마크를 여행할 경우 프랑스도 여행한다.
④ 을은 스위스와 독일을 모두 여행한다.
⑤ 을은 아이슬란드를 여행하지 않는다.

15 다음 제시된 도형에 적용된 규칙을 찾아 '?'에 해당하는 도형을 고르면?

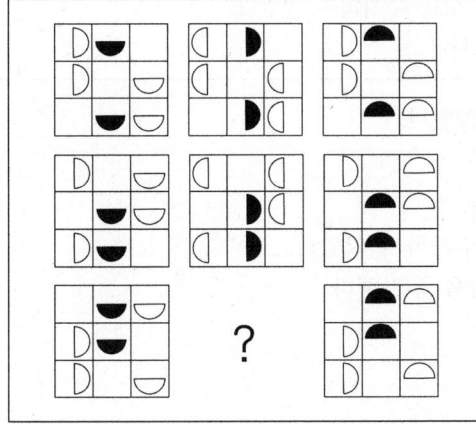
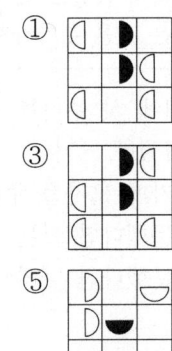
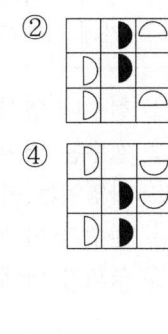

16 다음 제시된 도형에 적용된 규칙을 찾아 '?'에 해당하는 도형을 고르면?

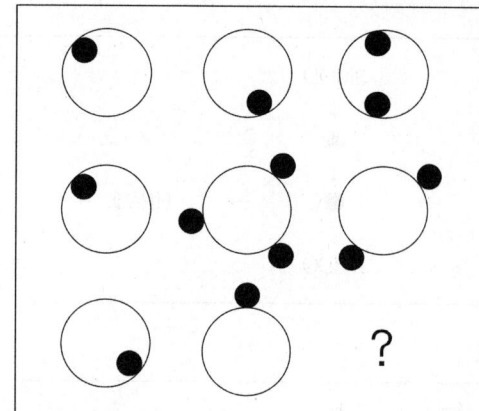

① 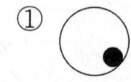   ②

③    ④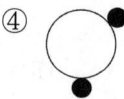

⑤

17 다음 제시된 도형에 적용된 규칙을 찾아 '?'에 해당하는 도형을 고르면?

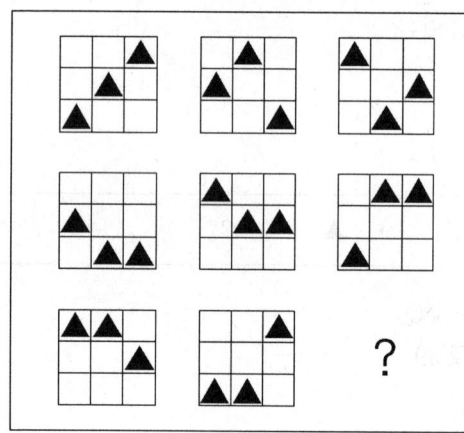

① 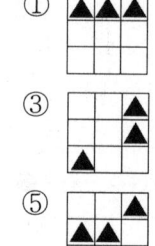   ②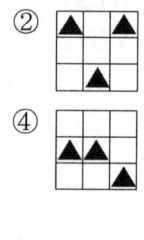

[18~21] 다음 도식에서 기호들은 일정한 규칙에 따라 문자나 숫자를 변화시킨다. '?'에 들어가기에 알맞은 것을 고르시오.

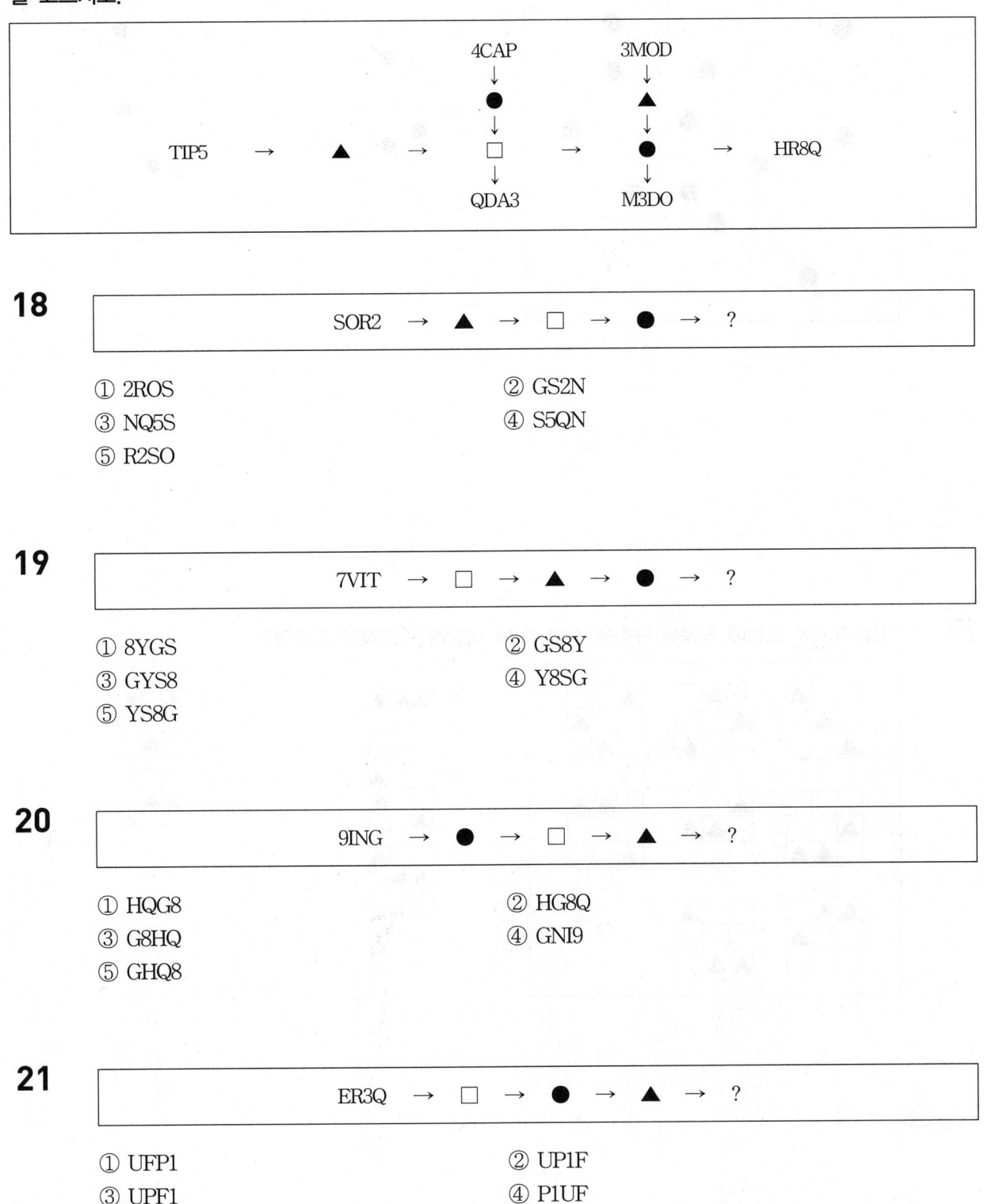

18 SOR2 → ▲ → □ → ● → ?

① 2ROS ② GS2N
③ NQ5S ④ S5QN
⑤ R2SO

19 7VIT → □ → ▲ → ● → ?

① 8YGS ② GS8Y
③ GYS8 ④ Y8SG
⑤ YS8G

20 9ING → ● → □ → ▲ → ?

① HQG8 ② HG8Q
③ G8HQ ④ GNI9
⑤ GHQ8

21 ER3Q → □ → ● → ▲ → ?

① UFP1 ② UP1F
③ UPF1 ④ P1UF
⑤ PU1F

22 주어진 단어 간 관계를 유추했을 때, 빈칸에 들어갈 적절한 단어는?

동조 : 옹호 = 반박 : ( )

① 공조
② 권고
③ 당부
④ 비판
⑤ 압박

23 다음 단어 쌍 중 단어 간 관계가 나머지와 다른 하나는?
① 제시 - 표명
② 누설 - 발설
③ 위임 - 대리
④ 추구 - 지양
⑤ 사주 - 종용

24 다음 글의 내용이 모두 참일 때, 반드시 거짓인 것은?

> 그린벨트는 도시의 무질서한 팽창을 막고 자연 녹지 공간을 보전하기 위해 도시 외곽 지역에 개발을 금지하기 위해 설정한 구역이다. 우리나라는 도시계획법에 근거를 두고 '개발제한구역'이라는 용어로 시행하고 있다. 우리나라는 1960년대의 급속한 도시화와 공업화로 인해 도시 근교 지역이 무계획적으로 난개발되자 영국에서 시작된 그린벨트 제도를 참고하여 국토면적의 5.4%인 5,397km²를 개발제한구역으로 지정했다. 이들 구역은 도시가 무질서하게 확산되거나 서로 인접한 도시가 시가지로 연결되는 것(스프롤 현상)을 방지하기 위하여 개발을 제한할 필요가 있는 지역, 도시 주변의 자연환경 및 생태계를 보전하고 도시민의 건전한 생활환경을 확보하기 위하여 개발을 제한할 필요가 있는 지역, 도시의 정체성 확보 및 적정한 성장 관리를 위하여 개발을 제한할 필요가 있는 지역, 국가 안보 차원에서 개발을 제한할 필요가 있는 지역이다. 우리나라의 개발제한구역은 영국 및 여타 국가의 개발제한구역 설정목적과 대부분 일치하나, 국방상의 이유가 포함된 것이 다르다. 그린벨트로 지정된 구역에서는 구역 지정의 목적을 위반하는 건축물의 설치, 용도 변경, 토지의 형질 변경, 토지의 분할 등이 제한된다. 그러나 경우에 따라 주민의 생활 불편을 완화하기 위한 생업 시설의 확대, 여가 및 휴식 공간 활용을 위한 공공건물과 체육시설 설치, 건축물의 신축·증축 등을 제한적으로 허용하고 있다. 개발제한구역은 결과적으로 녹지대의 형성, 자연풍치의 환경 조성 및 보호, 상수도 수원 보호, 오픈 스페이스 확보, 비옥한 농경지의 영구 보전, 도시 공해문제 심화 방지, 위성도시의 무질서한 개발과 중심도시와의 연계방지 등에 기여하고 있다.

① 개발제한구역이라도 주민의 생활 불편을 완화하기 위한 시설을 설치하거나 건축물을 증축하는 행위는 일부 허용된다.
② 다른 나라에서도 국방상의 이유로 그린벨트를 지정한다.
③ 개발제한구역은 도시 근교의 난개발을 막고자 시작되었으나, 결과적으로 환경에도 긍정적인 영향을 끼친 것으로 평가받는다.
④ 우리나라의 그린벨트 제도는 법률에 근거해 시행되고 있다.
⑤ 우리나라의 그린벨트는 영국의 제도를 참고해 1960년대부터 시작됐다.

25 다음 글의 내용이 모두 참일 때, 반드시 거짓인 것은?

> 지구의 자전은 지구가 남극과 북극을 지나는 선을 축으로 하루에 한 바퀴의 주기로 회전하는 현상이다. 서에서 동으로, 시간당 15도 회전한다. 지구의 자전으로 별과 태양의 일주운동이 발생하여 낮과 밤이 생긴다. 지구가 돌면서 바닷물과 그 밑의 지구 사이에 마찰이 생겨나 지구의 자전 속도가 조금씩 늦어진다. 100년 만에 하루의 길이가 0.0016초 길어지기 때문에, 언젠가 하루가 48시간 이상으로 늘어나는 시절도 맞게 된다. 먼 훗날 지구가 자전을 멈추게 되면 어떻게 될까? 만약 그렇게 되면 지구의 모든 생명은 멸종하고, 지구는 죽음의 행성이 된다. 지구의 자전은 지구 자기장을 생성시켜 준다. '다이나모 이론'에 따르면 지구 내부의 '철의 바다'로 이루어진 외핵이 지구 자전으로 전류를 만들고, 전자기 유도에 의하여 지구 자기장이 생성된다. 지구 자기장은 태양풍과 외계의 방사선과 같은 우주 공간의 위험으로부터 지구의 생명을 지켜주는 보호막 역할을 해왔다. 지구 자기장이 사라진다면 지구는 태양에서 불어대는 높은 에너지의 우주 방사선 입자에 피폭되어 끔찍한 대재앙을 맞이하게 될 것이다. 태양은 지구에 꼭 필요한 빛과 열을 제공하지만, 무수히 많은 양의 대전 입자들이 뒤섞인 우주 방사선을 뿜어내기도 한다. 태양에서 코로나 물질을 방출하거나 플레어와 같은 폭발 현상이 일어나면 최대 수백억 톤의 방사선 물질이 초속 400~1,000km의 속도로 불어와 지구 자기장에 도달하는 데 약 2일이 걸린다. 이것을 '태양풍'이라고 하는데 태양풍이 지구 자기장과 맞닿으면 상호 작용을 일으킨다. 지상으로부터 60,000km 상공에서 지구를 두르는 지구 자기권 내부로 유입되는 태양풍과 함께 날아온 대전 입자의 일부가 극지방으로 끌려 들어가면 오색의 오로라가 발생한다. 그러나 그 밖의 대전 입자들은 대부분 지구 주변으로 스쳐 지나가는데, 이때 지구를 중심으로 도넛 형태의 보호막이 형성된다. 이것을 '밴앨런(Van Allen)대'라고 한다. 미국의 유명한 물리학자 밴 앨런이 발견한 이 방사능대는 인체에 해를 주는 우주 방사능 물질이 태양풍에 실려 올 때 이것이 지구로 유입되는 것을 차단해주는 보호막 역할을 해준다. 만약 우주 방사선이 그대로 지상에 도달하면 지구는 순식간에 뜨거운 열과 방사능으로 휩싸여 생명체가 살 수 없는 불모지가 되고 말 것이다.

① 지구에 낮과 밤이 있는 것은 지구가 자전하기 때문이다.
② '다이나모 이론'은 지구의 자전과는 상관이 없다.
③ 지구는 자전으로 인하여 외계의 방사선과 같은 위험으로부터 보호받는다.
④ 밴앨런대가 없다면 지구는 생명체가 살 수 없는 행성이 될 것이다.
⑤ 오로라가 생기는 것은 태양풍이 지구 자기장과 맞닿아 생기는 상호작용 때문이다.

26 다음 내용이 모두 참일 때, 반드시 거짓인 것은?

> 단단한 조직, 즉 고생물의 골격, 이빨, 패각 등은 부패와 속성 작용에 대한 내성을 가지고 있기 때문에 화석으로 남기 쉽다. 여기에서 말하는 속성 작용이란 퇴적물이 퇴적 분지에 운반·퇴적된 후 단단한 암석으로 굳어지기까지의 물리적·화학적 변화를 포함하는 일련의 과정을 일컫는 용어이다. 그러나 이렇게 단단하고 딱딱한 조직도 지표와 해저 등에서 지하수와 박테리아의 분해 작용을 받으면 화석이 되기 어렵다. 따라서 딱딱한 조직을 가진 생물은 전혀 그렇지 않은 생물보다 화석이 될 가능성이 큰 것은 맞지만, 그것은 어디까지나 이차적인 조건에 불과한 것이다. 화석이 되기 위해서는 우선 지질 시대를 통해 고생물이 진화, 발전하여 그 개체수가 충분히 많아야 한다는 조건을 충족해야 한다. 즉, 화석이 되어 남는 고생물은 그 당시 매우 번성했던 생물인 것이다. 그런데 진화론에서 생물이 한 종에서 다른 종으로 진화할 때 중간 단계의 전이 형태가 나타나지 않은 점은 오랫동안 문제시되어 왔다. 이와 같은 '잃어버린 고리'에 대해 합리적으로 해석할 수 있는 이론으로 엘드리지와 굴드가 주장한 단속 평형설이 있다. 이들의 이론에 따르면 새로운 종은 모집단에서 변이가 누적되어 서서히 나타나는 것이 아니라, 모집단에서 이탈, 새로운 환경에 도전하는 소수의 개체 중에서 비교적 이른 시간에 급속하게 출현한다. 이러한 이유로 자연히 화석으로 남을 기회가 상대적으로 적다는 것이다. 또한 고생물의 사체가 화석으로 남기 위해서는 분해 작용을 받지 않아야 하고 이를 위해 가능한 한 급속히 퇴적물 속에 매몰될 필요가 있다. 이 같은 급속 매몰은 바람, 파도, 해류의 작용에 의한 마멸, 파괴 등의 기계적인 힘으로부터 고생물의 사체를 보호한다거나, 공기와 수중의 산소와 탄소에 의한 화학적인 분해 및 박테리아에 의한 분해, 포식동물에 의한 생물학적인 파괴를 막아 줄 가능성이 높기 때문이다. 퇴적물 속에 급속히 매몰되는 경우에는 해파리처럼 단단하고 딱딱한 조직을 가지고 있지 않은 생물도 화석으로 보존될 수 있다. 따라서 급속 매몰은 화석의 생성에 있어서 중요한 의의를 지닌다.

① 지하수와 박테리아의 분해 작용은 화석이 될 가능성을 크게 낮추는 요소이다.
② 딱딱한 조직을 가진 생물의 화석이 딱딱하지 않은 조직을 가진 생물의 화석보다 많이 남아 있을 확률이 크다.
③ 단속 평형설은 중간 단계 없이 갑자기 등장한 생물 종을 합리적으로 설명할 수 있다.
④ 해파리가 화석으로 보존되었다면, 화석이 될 당시 급속히 매몰되었을 가능성이 크다.
⑤ 생물의 개체수가 당시에 얼마나 많이 분포되어 있느냐보다는 단단한 조직을 갖고 있는지 여부가 화석 생성에 더 중요한 요인이다.

27 다음 글에서 추론할 수 없는 것은?

> 예제(禮制)를 다룬 글에 상세히 적혀 있듯이 제사는 종가(宗家)에서만 지내고 여러 자손에게는 윤행(輪行)시키지 않는 것이 바람직하다. 그런데 우리나라에서는 종가의 법이 제대로 지켜지지 않은 지 오래되어 제사를 여러 자식들에게 윤행시키고 있다. 이 같은 행위가 이미 사대부 양반가의 집에서 모두 관례가 되었으니 이를 바꿀 수는 없다. 그러나 출가한 딸자식의 경우에는 다른 집안의 사람이 되었으므로 성인(聖人)의 예제에서도 딸은 그 등급을 낮추었다. 그러나 세상의 사대부 양반집에서는 이를 가볍게 여기고, 사위집에 제사를 윤행시키는 경우가 수없이 많다. 일찍이 사위와 외손을 보건대, 그들은 핑계를 대고 제사를 거르는 경우가 많았다. 예(禮)에도 정성과 공경함이 들어가지 않으면 오히려 제사를 지내지 않음이 차라리 낫다고 했다. 우리 부안 김씨 가문에서는 일찍이 우리 형제들이 직접 합의하고 아버님께 아뢰어 사위와 외손에게 제사를 윤행시키지 않음을 정식으로 하여 대대로 준행토록 하였다. 정리(情理)상으로 보면 비록 아들과 딸 사이에 차이가 없다. 하지만 딸은 부모가 살아있을 때에 봉양할 길이 없고 죽은 후에는 제사를 지내지 않게 되니 어찌 재산인 토지와 노비를 아들과 똑같이 줄 수 있겠는가? 딸자식에게는 아들에게 물려줄 재산의 3분의 1만 주어도 조금도 불가함이 없을 것이다. 이치가 그러하니 딸자식과 외손이 어찌 감히 이를 어기고 서로 다툴 마음을 낼 것인가? 이 글을 보고 그 뜻을 헤아린다면 잘한 조처임을 알 수 있을 것이니 누가 일반 관례와 달라 안 된다고 하겠는가?

① 사대부 양반가에서 예제를 제대로 지키지 않고 있다.
② 부안 김씨 가문에서는 종가에서만 제사를 지내도록 했다.
③ 사대부 양반가에서는 사위와 외손들에게도 제사를 윤행시키는 사례가 많다.
④ 제사의 상속과 재산의 상속은 밀접한 관계가 있다.
⑤ 사위와 외손들은 아들보다 제사에 정성을 다하지 않는 경향이 있다.

28 다음 글에서 추론할 수 없는 것은?

> 지구, 달, 태양의 운동은 매우 잘 알려져 있기 때문에 일식은 비교적 먼 미래까지 분 단위 이하의 정확도로 예측할 수 있다. 일식은 사로스 주기라고 알려져 있는 6585.32일, 다시 말해서 약 223삭망월마다 반복된다. 한 사로스 주기마다 일정한 비율로 일식과 월식이 일어난다(월식 29회, 개기 일식 10회, 부분 일식 14회, 금환 일식 17회). 만일 사로스 주기가 정확히 6585일이라면 사로스 주기마다 지구상의 같은 지점에서 일식이 일어날 것이다. 그러나 0.32일(약 8시간)의 차이가 있기 때문에 그 시간 동안 지구가 117°만큼 더 자전하므로 일식이 일어나는 지점도 달라진다. 따라서 일식 자체는 주기적으로 일어나는 현상이지만 이를 쉽게 알아챌 수 없게 된다. 개기 일식을 관찰할 수 있다는 것은 매우 우연적인 결과이다. 지구의 위성인 달이 태양보다 1/400 정도로 그 크기가 작지만, 현재 시점에서 달은 태양보다 우리에게 400배 정도 가까이에 위치해 있다. 그러므로 하늘에 떠 있는 달과 태양은 겉보기에 크기가 거의 비슷하여 개기 일식을 연출할 수 있는 것이다. 태양계 내의 행성이나 위성의 궤도는 그들 간의 상호작용 또는 혜성의 근접에 의해 변화될 가능성이 있다. 우리 태양계에서는 지구와 명왕성을 제외하고 개기 일식을 볼 수 있는 행성이 없다. 그러나 명왕성은 지구에 비해 태양에서 아주 멀리 떨어져 있기 때문에 그곳에서는 지구에서와 같은 장관을 보기는 어려울 것이다. 화성, 목성, 토성 등의 다른 행성에서는 위성의 크기가 너무 작거나 또는 너무 멀리 떨어져 있기 때문에 위성이 태양을 완전히 가리는 것은 불가능하다.

① 개기 일식은 미래의 상당한 기간 동안 비교적 정확하게 예측할 수 있다.
② 일식 위치가 매번 바뀌는 현상은 사로스 주기의 소수 부분 0.32와 관련이 있다.
③ 지구상의 특정 위치에서 일식을 관찰하기보다 지구 전체로 생각하는 것이 일식의 주기를 알아내는 더 쉬운 방법이다.
④ 명왕성에서도 일식이 일어날 수 있으며, 그 주기는 사로스 주기와 같을 것이다.
⑤ 만일 달이 현재의 위치보다 지구에서 두 배 더 멀리 떨어져 있다면 개기 일식을 볼 수 없을 것이다.

29 다음 글에서 추론할 수 있는 것은?

그라노베터는 누구에게나 폭동 참가에 대한 '경계값'이 있다고 생각했다. 대부분의 사람들은 아무 이유 없이 폭동을 시작하지는 않지만, 정황상 옳다고 판단되거나 발을 빼기 힘든 상황이 되면 폭동에 가세하게 된다는 것이다. 한 술집에 손님이 100명 있다고 할 때, 어떤 사람은 물건을 집어 던지는 사람이 10명쯤 되면 팔을 걷어붙이고 끼어드는 반면, 어떤 사람은 60명은 되어야 군중 속으로 합류할 것이다. 경계값은 그 사람의 성격, 처벌 위협을 심각하게 받아들이는 정도 등에 달려있다. 합세한 사람이 몇 명이냐에 상관없이 어떤 상황에서도 폭동에 끼지 않는 사람이 있는가 하면, 드물게는 앞장서서 폭동을 일으키는 사람도 있다. 그라노베터에 따르면 누구나 일정한 경계값을 지니고 있는데, 이 값은 '어떤 행동으로 인한 기대이익이 기대비용을 넘어서는 지점'이다. 경계값은 사람마다 다르다. 흥미로운 것은 이러한 경계값이 집단 행동의 복잡성과 예측가능성에 어떤 영향을 미치는가 하는 점이다. 이 점을 살펴보기 위해 경계값이 0에서 99까지 전부 제각각인 100명의 사람이 술집에 모여 있다고 가정해 보자. 어떤 사람은 경계값이 0이고, 또 다른 사람은 1, 그리고 또 다른 사람은 2, 이런 식이다. 이 경우 대규모 폭동의 발발은 필연적이다. 경계값이 0인 '과격분자'가 시작하면 경계값이 1인 사람이 합세하고, 경계값이 2, 3, 4인 사람들이 차례로 폭동에 가담하게 된다. 그 결과 경계값이 대단히 높은 사람까지도 폭동에 휘말리게 될 것이다. 그러나 만약 경계값이 1인 사람이 2의 경계값을 가졌더라면, 맨 처음 사람이 물건을 집어던지면서 난동을 부리더라도 나머지 사람들은 옆에 서서 구경만 하거나 어쩌면 경찰을 불렀을지 모른다. 두 번째 고리가 되는 사람이 아무도 없으므로 연쇄 반응은 일어나지 않을 것이다.

① 한 집단의 평균 경계값으로 그 집단 구성원의 행동을 예측할 수 있다.
② 단 한 사람의 사소한 성향 차이에 의해 전체 집단에 파급되는 효과가 극적으로 달라질 수 있다.
③ 폭동을 일으킨 집단과 그렇지 않은 집단을 비교해보면, 두 집단 구성원의 경계값의 합은 매우 다를 것이다.
④ 구성원 모두가 참여한 폭동이 발발했을 경우, 그 집단 구성원들의 경계값은 전체적으로 낮다.
⑤ 집단 속에 경계값이 0인 사람이 있을 경우, 집단 전체가 폭동에 휘말릴 가능성이 매우 높다.

30 다음 글의 논증이 암묵적으로 전제하는 것은?

> 지구 온난화 및 대기 오염을 방지하기 위해 내연기관 자동차를 전기 자동차 등의 친환경차로 전환하려는 움직임이 가속화되고 있다. 내연기관 자동차란 가솔린 엔진 또는 디젤 엔진을 탑재하여 엔진 내부에서 화석 연료를 연소한 힘으로 구동하는 자동차를 말한다. 내연기관 자동차는 가솔린이나 경유를 태우기 때문에 지구 온난화를 유발하는 온실가스는 물론이고 유독가스와 미세먼지를 방출한다. 이에 비해 전기 자동차는 배터리에 전기를 충전하고 모터의 힘으로 자동차를 구동하기 때문에 배기가스가 전혀 없는 친환경차이다. 그러나 전기 자동차를 충전할 전기를 만드는 데 석탄이나 중유를 사용한다면 환경오염 문제는 개선되지 않는다. 자동차에서 뿜어내는 배출 가스가 발전소로 옮겨갈 뿐이다. 환경오염원이 도심의 도로에서 외곽의 화력 발전소로 위치만 변경된 셈이다. 따라서 전기 자동차 보급이 제 효과를 발휘하려면 전기의 생산 방식까지 친환경적으로 바꿔어야만 한다. 태양광, 태양열, 풍력, 조력 등 신재생 에너지의 발전 비중이 높아져야 하지만, 아직까지는 단위 발전 규모가 작고 경제성이 취약해 발전 비율이 낮은 실정이다. 단위 발전 규모가 큰 원자력 발전의 경우 배출 가스는 없지만 지진 등으로 인한 사고 발생 시 방사능 누출이라는 치명적 위험이 있어 선택을 어렵게 하고 있다.

① 자동차로 인한 대기 오염을 막으려면 친환경 발전이 확대되어야 한다.
② 미세먼지 저감을 위해 이른 시일 내 내연기관 자동차의 운행을 중지시켜야 한다.
③ 완전한 친환경차란 존재하지 않는다.
④ 태양광이나 풍력 등 신재생 에너지는 효율이 낮기 때문에 원자력 발전을 검토할 수밖에 없다.
⑤ 대기 오염을 유발하는 화력 발전소를 인구가 거의 없는 섬으로 옮기는 것이 현실적 대안이다.

GSAT
삼성직무적성검사

박문각

삼성 GSAT
봉투모의고사

제2회
모의고사

QMG 박문각

제2회 모의고사

삼성직무적성검사	수리논리	20문항/30분
	추리	30문항/30분

수리논리 | 01 ~ 20번

01 일정한 규모의 표본 집단을 대상으로 어느 대선후보의 20대와 30대 지지율을 조사했더니, 20대에서의 지지율은 60%였고, 30대에서의 지지율은 40%였다. 이 후보를 지지한다고 응답한 사람 중 20대와 30대의 비는 5.5:4.5이고 조사한 집단 내에서 이 후보를 지지한다고 응답한 20대가 330명일 때, 이 후보를 지지한다고 응답한 30대는 몇 명인가? (단, 20대와 30대를 제외한 다른 연령층에서는 조사하지 않았다.)

① 92명
② 120명
③ 154명
④ 180명
⑤ 220명

02 어떤 일을 완성하는 데 갑은 60일, 을은 40일 걸린다. 갑이 일을 먼저 하다가 도중에 을과 교대하였더니 시작한 날부터 50일 만에 이 일이 완성되었다. 갑이 일한 기간은 며칠인가?

① 18일
② 27일
③ 30일
④ 35일
⑤ 42일

03 다음은 A국의 이민자에 관한 자료이다. 이에 대한 설명으로 옳지 않은 것은?

이민자 수

(단위: 명)

구분		2017년	2018년	2019년	2020년	2021년
이민자 수	전체	7,531	7,398	7,617	7,786	7,373
	국내로 이민을 옴	5,337	5,437	5,512	5,634	5,124
	국외로 이민을 감	2,194	1,961	2,105	2,152	2,249

사유별 이민자 수

(단위: 명)

구분		계	직업	가족	교육	주거환경	기타
2020년	국내로 이민을 옴	5,634	2,321	237	1,347	1,031	698
	국외로 이민을 감	2,152	1,031	106	337	257	421
2021년	국내로 이민을 옴	5,124	2,031	317	1,246	1,045	485
	국외로 이민을 감	2,249	993	127	450	389	290

① 2017년부터 2021년 국내로 이민을 온 이민자 수는 항상 국내·국외 이민자 전체 수의 60% 이상이다.
② 2017년부터 2021년 국내로 이민을 온 이민자의 수가 가장 적었을 때 전체 이민자의 수도 가장 적었다.
③ 2021년 전체 이민자 중 '교육' 사유에 의한 이민자가 차지하는 비율은 전년 대비 감소하였다.
④ 2017년 대비 2021년 전체 이민자 수의 감소율은 5% 미만이다.
⑤ 전체 이민자의 이민 사유 중 가장 많은 이민자가 꼽은 사유는 2020년과 2021년 모두 '직업'이었다.

04 다음은 세조의 재위기간 중 재위년도별 흉년 지역 수와 지역별 흉년 빈도를 나타낸 자료이다. 이를 보고 세조의 재위기간 중 지역별 흉년 현황을 바르게 나타낸 것을 고르면? (단, ○는 해당 지역이 흉년임을 나타내고, ×는 흉년이 아님을 나타낸다.)

재위년도별 흉년 지역 수

재위년도	세조1	세조2	세조3	세조4	세조5	세조8	세조9
흉년 지역 수	1	3	4	4	5	1	2

재위기간 중 지역별 흉년 빈도

지역	경기	황해	평안	함경	강원	충청	경상	전라
흉년 빈도	4	3	2	1	3	4	2	1

①

구분	경기	황해	평안	함경	강원	충청	경상	전라
세조1	×	×	×	×	○	×	×	×
세조2	○	×	×	×	×	○	○	×
세조3	×	×	○	×	×	○	×	○
세조4	○	○	○	×	×	×	○	×
세조5	○	○	×	×	○	○	○	×
세조8	○	×	○	×	○	×	×	×
세조9	×	○	×	×	○	×	×	×

②

구분	경기	황해	평안	함경	강원	충청	경상	전라
세조1	×	×	×	×	×	○	×	×
세조2	○	×	×	×	×	○	○	×
세조3	○	×	×	×	×	○	○	○
세조4	×	○	○	×	×	○	×	×
세조5	○	○	×	×	○	×	×	×
세조8	×	×	○	×	○	×	×	×
세조9	×	○	×	×	○	×	×	×

③

구분	경기	황해	평안	함경	강원	충청	경상	전라
세조1	×	×	×	×	○	×	×	×
세조2	○	×	×	○	×	○	×	×
세조3	○	×	×	×	×	○	○	×
세조4	○	○	○	×	×	○	×	○
세조5	×	○	○	○	○	×	×	○
세조8	○	×	×	×	○	×	×	×
세조9	○	×	×	×	○	×	○	×

④

구분	경기	황해	평안	함경	강원	충청	경상	전라
세조1	×	×	×	×	○	×	×	×
세조2	○	×	×	×	×	○	○	×
세조3	○	×	×	×	×	○	○	○
세조4	○	○	○	×	×	○	×	×
세조5	○	×	×	○	○	×	×	×
세조8	×	×	×	×	○	×	×	○
세조9	×	×	×	×	○	×	○	○

⑤

구분	경기	황해	평안	함경	강원	충청	경상	전라
세조1	×	×	×	×	○	×	×	○
세조2	○	×	×	×	×	○	○	×
세조3	○	○	×	×	×	○	○	○
세조4	○	×	○	×	×	×	×	×
세조5	×	×	○	×	○	×	×	×
세조8	○	×	×	×	○	×	×	×
세조9	○	○	×	×	○	○	×	×

05 다음은 2016~2020년 국내 택배 배송업체 A~D사의 지점 현황에 관한 자료이다. 이에 대한 설명으로 옳은 것은?

국내 택배 배송업체별 지점 수, 보유 대수, 종사자 수

(단위: 개, 대, 명)

배송업체	구분 \ 연도	2016년	2017년	2018년	2019년	2020년
A사	지점 수	335	340	339	343	347
	트럭 보유 대수	30,509	30,704	31,237	32,137	32,567
	종사자 수	70,501	71,304	71,905	72,345	73,457
B사	지점 수	9	9	9	8	8
	트럭 보유 대수	2,043	2,002	1,957	1,934	1,921
	종사자 수	4,995	4,950	4,903	4,882	4,675
C사	지점 수	93	91	90	87	85
	트럭 보유 대수	7,887	7,860	7,870	7,853	7,890
	종사자 수	14,197	14,100	13,807	13,531	13,233
D사	지점 수	96	91	88	85	82
	트럭 보유 대수	1,834	1,760	1,657	1,543	1,490
	종사자 수	3,342	3,357	3,368	3,376	3,389

① D사는 2016년에 비해 2020년에 지점당 종사자 수가 감소하였다.
② C사의 2019년 지점당 트럭 보유 대수는 2016년에 비해 감소하였다.
③ 매년 트럭 보유 대수가 감소하는 배송업체는 A사와 B사이다.
④ 2019년 A~D사의 종사자 중 C사 종사자의 비율은 10% 이하이다.
⑤ B사의 지점당 종사자 수는 2018년에 비해 2019년에 증가하였다.

06 다음은 2020년 상반기 A, B사의 주가와 주가지수에 대한 자료이다. 이에 대한 설명으로 옳지 않은 것은? (단, 소수점 셋째 자리에서 반올림하고 주가의 경우는 원 단위 미만은 버림한다.)

A, B사의 주가와 주가지수(2020년 1~6월)

구분		1월	2월	3월	4월	5월	6월
주가(원)	A사	5,000	4,000	5,700	4,500	3,900	(가)
	B사	6,000	6,000	6,300	(나)	6,200	5,400
주가지수		100.00	(다)	109.09	94.55	91.82	100.00

※ 주가지수 = $\dfrac{\text{해당 월 A사의 주가} + \text{해당 월 B사의 주가}}{\text{1월 A사의 주가} + \text{1월 B사의 주가}} \times 100(\%)$

※ 해당 월의 주가 수익률(%) = $\dfrac{\text{해당 월의 주가} - \text{전월의 주가}}{\text{전월의 주가}} \times 100$

① A사의 주가가 제일 높은 달은 6월이다.
② (나)에 들어갈 숫자는 5,900이다.
③ (다)에 들어갈 숫자는 90.91이다.
④ 주가지수가 가장 높은 달에 A사와 B사의 주가는 전월 대비 모두 증가하였다.
⑤ B사의 주가수익률이 가장 낮은 달에 B사의 주가는 전월 대비 500원 이상 하락하였다.

07 다음은 2021년 행복지수 8위에 드는 국가의 연령대별 행복지수 순위에 대한 자료이다. 아래의 〈조건〉을 이용하여 A, D에 해당하는 국가를 바르게 나열한 것은?

2021년 연령대별 행복지수 상위 국가

순위	20대 미만	20대~50대	60대 이상
1	덴마크	덴마크	덴마크
2	A	A	오스트리아
3	노르웨이	D	뉴질랜드
4	오스트리아	B	C
5	C	C	B
6	B	노르웨이	노르웨이
7	D	오스트리아	D
8	뉴질랜드	뉴질랜드	A

※ 순위의 숫자가 클수록 순위가 낮음을 의미

┌ 조건 ┐
㉠ 호주와 아이슬란드 각각은 20대 미만과 20대~50대의 행복지수의 순위가 동일하지만 60대 이상에서는 호주는 다른 두 연령대에 비해 순위가 낮고 아이슬란드는 순위가 높다.
㉡ 캐나다와 네덜란드는 20대 미만의 순위에 비해 20대~50대의 순위가 높고, 20대~50대의 순위에 비해 60대 이상의 순위가 낮다.
㉢ 20대 미만의 행복지수 순위에서는 캐나다가 네덜란드보다 높고 20대~50대의 행복지수 순위에서는 네덜란드가 캐나다보다 높다.

	A	D
①	호주	캐나다
②	호주	네덜란드
③	호주	아이슬란드
④	아이슬란드	캐나다
⑤	아이슬란드	네덜란드

08 다음은 연도별 1인당 데이터 소비량을 분석한 자료이다. 이를 통해 얻을 수 있는 정보로 옳은 것은?

연도별 1인당 데이터 소비량 분석

(단위 : MB)

연도	데이터 총 소비량	동영상 시청에 사용한 소비량	기타 데이터 소비량	기타 데이터 소비량 세부 사항		
				음악	인터넷 검색	게임
2018년	3,503	2,530	973	231	141	601
2019년	3,721	2,450	1,271	301	155	815
2020년	3,898	2,390	1,508	432	173	903
2021년	4,017	2,210	1,807	522	182	1,103

① 기타 데이터 소비량 중 2019년 대비 2021년 1인당 소비량의 증감률이 가장 큰 것은 인터넷 검색이다.
② 동영상 시청에 사용한 데이터 소비량은 꾸준히 감소하여 2021년에는 전체 데이터 소비량의 50% 이하가 되었다.
③ 기타 데이터 소비량 중 매년 전년 대비 증감률이 가장 큰 것은 게임이다.
④ 2021년 동영상 시청에 사용한 1인당 데이터 소비량은 전년 대비 5% 이상 감소했다.
⑤ 2018년부터 2021년까지 1인당 기타 데이터 소비량에서 인터넷 검색이 차지하는 비율이 항상 감소하지만은 않았다.

09 다음은 2021년 10월 갑국의 자동차 매출에 관한 자료이다. 이에 대한 설명으로 옳은 것은?

2021년 10월 갑국의 월매출액 상위 10개 자동차의 매출 현황

순위	자동차	월매출액(억 원)	시장점유율(%)	전월 대비 매출액 증가율(%)
1	A	1,139	34.3	60
2	B	1,097	33.0	40
3	C	285	8.6	50
4	D	196	5.9	50
5	E	(가)	4.6	40
6	F	149	4.5	20
7	G	138	4.2	50
8	H	40	1.2	30
9	I	30	0.9	150
10	J	27	0.8	40

※ 시장점유율(%) = $\dfrac{\text{해당 자동차 월매출액}}{\text{전체 자동차 월매출 총액}} \times 100$

① E자동차의 2021년 9월 매출액이 110억 원이었다면, (가)에 들어갈 값은 154이다.
② 10월 매출액이 가장 큰 상위 2개 자동차의 시장점유율은 70% 이상을 차지한다.
③ 2021년 9월 G자동차의 매출액은 100억 원 이상이다.
④ 갑국의 전체 자동차 10월 매출 총액은 3,000억 원 이하이다.
⑤ 전월 대비 매출액 증가율이 가장 큰 자동차의 2021년 9월 매출액은 2021년 10월 매출액이 가장 적은 자동차의 매출액보다 크다.

10 다음은 2020년 11월~2021년 3월의 식량 가격지수와 품목별 가격지수에 대한 자료이다. 이에 대한 설명으로 옳지 않은 것은?

품목별 가격지수

구분		육류	낙농품	곡물	유지류	설탕
2020년	11월	206.4	178.1	183.2	164.9	229.7
	12월	196.4	174.0	183.9	160.7	217.5
2021년	1월	183.5	173.8	177.4	156.0	217.7
	2월	178.8	181.8	171.7	156.6	207.1
	3월	177.0	184.9	169.8	151.7	187.9

식량 가격지수

- 2020년 11월: 191.3
- 2020년 12월: 185.8
- 2021년 1월: 178.9
- 2021년 2월: 176.4
- 2021년 3월: 173.8

※ 기준연도인 2015년의 가격지수는 100이다.

① 2020년 11월부터 식량 가격지수는 계속 하락하고 있다.
② 2021년 3월 식량 가격지수는 2020년 11월 식량 가격지수에 비해 10% 이상 감소했다.
③ 2020년 11월에 비해 2021년 3월에 가격지수가 가장 큰 폭으로 하락한 품목은 설탕이다.
④ 낙농품 가격지수는 2020년 11월부터 2021년 1월까지 감소하다가 2021년 2월부터 상승세를 보이고 있다.
⑤ 매월 설탕 품목의 가격지수가 가장 높다.

11 다음은 경제활동 참가율 및 실업률에 관한 자료를 바탕으로 분석한 자료이다. 이에 대한 설명으로 옳지 않은 것은?

연도별 경제활동 참가율 및 실업률

(단위 : %)

구분		2017년	2018년	2019년	2020년	2021년
경제활동 참가율	전체	62.1	62.4	62.8	63.3	63.7
	남자	73.5	73.7	73.6	74.3	73.9
	여자	50.3	50.8	51.1	51.4	51.5
실업률	전체	2.1	2.2	2.0	2.3	2.2
	남자	2.6	2.4	2.3	2.5	2.6
	여자	1.6	1.4	1.3	1.2	1.1

2021년 연령별 경제활동 참가율 및 실업률

(단위 : %)

구분		10대~20대	30대	40대	50대
경제활동 참가율	전체	46.3	78.8	82.1	76.3
	남자	45.7	94.3	95.1	90.3
	여자	48.1	57.1	68.8	68.1
실업률	전체	4.1	2.0	1.5	1.8
	남자	5.6	2.5	1.7	2.1
	여자	3.7	0.9	1.1	1.2

※ 경제활동 참가율은 15세 이상 인구 중 경제활동인구(취업자 + 실업자)가 차지하는 비율을 의미함
※ 실업률은 15세 이상 인구 중 실업자가 차지하는 비율을 의미함

① 2018년 전체 실업률은 전년 대비 상승하였으나 남자의 경우 감소했다.
② 2021년 30대 남성의 경우, 15세 이상 인구 중에서 취업자가 차지하는 비율이 92.3%이다
③ 2021년에 남자와 여자의 실업률 차이가 가장 큰 연령대는 10대~20대이다.
④ 여자의 실업률의 경우, 2017년 이후로 꾸준히 감소했다.
⑤ 2021년에 경제활동 참가율은 40대에서, 전체 실업률은 10대~20대에서 가장 높다.

12 다음은 2020년 34개국의 국가별 1인당 GDP와 학생들의 수학성취도에 대한 자료이다. 이에 대한 설명으로 옳은 것은?

국가별 1인당 GDP와 수학성취도

(단위 : 천 달러, 점)

국가	1인당 GDP	수학성취도	국가	1인당 GDP	수학성취도
룩셈부르크	85	490	한국	29	554
카타르	77	-	이스라엘	27	466
싱가포르	58	573	포르투갈	26	487
미국	47	481	체코	25	499
노르웨이	45	489	헝가리	21	477
네덜란드	42	523	폴란드	20	518
아일랜드	41	501	러시아	20	482
호주	41	504	칠레	17	423
덴마크	41	500	아르헨티나	16	388
캐나다	40	518	터키	16	448
스웨덴	39	478	멕시코	15	413
독일	38	514	말레이시아	15	421
핀란드	36	519	불가리아	14	439
일본	35	536	브라질	13	391
프랑스	34	495	태국	10	427
이탈리아	32	485	인도네시아	5	-
스페인	32	484	베트남	4	511

※ -는 '자료없음'을 나타냄

※ 국가별 학생 수는 동일하지 않고, 각 국가의 수학성취도는 해당국 학생 전체의 수학성취도 평균이며, 34개국 학생 전체의 수학성취도 평균은 500점임

① 수학성취도 상위 5개국의 1인당 GDP는 모두 3만 달러 이상이다.

② 1인당 GDP 상위 7개 국가 중 수학성취도가 34개국 학생 전체의 평균보다 낮은 국가는 2곳이다.

③ 수학성취도가 가장 높은 국가와 낮은 국가의 1인당 GDP 차이는 미국과 인도네시아의 1인당 GDP 차이와 같다.

④ 34개국 중 수학성취도가 34개국 학생 전체의 평균 이상인 국가는 10곳이다.

⑤ 1인당 GDP가 2만 달러 이하인 국가 중 수학성취도가 34개국 학생 전체의 평균보다 높은 국가는 없다.

[13~14] 다음은 A지역과 B지역의 벤처기업 수 및 평균 매출액과 벤처기업 10곳의 종업원 수에 관한 자료이다. 이를 보고 이어지는 물음에 답하시오.

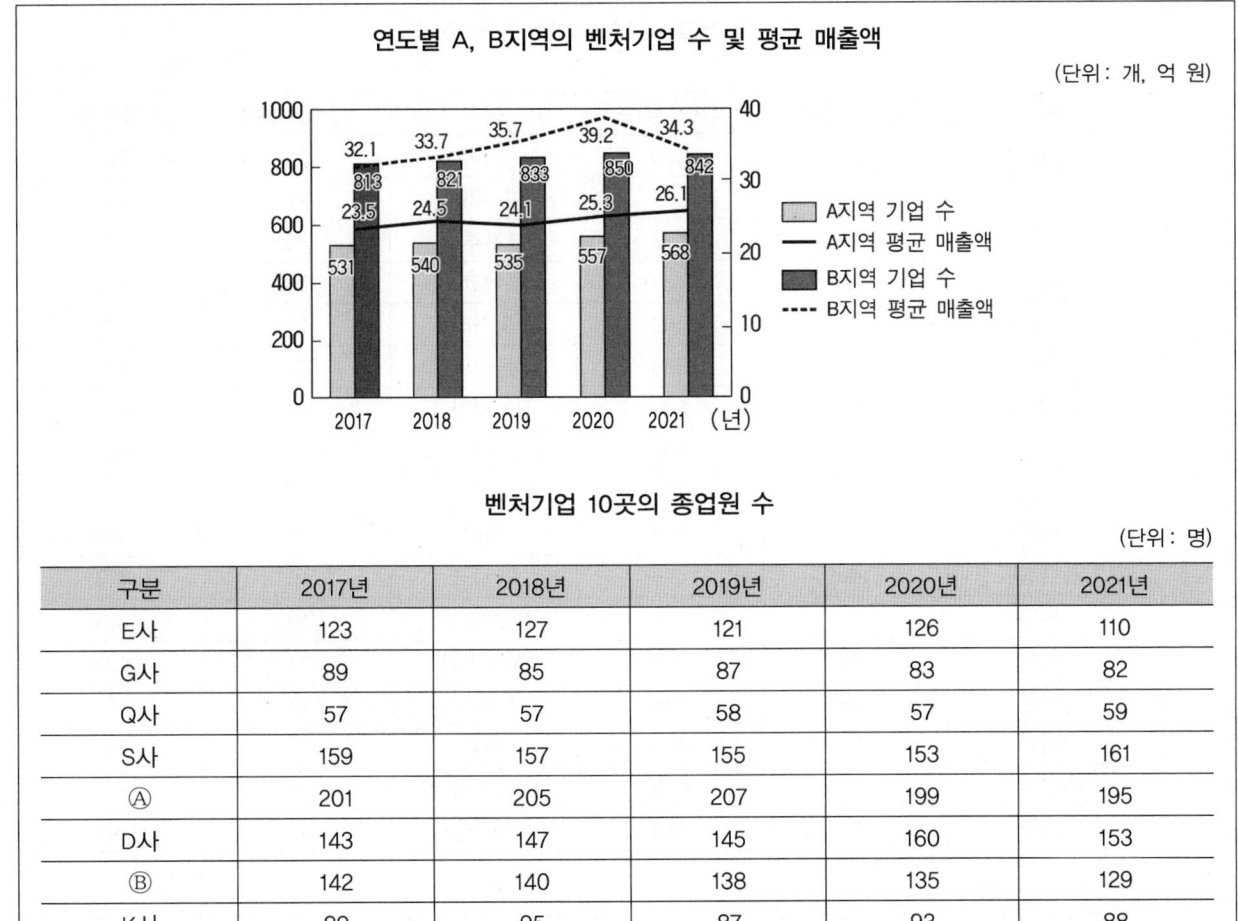

13 다음 중 위 자료에 대한 분석으로 옳은 것은?

① 2018년에 A지역의 벤처기업 수는 전년 대비 증가하였으나 벤처기업 평균 매출액은 감소하였다.
② 2019년 가장 적은 수의 종업원을 보유한 벤처기업은 전년 대비 종업원 수가 감소하였다.
③ A지역의 벤처기업 평균 매출액이 가장 큰 해에 B지역의 벤처기업 평균 매출액 또한 가장 많았다.
④ 2020년 B지역 벤처기업의 평균 매출액은 전년 대비 5% 이상 증가하였다.
⑤ A, B 지역 벤처기업의 평균 매출액 차이가 가장 큰 해에 S사의 종업원 수는 전년 대비 증가하였다.

14 〈보기〉의 설명을 읽고 Ⓐ, Ⓑ, Ⓒ를 바르게 나열한 것을 고르면? (단, Ⓐ, Ⓑ, Ⓒ는 I사, P사, V사 중 하나에 대응된다.)

> 보기
> (a) V사는 조사기간 동안 가장 많은 종업원 수를 보유하고 있다.
> (b) I사는 조사기간 동안 지속적으로 종업원 수가 줄어들었다.

	Ⓐ	Ⓑ	Ⓒ
①	V사	I사	P사
②	V사	P사	I사
③	I사	V사	P사
④	I사	P사	V사
⑤	P사	I사	V사

[15~16] 다음은 대이란 연도별 수출액 및 2021년도 대이란 5대 수출품 현황에 관한 자료이다. 이를 보고 이어지는 물음에 답하시오.

대이란 연도별 수출액 및 증감률

(단위: 백만 달러, %)

구분	2017년	2018년	2019년	2020년	2021년
수출액	7,012	8,123	8,823	8,213	9,010
증감률	32.3	15.8	8.6	−6.9	9.7

2021년도 대이란 5대 수출품 현황

(단위: 천 달러, %)

구분	품목명	수출액	전년도 대비 증감률
1	자동차	4,453,123	8.7
2	냉난방기기	1,123,507	10.9
3	스마트폰	900,457	−1.9
4	철강판	234,509	2.3
5	고무제품(타이어)	193,233	−3.7
	합계	9,010,039	9.7

15 위 자료에 대한 분석으로 옳은 것은?

① 5대 수출품 중에서 2020년 수출액이 가장 낮았던 수출품은 철강판이다.
② 조사기간 동안 전년 대비 대이란 수출액이 가장 많이 증가한 해는 2017년이다.
③ 2016년도 대이란 수출액은 2020년도 대이란 수출액의 50% 이하이다.
④ 전년 대비 2021년 전체 수출액 증가율보다 수출액이 큰 비율로 증가한 제품의 2021년 수출액은 모든 수출품 중 가장 크다.
⑤ 수출품목 중 수출액 증감률에 가장 큰 영향을 미치는 품목은 냉난방기기이다.

16 다음 중 대이란 연도별 수출액에 관한 그래프로 옳지 않은 것은?

① 2021년 대이란 5대 수출품 수출액

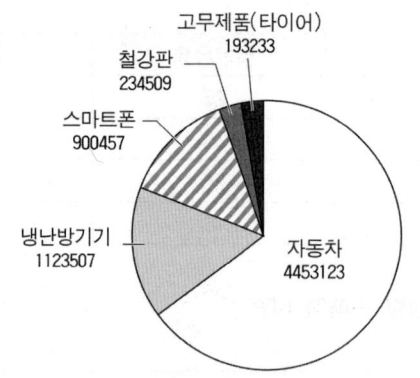

② 2021년 대이란 5대 수출품 증감률

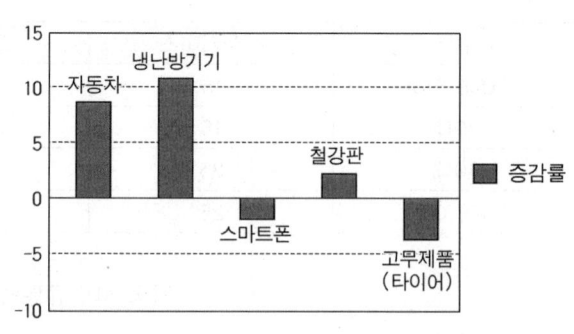

③ 대이란 연도별 수출액

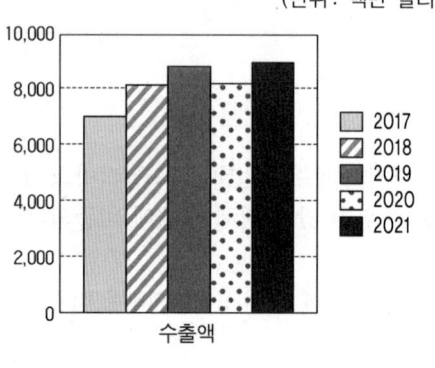

④ 대이란 수출액 증감률 추이

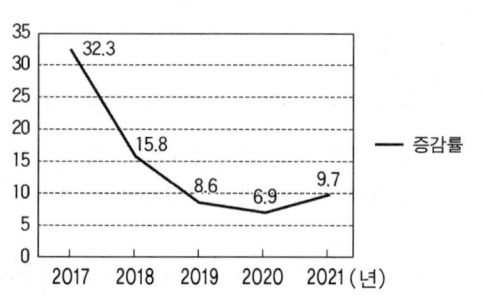

⑤ 2020년 대이란 5대 수출품 수출액

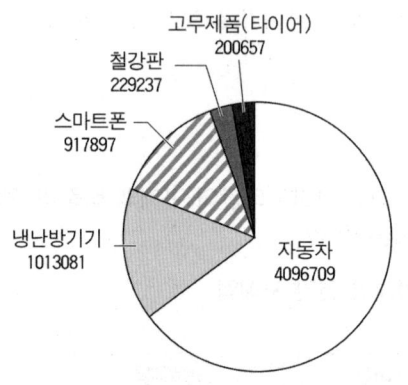

[17~18] 다음은 갑국 4대 유통업태의 성별, 연령대별 구매액 비중에 대한 자료이다. 이를 보고 이어지는 물음에 답하시오. (단, 자료에 제시된 것 이외의 유통업태에 대해서는 고려하지 않는다.)

갑국 4대 유통업태의 연령대별 구매액 비중

(단위: %)

구분	소셜커머스	오픈마켓	일반유통	할인점
20대 이하	15	10	25	10
30대	15	20	35	15
40대	35	35	25	20
50대 이상	25	35	15	55

갑국 4대 유통업태의 성별 구매액 비중

(단위: %)

구분	소셜커머스	오픈마켓	일반유통	할인점
남성	60	45	55	45
여성	40	55	45	55

17 위 자료에 대한 설명으로 옳은 것은?

① 20대 이하 연령대에서 가장 큰 구매액 비중을 차지하는 유통업태는 '소셜커머스'와 '일반유통'이다.
② 4대 유통업태 모두 30대와 40대의 구매액 비중을 합친 값이 전체 구매액 비중의 절반 이상을 차지한다.
③ 50대 이상 연령대의 구매액 비중이 가장 큰 유통업태에서 남성의 구매액 비중이 여성의 구매액 비중보다 크다.
④ 4대 유통업태 중 남성의 구매액 비중이 가장 큰 유통업태에서 가장 큰 구매액 비중을 차지하는 연령대는 40대이다.
⑤ '오픈마켓'과 '할인점'에서의 구매액 비중은 성별과 연령대별로 모두 동일하다.

18 다음은 1년 동안의 각 유통업태별 연간 구매액 규모이다. 40대 미만의 구매액 비중이 전체의 절반 이상인 유통업태에서 남성과 여성의 구매액 차이는 얼마인가?

갑국 4대 유통업태의 연간 구매액

(단위: 억 원)

구분	소셜커머스	오픈마켓	일반유통	할인점
구매액	3,200	17,040	126,700	4,500

① 450억 원
② 640억 원
③ 1,704억 원
④ 3,408억 원
⑤ 12,670억 원

[19~20] 다음은 최근 몇 년간 우리나라의 모든 특별시·광역시별 실업률과 연령별 실업률을 조사한 자료이다. 이를 보고 이어지는 물음에 답하시오. (단, 연령별 실업률 분포는 전국적으로 동일하다고 가정한다.)

특별시·광역시별 실업률

(단위: %)

기간 지역	2016년	2017년	2018년	2019년	2020년	2021년
서울	2.5	2.7	7.6	7.0	4.8	4.5
부산	3.5	3.9	8.9	9.1	6.5	5.2
대구	3.1	3.8	7.9	7.1	4.7	4.6
인천	2.4	3.4	8.4	7.9	4.9	4.2
광주	2.7	3.1	7.7	7.7	5.6	4.6
대전	2.7	2.9	6.4	6.4	4.5	4.1
울산	-	-	6.4	6.4	4.2	3.9
전국	2.0	2.6	6.3	6.3	4.1	3.8

연령별 실업률

(단위: %)

기간 연령	2016년	2017년	2018년	2019년	2020년	2021년
15~29세	4.6	5.7	12.2	10.9	7.6	7.5
30~39세	1.2	1.6	5.6	5.2	3.3	2.9
60세 이상	0.4	0.8	2.4	2.3	1.3	1.1
전체	2.0	2.6	7.0	6.3	4.1	3.8

19 위 자료에 대한 설명으로 옳은 것은?

① 전년 대비 2018년 실업률이 가장 크게 증가한 연령층은 60세 이상이다.
② 실업률이 가장 높은 도시가 15~29세 인구 비율도 가장 높다.
③ 특별시·광역시보다 그 외 지역의 실업률이 대체적으로 더 낮다.
④ 조사기간 동안 모든 특별시·광역시의 실업률은 2018년에 최고치에 달했다.
⑤ 조사기간 동안 15~29세의 실업률은 전체 실업률보다 낮다.

20 조사기간 동안 부산의 실업률 최고치와 최저치의 차이는?

① 3.7%p ② 5.6%p
③ 6.5%p ④ 8.2%p
⑤ 9.5%p

추리 | 01 ~ 30번

01 다음 결론이 반드시 참이 되게 하는 전제는?

전제	주거 환경이 나쁜 어떤 곳은 소음공해가 발생하는 곳이다.
결론	주거 환경이 나쁜 어떤 곳은 아파트가 아니다.

① 모든 아파트는 소음공해가 발생하는 곳이다.
② 어떤 아파트는 소음공해가 발생하는 곳이 아니다.
③ 모든 소음공해가 발생하는 곳은 아파트가 아니다.
④ 어떤 아파트는 소음공해가 발생하는 곳이다.
⑤ 주거 환경이 나쁜 모든 곳은 아파트이다.

02 다음 결론이 반드시 참이 되게 하는 전제는?

전제	민호가 뛰어난 농구선수라면 농구 실력이 좋을 것이고, 좋은 선생님이라면 남에게 설명을 잘할 수 있을 것이다.
결론	민호는 뛰어난 농구선수도 아니고 좋은 선생님도 아니다.

① 민호는 농구 실력이 좋고 남에게 설명을 잘한다.
② 민호는 농구 실력이 좋거나 남에게 설명을 잘하지 못한다.
③ 민호는 농구 실력이 좋지만 남에게 설명을 잘하지는 못한다.
④ 민호는 농구 실력이 좋지 않고 남에게 설명도 잘하지 못한다.
⑤ 민호는 농구 실력이 좋지 않거나 남에게 설명을 잘하지 못한다.

03 다음 전제를 바탕으로 도출할 수 있는 결론은?

전제	털이 긴 얼룩무늬 고양이는 선희네 집 고양이가 낳은 새끼이다.
	털이 짧은 흰 고양이도 선희네 집 고양이가 낳은 새끼이다.
결론	

① 어떤 흰 고양이는 털이 길다.
② 선희네 집 고양이가 낳은 새끼는 모두 털이 길다.
③ 털이 짧은 고양이는 모두 선희네 집 고양이가 낳은 새끼이다.
④ 선희네 집 고양이가 낳은 새끼는 흰 고양이뿐이다.
⑤ 선희네 집 고양이가 낳은 새끼 중 어떤 고양이는 얼룩무늬 고양이다.

04 친구 사이인 갑, 을, 병, 정, 무 5명이 태어난 달이 다음과 같다. 이때, 항상 참인 것은?

- 갑, 을, 병, 정, 무는 태어난 달이 모두 다르다.
- 태어난 달의 순서는 갑-무-병-을-정이다.
- 병이 태어난 달은 을과는 1달 차이가 나고, 정과는 3달 차이가 난다.
- 병만 짝수 달에 태어났고 나머지는 홀수 달에 태어났다.
- 1월에 태어난 사람은 없다.

① 정이 태어난 달이 11월인 경우 무가 태어난 달은 5월 또는 7월이다.
② 무가 5월에 태어난 경우 정이 태어난 달은 11월이다.
③ 병은 8월에 태어났다.
④ 갑과 무가 태어난 달이 3개월 이상 차이 나는 경우 정은 9월에 태어났다.
⑤ 갑이 3월에 태어났다면 무는 5월에 태어났다.

05 어느 동물원에서는 기린, 코끼리, 돌고래, 사슴에게 오전과 오후 하루 두 번에 걸쳐 먹이를 준다. 다음 조건에 따라 월요일부터 목요일까지 오전과 오후에 한 번씩 한 종류의 동물 우리를 체험 코스로 개방한다고 할 때, 이에 대한 설명으로 옳지 않은 것은?

- 모든 동물 우리는 각각 월요일부터 목요일까지 오전에 한 번, 오후에 한 번 개방한다.
- 수요일에 개방하는 동물 우리만 오전과 오후에 모두 개방한다.
- 월요일 오후에 개방하는 동물 우리와 화요일 오전에 개방하는 동물 우리는 같다.
- 오전에 개방하는 코끼리 우리를 사슴 우리를 개방하기 바로 전날 개방한다.
- 오후에 개방하는 돌고래 우리를 사슴 우리를 개방한 바로 다음날 개방한다.
- 월요일 오전에 개방하는 동물 우리는 돌고래 우리이다.

① 수요일에 개방하는 동물 우리는 사슴 우리이다.
② 화요일 오전에 개방하는 동물 우리는 코끼리 우리이다.
③ 화요일 오후와 목요일 오전에 개방하는 동물 우리는 같다.
④ 오전에 개방하는 기린 우리는 코끼리 우리를 개방하기 이전에 개방한다.
⑤ 오후에 개방하는 기린 우리는 사슴 우리를 개방하기 이전에 개방한다.

06 도연, 명지, 주영, 경희, 경호, 수현 여섯 명이 함께 토익 시험을 응시하였다. 여섯 명의 토익 시험 점수에 대한 정보가 다음과 같을 때, 항상 참인 것은? (단, 점수가 높은 순으로 순위를 정한다.)

- 점수가 같은 사람은 없으며, 여섯 명 모두 700점 이상이고 그중 900점 이상인 사람은 1명, 800점 이상은 4명이다.
- 경희의 토익 점수는 799점이다.
- 도연의 순위는 2위이다.
- 명지는 경호 다음 순위이다.
- 수현은 경희보다 순위가 낮다.

① 수현은 여섯 명 중 6위가 아니다.
② 주영은 토익 점수가 900점 미만이다.
③ 경희는 경호보다 순위가 높다.
④ 도연은 명지보다 순위가 높다.
⑤ 경호는 토익 점수가 800점 미만이다.

07 A회사는 B회사에 마우스, 키보드, 스피커, 이어폰, 헤드폰, 모니터, 노트북, 이동식 메모리, SSD를 납품하려고 한다. 다음 조건에 따라 납품한다고 할 때, 납품할 수 있는 제품끼리 바르게 짝지은 것은?

- 마우스, 키보드, 스피커 중에서 두 가지 제품은 반드시 납품해야 하지만, 이 세 가지 제품을 모두 납품할 수는 없다.
- 마우스와 스피커 중 하나 이상을 납품하면 노트북을 납품할 수 없다.
- 이동식 메모리는 키보드를 납품할 때만 함께 납품할 수 있다.
- 키보드와 스피커 중 하나 이상을 납품하면 모니터를 납품할 수 없다.
- 노트북을 납품하지 못하면, SSD를 반드시 납품해야 한다.
- 이어폰과 헤드폰 중 하나는 반드시 납품해야 하지만 둘 다 납품할 수는 없다.
- 마우스를 납품하면 이어폰도 납품해야 한다.

① 이어폰 - 모니터
② 이어폰 - 노트북
③ 이어폰 - SSD
④ 헤드폰 - 마우스
⑤ 헤드폰 - 모니터

08 다음은 T사 본사 7층 사무실에 근무하는 직원들의 근무 팀에 대한 내용이다. 이때, 항상 참인 것은?

> - 영업팀, 총무팀, 마케팅팀, 홍보팀 사무실이 왼쪽부터 일렬로 순서대로 배치되어 있다.
> - 각 팀별 인원은 6명 혹은 7명이며, 대리급 이하(대리, 사원) 직원은 각 팀 모두 1명씩이다.
> - A사원은 총무팀에 근무하고 있다.
> - B사원은 A사원의 바로 옆 사무실에서 근무하고 있다.
> - 마케팅팀 소속 직원은 6명이다.
> - C대리는 마케팅팀 소속이 아니다.
> - D대리는 C대리의 바로 왼쪽 사무실에서 근무하고 있다.

① B사원이 속한 팀에서 B사원보다 직급이 높은 직원은 5명이다.
② A사원 옆 사무실에는 B사원과 C대리가 근무한다.
③ C대리가 어느 팀 소속인지는 알 수 없다.
④ D대리는 마케팅팀 소속이다.
⑤ B사원의 옆 사무실에는 A사원과 C대리가 근무한다.

09 A, B, C, D, E, F, G 총 7명의 역무원을 다음 조건을 고려해 KTX 정차역에 배치하려고 한다. 이때, 항상 거짓인 것은?

> - 7명의 역무원을 배치할 KTX 정차역은 서울역, 용산역, 동대구역, 부산역으로 네 곳이다.
> - 기차역별로 최대 3명까지 배치가 가능하며, 적어도 한 기차역에는 한 명 이상 배치하여야 한다.
> - 서울역에는 3명을 배치해야 한다.
> - A는 서울역에 배치되어야 한다.
> - B와 D는 같은 기차역에 배치되어야 한다.
> - G는 용산역에 배치된다.
> - D는 A, G와 같은 기차역에는 배치될 수 없다.
> - C와 F는 같은 기차역에 배치되어야 한다.

① C는 서울역에 배치될 수 있다.
② E는 용산역에 배치될 수 없다.
③ B는 동대구역에 배치될 수 있다.
④ 부산역에는 A~G 중 두 명 이상의 직원이 배치될 수 있다.
⑤ 용산역에는 A~G 중 두 명 이상의 직원이 배치될 수 있다.

10 어느 중학교 1학년 1반~5반을 대상으로 안경 쓴 학생 수를 조사하고 있다. 다음과 같은 정보를 수집했을 때, 항상 참인 것은?

- 1~5반의 학생 수는 35명으로 동일하다.
- 5개 반의 안경 쓴 학생 수는 모두 다르다.
- 안경 쓴 학생이 가장 많은 학급과 가장 적은 학급의 학생 수 차이는 5명이다.
- 안경 쓴 학생이 가장 적은 학급은 2반이며, 두 번째로 적은 학급은 5반이다.
- 1반의 안경 쓴 학생 수는 23명으로 5개 반 중 가장 많다.

① 안경을 쓰지 않은 학생이 15명 이상인 학급은 3개 이상이다.
② 안경을 쓴 학생이 20명인 학급이 있다.
③ 3반 학생 중 안경을 쓴 학생 수는 20명 이상이다.
④ 안경을 쓴 학생 수는 3반이 4반보다 많다.
⑤ 5개 학급의 안경을 쓴 학생 수는 101명이 될 수 없다.

11 A, B, C, D, E, F 여섯 종류의 알파벳 카드를 옆으로 나란히 배치하였다. 다음 제시된 모든 조건을 고려하였을 때, 항상 거짓인 것은?

- B와 C 사이에는 두 종류의 알파벳 카드가 놓여 있다.
- E는 B와 이웃해 있다.
- D는 E의 바로 오른쪽에 놓여 있다.
- A는 F보다 오른쪽에 놓여 있다.
- B는 C보다 왼쪽에 놓여 있다.

① E는 B와 C 사이에 놓여 있다.
② D는 B보다 오른쪽에 놓여 있다.
③ A는 B의 왼쪽에 위치할 수 있다.
④ F는 B와 C 사이에 놓여 있다.
⑤ A는 여섯 카드 중 가장 오른쪽에 위치할 수 있다.

12 A의 이사를 돕기 위해 친구 B~H 7명이 옷장, 침대, 서류 박스, 텔레비전, 컴퓨터, 식자재 중 1가지씩을 나누어 운반하였다. 이때 E와 F가 운반한 물품을 올바르게 짝지은 것은?

> • 옷장과 침대는 무거워서 B, C, E, H가 2명씩 나누어 운반하였다.
> • A~H는 남자 5명, 여자 3명이다.
> • 옷장을 함께 운반한 두 사람은 성별이 달랐으며, 침대를 함께 운반한 두 사람은 성별이 같았다.
> • D는 여자이며, 텔레비전이나 컴퓨터를 운반하지 않았다.
> • A는 전체적으로 상황을 지켜보며 서류 박스를 운반하였다.
> • B와 G는 침대나 텔레비전을 운반하지 않았다.
> • 텔레비전과 컴퓨터를 운반한 사람은 둘 다 남자이다.
> • E는 여자이다.

① 침대 – 컴퓨터
② 침대 – 식자재
③ 옷장 – 텔레비전
④ 옷장 – 컴퓨터
⑤ 옷장 – 식자재

13 마케팅팀 직원 A, B, C와 운영팀 직원 D, E, F는 각각 서울 본사에서 울산지점, 광주지점, 제주지점, 강릉지점으로 출장을 간다. 이때, 항상 거짓인 것은?

> • 각 지점에는 최대 2명씩 출장을 갈 수 있으며, 아무도 출장을 가지 않는 지점은 없다.
> • 마케팅팀 직원 3명은 모두 각각 다른 지점으로 출장을 간다.
> • F는 제주지점으로 출장을 간다.
> • D와 E는 같은 지점으로 출장을 간다.
> • A가 광주지점으로 출장을 가면 C는 제주지점으로 출장을 갈 수 없다.
> • 울산지점에는 두 사람이 출장을 간다.

① D, E가 출장을 갈 수 있는 곳은 울산지점뿐이다.
② 제주지점에는 두 명의 직원이 출장을 간다.
③ A가 광주지점으로 출장을 갈 경우, B는 강릉지점으로 출장을 간다.
④ B가 광주지점으로 출장을 갈 경우, C는 제주지점 또는 강릉지점으로 출장을 간다.
⑤ 강릉지점에는 한 명의 직원이 출장을 간다.

14 한 방송국에서 식자재 A, B, C와 의류 D, E, F, 안마기기 G, H의 광고 순서를 정하려고 한다. 다음 제시된 조건을 모두 고려하였을 때, 항상 거짓인 것은?

- 가장 처음에 B를 광고하고, 일곱 번째로 F를 광고한다.
- 같은 종류의 제품을 연달아 광고하지 않는다.
- G는 C 다음 순서에 광고한다.
- H는 G 이후에 광고한다.
- E는 의류 중 가장 먼저 광고한다.

① E는 두 번째 순서로 광고한다.
② C는 식자재 중 두 번째 순서로 광고한다.
③ 네 번째 순서로 광고하는 제품은 D이다.
④ A는 마지막에 광고한다.
⑤ G는 다섯 번째 순서로 광고한다.

15 다음 제시된 도형에 적용된 규칙을 찾아 '?'에 해당하는 도형으로 가장 적절한 것을 고르면?

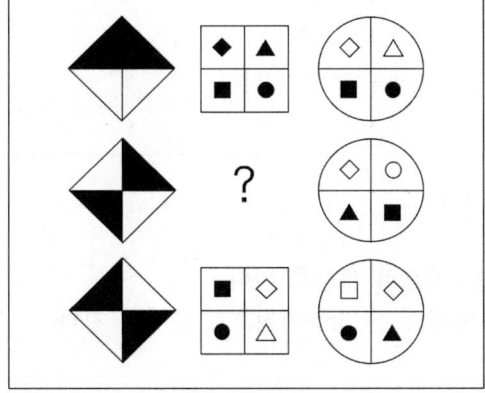

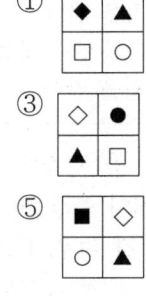

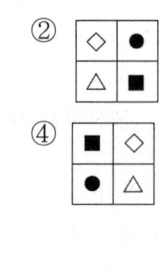

16 다음 제시된 도형에 적용된 규칙을 찾아 '?'에 해당하는 도형으로 가장 적절한 것을 고르면?

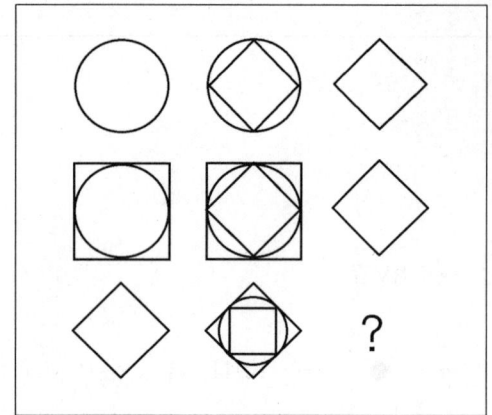

① 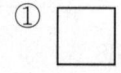　②
③ 　④
⑤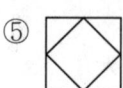

17 다음 제시된 도형에 적용된 규칙을 찾아 '?'에 해당하는 도형으로 가장 적절한 것을 고르면?

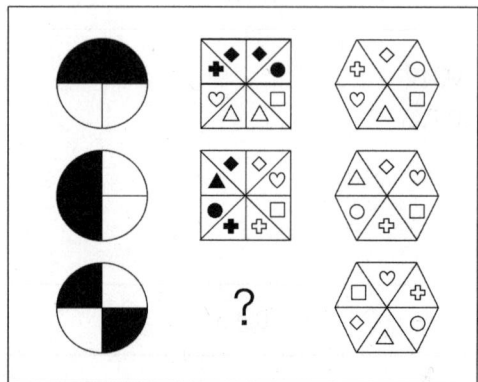

① 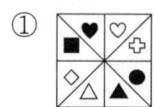　②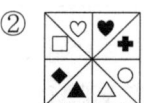
③ 　④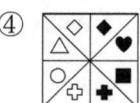
⑤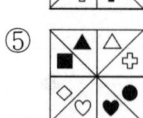

[18~21] 다음 도식에서 기호들은 일정한 규칙에 따라 문자나 숫자를 변화시킨다. '?'에 들어가기에 알맞은 것을 고르시오.

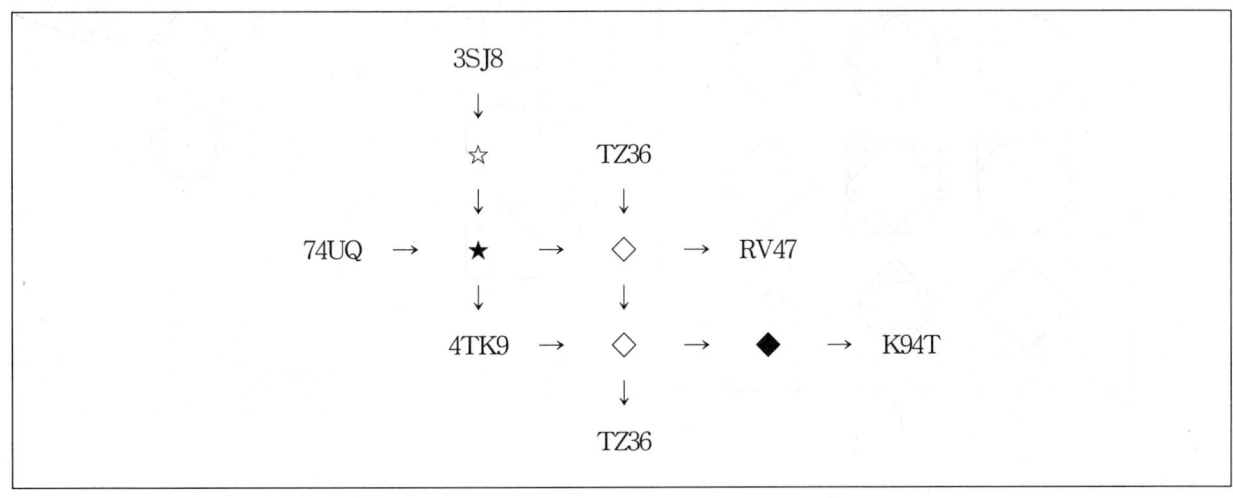

18

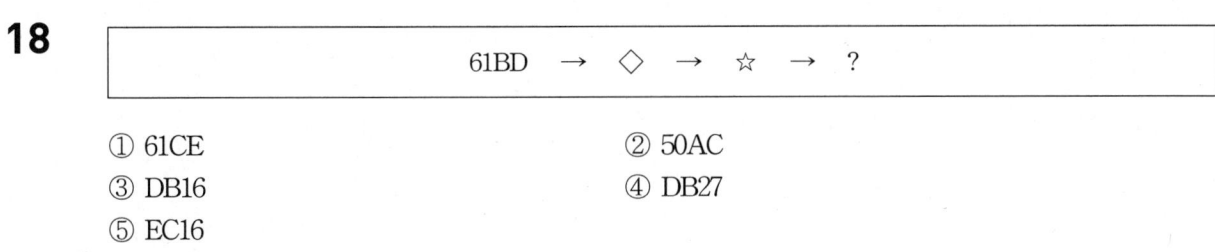

① 61CE ② 50AC
③ DB16 ④ DB27
⑤ EC16

19

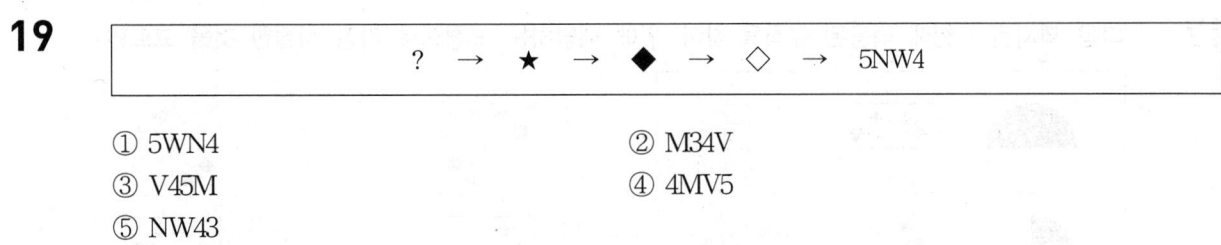

① 5WN4 ② M34V
③ V45M ④ 4MV5
⑤ NW43

20

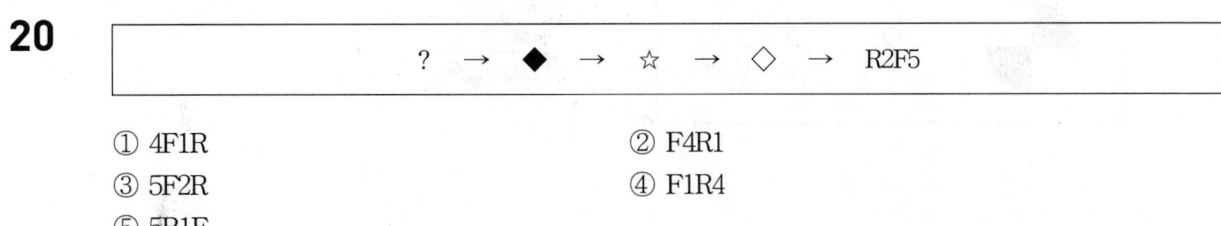

① 4F1R ② F4R1
③ 5F2R ④ F1R4
⑤ 5R1F

21

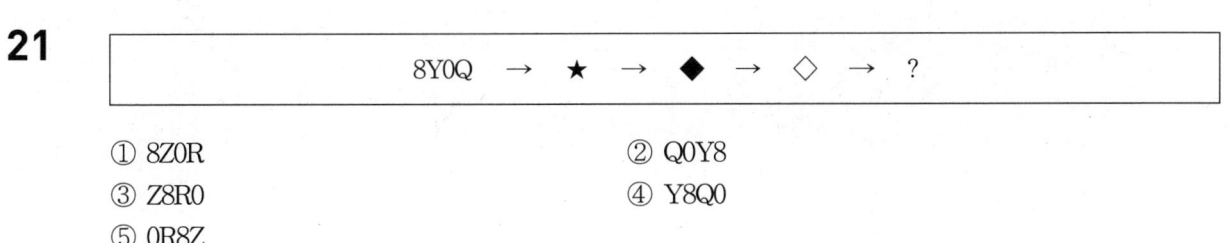

① 8Z0R ② Q0Y8
③ Z8R0 ④ Y8Q0
⑤ 0R8Z

22 주어진 단어 간 관계를 유추했을 때, 빈칸에 들어갈 적절한 단어는?

밝히다 : 폭로하다 = 줄이다 : ( )

① 가중하다
② 경감하다
③ 들추어내다
④ 심화하다
⑤ 폭등하다

23 다음 짝지어진 단어 사이의 관계가 나머지와 다른 하나를 고르면?
① 귀납 - 연역
② 긴밀 - 이완
③ 샛별 - 금성
④ 낙천 - 염세
⑤ 낭독 - 묵독

24 다음 글의 내용이 모두 참일 때, 반드시 거짓인 것은?

> 시각이나 청각과는 전혀 다르게 후각이 주는 인상은 말로 기술할 수도 없고 추상화할 수도 없다. 우리 생활에서 직감적인 공감 혹은 반감은 상당 부분 후각의 영역과 연관되어 있다. 후각은 동일한 지역에서 살아가는 두 인종들 사이의 관계에 종종 의미 있는 결과를 초래하는데, 지적인 사고나 의지로는 거의 이를 통제할 수 없다. 20세기 초반까지도 단지 몸에서 냄새가 난다는 이유만으로 흑인들이 북미의 상류사회로부터 거절당했던 것이 사실이다. 오늘날에는 사회 발전을 위해 지식인과 노동자 사이의 인간적인 접촉이 필요하다는 주장이 자주 제기되기도 한다. 지식인들 또한 이 두 계층 간의 화해가 윤리적 차원에서 반드시 필요하다고 인정하지만, 이 화해의 시도는 후각이 주는 인상들을 극복하지 못해서 결국 수포로 돌아가고 만다. 지식인들은 '노동의 신성한 땀' 냄새 때문에 노동자들과의 직접적 접촉을 기피했다. 즉, 사회문제는 윤리적인 문제일 뿐만 아니라 코의 문제, 후각의 문제이기도 한 것이다.
> 문화가 발전하면서 시각이나 후각과 같은 우리의 감각은 근거리에 한정된다. 우리는 근시안이 될 뿐만 아니라 근감각(近感覺)이 되어 가고 있다. 그런데 감각기관을 통한 인지능력의 예민함은 저하되지만, 그것이 제공하는 쾌와 불쾌의 주관적인 느낌은 더 강해진다는 점에 주목해야 한다. 후각의 경우는 더더욱 그러하다. 더 이상 우리는 원시 종족만큼 객관적으로 냄새를 인지할 수 없지만, 후각이 주는 인상들에 대해서는 주관적으로 더 강렬히 반응한다. 예민한 코를 가진 사람은 바로 이러한 강렬함 때문에 즐거움보다는 불쾌함을 훨씬 더 많이 체험하게 된다. 감각이 주는 인상에 대해 우리가 더 강렬하게 반응하게 되면서, 현대인들이 서로 배척하여 결국 고립되는 현상은 다음과 같은 방식으로 설명될 수 있다. 우리는 어떤 냄새를 맡게 되면 그것이 주는 인상이나 그것을 발산하는 객체를 우리 안으로 깊숙이 끌어들인다. 즉, 누군가의 몸에서 나는 냄새를 맡는다는 것은 그를 가장 내밀하게 인지하는 것으로, 타인은 기체의 형식을 통해 가장 감각적이면서 내면적인 존재로 우리에게 들어온다. 그리고 후각이 주는 인상에 대한 예민함이 점차 증가함에 따라 이들 인상에 대해서 선호의 차이가 생겨나게 된다.

① 문화가 발전할수록 감각기관을 통한 인지능력이 떨어지고 있다.
② 현대의 사회문제는 윤리적 문제가 아닌 후각의 문제에서 기인한다.
③ 오늘날 지식인은 지식인과 노동자 사이의 화해가 필요하다고 생각한다.
④ 현대인은 원시인에 비해 냄새의 인상에 대한 주관적 반응이 더 강렬하다.
⑤ 현대인은 어떤 냄새를 맡게 되면 그 냄새를 발산하는 객체를 내밀하게 인지한다.

25 다음 글의 내용이 모두 참일 때, 반드시 거짓인 것은?

> 오랜 기간 동안 과학자들과 철학자들은 단어의 의미가 뇌의 물리적 재료 속에 들어 있는 것이 아니라고 여겼다. 그러다 오늘날에 이르러서는 의미가 뇌에서 일어나는 물리적 현상과 관련이 있다는 가설을 받아들이게 되었다. 어떤 단어의 의미는 사전적으로 해당 단어를 어떤 상황이나 문맥에서 사용하는 것이 적절한지에 대해 사람들이 가지고 있는 지식으로 정의된다. 그러나 이러한 정의는 의미가 뇌의 어딘가에 있는 특정한 뉴런들이 자극을 받아 활성화될 때 발생하는 것이라는 실제 현실을 반영하는 것은 아니다. 예를 들어, 어떤 사람 A의 뇌에서 발생하는 뉴런들의 활성화 유형을 그림으로 나타낼 수 있으며, 그 그림이 'mathematician'이라는 단어와 상응하는 것이라고 상상해 보자. 사실 뉴런들의 활성화 유형을 그림이나 수식으로 나타낸다는 것은 불가능에 가깝긴 하지만 말이다. 그런데 이들 뉴런의 활성화가 'apple'이라는 단어 혹은 발에서 발생한 가려움이 아니라, 'mathematician'이라는 단어와 상응한다는 것을 뇌에서 어떻게 확인할 수 있을까? 이 질문에 대한 대답이 무엇인지 알기 위해서는 어떤 사람 A와 다른 사람인 B의 뇌에서 발생한 'mathematician'에 상응하는 뉴런의 활성화 유형이 항상 일치한다고 상상해야 한다. 그러나 B의 뉴런들이 A의 뇌에서 활성화되었던 뉴런들과 물리적으로 정확히 일치하리란 보장은 없다. 주변의 뉴런들과 연결되어 있는 양상이 약간 상이할 수도 있고, 범위가 더 넓거나 좁을 수도 있으며, 아예 뇌 부위가 서로 다를 수도 있다.
>
> 서로 다른 뇌에 속하는 뉴런들이 물리적으로 상이함에도 불구하고, 이 뉴런들의 활성화가 어떻게 동일한 대상, 즉 'mathematician'의 의미에 해당될 수 있을까? 어떤 단어에 상응하여 활성화되는 뉴런은 사람마다 물리적으로 다를 가능성이 높다. 하지만 그 단어를 들을 때마다 각각의 뇌에서 어떤 특정한 유형으로 활성화된다면, 뉴런의 물리적 차이는 문제가 되지 않는다. 이렇게 보면 각 단어에 상응하는 뉴런들이 특정한 유형으로 활성화된 것이 바로 그 단어의 의미이다. 단어마다 상응하는 뉴런들의 활성화 유형이 서로 다르기 때문에, 이 단어의 의미와 저 단어의 의미가 뇌에서 구별되는 것이다.

① 사람마다 동일한 단어를 들었을 때 활성화되는 뇌의 범위가 다를 수 있다.
② 과거에는 단어의 의미가 뇌에서 일어나는 물리적 현상과 관련 있다는 가설을 받아들이지 않았다.
③ 각 단어의 의미를 뇌에서 구별할 수 있는 이유는 단어마다 상응하는 뉴런의 활성화 유형이 다르기 때문이다.
④ 뉴런들의 활성화 유형을 수식으로 나타내는 것은 불가능하기 때문에 가능한 방법인 그림으로 나타내는 경우가 많다.
⑤ 어떤 뉴런의 활성화 양상이 특정 단어와 상응한다는 것을 확인하기 위해서는 특정 단어에 상응하는 뉴런의 활성화 양상이 항상 일치한다는 가정을 해야 한다.

26 다음 글의 내용이 모두 참일 때, 반드시 거짓인 것은?

지구에 도달하는 태양풍 중 대부분은 지구의 자기장 밖으로 흩어지고, 일부는 지구의 자기장에 끌려 붙잡힌다. 이렇게 붙잡힌 태양풍을 구성하는 대전입자들은 전기를 띠고 있는데, 이 입자들은 자기장을 따라 자기의 북극과 남극 방향으로 지구 대기에 들어와 자기장을 타고 나선형으로 맴돌면서 지구의 양쪽 자기극으로 쏟아진다. 하강한 대전입자는 고도 100~500km 상공에서 대기와 충돌하면서 기체를 이온화하는 과정에서 가시광선과 자외선 및 적외선 영역의 빛을 낸다. 우리는 이 중에서 가시광선 영역의 오로라를 보는 것이다.

이 오로라의 스펙트럼을 분석해 보면, 대기 중의 질소분자, 질소분자이온, 그리고 산소원자가 발견된다. 이렇게 오로라에 포함되어 있는 이온화된 기체는 제각기 다른 파장의 빛을 낸다. 태양 흑점의 극대기에 나타나는 오로라에서 수소원자 스펙트럼이 검출되는 경우가 있는데, 이는 태양에서 날아오는 수소원자 때문이다. 다시 말해, 밤하늘의 수채화처럼 빛나는 오로라는 태양이 보낸 그림엽서로 볼 수 있는 것이다. TV 화면을 떠올리면 오로라를 이해하기 쉽다. TV 브라운관에서 전기장과 자기장에 의해 제어된 전자의 흐름이 스크린에 닿으면, 스크린에 코팅된 화학물질에 따라 각각 다른 색깔을 내게 된다. 오로라의 발광도 대전입자, 특히 전자가 지구의 자기장을 따라 내려오며 발생하는 것으로 이해하면 된다. 그리고 오로라의 다양한 색깔은 대전입자와 충돌하는 원자의 성질에 따라 결정된다. 오로라가 가장 잘 나타나는 지역은 지구자기의 북극을 중심으로 20~25도 정도 떨어진 곳인데, 이곳을 '오로라 대'라고 부른다. 오로라 대는 지구자기 위도 65~70도쯤에서 계란형의 타원을 이룬다. 오로라 대에서는 매년 100회 이상의 오로라 현상이 나타난다. 오로라 대에 속하는 지역으로는 시베리아 북부 연안, 알래스카 중부, 캐나다 중북부와 허드슨 만, 래브라도 반도, 아이슬란드 남방, 스칸디나비아 반도 북부 등이 있다. 오로라는 주로 공기 밀도가 희박한 상층부 80~160km 높이의 열권에서 발생하지만, 나타나는 시기와 모양에 따라 고도가 다르며, 상하의 범위도 200~250km, 드물게는 1,000km에 달하는 경우가 있다.

① 지구에 도달하는 태양풍 중 일부가 오로라가 생기는 데 관여한다.
② 오로라에서 수소원자의 스펙트럼이 발견되기도 한다.
③ 오로라가 발생하는 고도가 항상 같은 것은 아니다.
④ 오로라 현상은 매년 100회 이상 나타나는데, 오로라 대에서 가장 많이 볼 수 있다.
⑤ 오로라에서 발견되는 대기 중의 질소분자와 산소원자는 같은 파장의 빛을 낸다.

27 다음 글의 관점에서 〈보기〉를 비판한 내용으로 가장 적절한 것은?

> 올바른 정치를 하기 위해 통치자가 해야 할 책무는 무엇일까? 이들은 대립과 갈등의 인간 사회를 조화롭고 평화롭게 만들기 위해서 선과 악, 옳고 그름을 명확히 판단할 수 있는 기준을 제시해야 한다. 개인들은 자신의 이해관계를 관철시키기 위해 자신의 입장에서 의견을 개진한다. 이러한 소통 과정을 통해 사람들은 합의를 도출하기도 하고 상대방을 설득하기도 한다. 이렇게 보면 의견의 교환과 소통은 선과 악, 옳고 그름을 판단하는 기준을 마련해 줄 수 있을 것처럼 보이기도 한다. 하지만 의견을 통한 합의나 설득은 일시적으로 옳고 그른 것에 대한 해답을 줄 뿐, 절대적이고 영원한 기준을 찾게 해 줄 수는 없다. 절대적이고 영원한 기준은 현실의 가변적 상황과는 무관한, 진리 그 자체여야 하기 때문이다. 따라서 인간 사회의 판단 기준을 제시할 수 있는 것은 바로 철학이다. 철학이야말로 진리와 의견의 차이점을 분명히 파악할 수 있으며 절대적 진리를 궁구할 수 있기 때문이다. 따라서 철학으로 이 사회를 운영해야 인간 사회의 갈등을 완전히 해소하고 사람들의 삶을 올바르게 이끌 수 있다.

─ 보기 ─
정부는 관계 부처들이 협력하여 4차 산업 혁명의 핵심 인프라인 네트워크 및 데이터 기반을 강화하고, 지능형 신산업 생태계를 조성하기로 했다. 먼저, 4차 산업 혁명의 근간인 핵심 네트워크 인프라 확보를 위해, 2019년 3월 세계 최초로 5G를 조기 상용화하고, IoT 전용망 확충과 10기가 인터넷망 상용화를 추진할 계획이다. 또한 드론, 3D 프린터 등 4차 산업 혁명 유망 품목의 우선 구매 대상 포함 비율을 현재 12%에서 2022년까지 15%로 확대하고, 지자체 합동 평가 지표에 '4차 산업 혁명 핵심 기술 적용 확대'를 추가하기로 결정했다. 특히 판교에 글로벌 ICT 혁신 클러스터를 조성하고, 규제를 한시적으로 면제하거나 완화하는 신기술 사업화 지역 특구를 구축하는 등 지역 기반 지능화 혁신을 촉진할 예정이다.

① 4차 산업 혁명이 충분한 의견 교환과 소통을 거쳐 도출된 결과물인지 따지지 않고 수립한 관련 정책들은 모두 폐기하여야 한다.
② 4차 산업 혁명이 철학보다 우월하다는 것이 증명되지 않았기 때문에 이것이 증명될 때까지 관련 정책의 실행은 유보되어야 한다.
③ 4차 산업 혁명과 관련된 정부의 정책이 특정한 개인의 이해관계를 관철시키기 위한 결과물이 아닌지를 엄밀하게 검토하여야 한다.
④ 4차 산업 혁명을 주도한 세력이 철학의 중요성에 대해 인지하고 있지 못하기 때문에, 이들이 이와 관련된 정책을 수립하는 것은 옳지 못하다.
⑤ 4차 산업 혁명에 대응하는 정책의 수립이 현재는 가장 중요한 문제로 보이지만, 산업의 변화와 무관한 인간 사회 본연의 가치를 담은 정책 수립이 더 중요한 문제이다.

28 다음 글에서 추론할 수 있는 것은?

> 방사성 폐기물은 핵에너지를 사용하는 과정에서 발생하는 원자력 부산물로 원자력발전소나 병원, 연구소 등에서 나오는 폐기물을 말한다. 함유되어 있는 방사성 핵종의 특성에 따라 고준위폐기물, 중·저준위폐기물, 극저준위폐기물 등으로 분류된다. 고준위폐기물은 원자력발전소를 가동하고 나온 폐연료봉 등으로 사용후핵연료라고도 한다. 원자력안전법에서는 방사능의 세기가 절반으로 감소하는 데 20년 이상이 걸리면 고준위폐기물로 분류하고 있다. 고준위폐기물은 강한 방사선과 높은 열을 방출해 30만 년이 지나야 천연 우라늄 수준으로 방사능이 줄어든다. 지금까지 원전 내부의 저장시설에 자체 보관됐지만, 원전의 저장시설이 포화 상태에 이르면서 해결책이 필요한 상황이다. 중준위폐기물은 저준위폐기물 농도 기준 이상으로, 핵연료 손상기간 중 발생한 폐수지, 폐필터 등이 해당된다. 이것들은 지하 100m 이상의 깊은 곳에 매립해야 한다. 저준위폐기물은 방사능 농도가 자체처분 허용 농도의 100배 이상이며 저준위폐기물 농도 기준 미만인 것으로 중준위폐기물에 해당하지 않는 잡고체, 폐수지, 폐필터 등이 해당된다. 저준위폐기물은 지상시설 처분이 가능하다. 극저준위폐기물은 중·저준위폐기물 중에서 방사능 농도가 자체처분 허용 농도 이상이고 자체처분 허용 농도의 100배 미만인 방사성폐기물을 말한다. 원전이나 원자력 연구시설 해체 중 발생한 오염도가 낮은 콘크리트, 철재류가 대표적이고, 일반 매립이 가능하다.

① 고준위폐기물의 방사능이 천연 우라늄 수준으로 줄어들기 위해서는 30만 년 이상을 지하 100m 이상의 깊은 곳에 매립 보관해야 한다.
② 원자력발전소에서 나오는 폐기물은 모두 지하에 매립하거나 지상시설에서 처분해야 한다.
③ 중준위폐기물과 저준위폐기물의 경우 모두 지하에 매립하여 보관해야 한다.
④ 고준위폐기물은 보관 후 방사능의 세기가 절반으로 감소하면 중준위폐기물로 분류된다.
⑤ 원전 해체 중 발생한 콘크리트나 철재류가 모두 극저준위폐기물에 해당하는 것은 아니다.

29 다음 글에서 추론할 수 있는 것은?

> 목조 건축물에서 기둥은 지붕의 하중을 떠받치고 있는 수직 부재(部材)이다. 창방은 이 기둥이 수직 방향으로 안정되게 서 있도록 기둥과 기둥의 상부 사이에 설치하는 수평 부재이다. 이때, 기둥을 연결한 창방들이 만들어 내는 수평선은 눈높이보다 높은 곳에 위치하고 있기 때문에 창방의 양쪽 끝이 아래로 처져 보이는 착시 현상이 발생하게 된다. 이러한 착시 현상을 교정하기 위해 기둥을 건물의 중앙에서 양쪽 끝으로 가면서 점차 높아지도록 만드는데, 이것을 <u>귀솟음 기법</u>이라고 한다. 귀솟음 기법을 이용할 경우 착시 현상을 교정하는 효과뿐만 아니라 구조적인 측면에서 장점도 얻게 된다. 전통 구조물의 가장 일반적인 지붕 형태는 팔작지붕인데, 이 경우 건물 끝부분의 기둥이 건물 중간에 위치한 기둥보다 지붕의 하중을 더 많이 받게 된다. 건물 끝부분 기둥이 오랫동안 지속적으로 많은 하중을 받으면 자연스럽게 중간 기둥보다 더 많이 침하되는 부동(不同) 침하 현상이 발생한다. 귀솟음 기법은 부동 침하 현상에 의한 구조적 변형에도 건물 끝부분의 기둥이 중간의 기둥보다 높거나 동일한 높이를 유지할 수 있게 하는 장점을 가지고 있다. 한편 또 다른 착시 현상이 발생하기도 하는데, 일렬로 늘어선 기둥의 수직선 때문에 건물의 좌우 끝으로 가면서 건물의 상부가 바깥으로 벌어져 보이는 것이 그것이다. 이러한 착시를 교정하기 위해 좌우 끝기둥의 상부를 건물의 중앙 쪽으로 기울어지게 하는 <u>안쏠림 기법</u>을 사용하기도 한다. 그러나 단층 건물에서 안쏠림 기법은 착시 현상을 교정하는 효과가 그리 크지 않다. 단층 건물의 기둥 높이가 건물 앞면의 수평 길이에 비해 상대적으로 짧아서 착시 현상 또한 크게 느껴지지 않기 때문이다. 하지만 층수가 많은 중층 구조에는 안쏠림 기법을 두는 경우가 왕왕 있는데, 이는 끝기둥에 안쏠림 기법을 사용하면 건물의 무게 중심을 아래로 낮출 수 있기 때문이다. 다시 말해, 중층 건물에서 안쏠림 기법은 시각적인 효과뿐만 아니라 건물의 구조적 안정성을 실현하는 데도 중요한 역할을 하는 것이다.

① 팔작지붕에서는 건물 중간 기둥이 끝부분 기둥보다 더 많이 침하된다.
② 안쏠림 기법은 끝기둥의 하부를 안쪽으로 모아 무게 중심을 낮춰준다.
③ 때로는 건물의 상부가 바깥으로 벌어져 보이는 착시 현상이 안정감을 주기도 한다.
④ 건축 기법은 착시 현상 교정 외에 별도의 부가적 장점을 지녀야만 사용될 수 있다.
⑤ 기둥을 연결한 창방들의 수평선이 눈높이보다 높으면 창방 양 끝이 아래로 처친 것처럼 느껴진다.

30 다음 글에서 추론할 수 없는 것은?

> 우리가 어떤 입자의 운동 상태를 알려면 운동량과 위치를 알아야 한다. 여기에서 운동량은 물체의 질량과 속도의 곱으로 정의되는 양이다. 특정한 시점에서 특정한 전자의 운동량과 위치를 알려면, 되도록 전자에 교란을 적게 일으키면서 동시에 물리량을 측정해야 한다. 빛을 쏘아 전자와 충돌시킨 후 튕겨 나오는 광양자를 관측한다고 해 보자. 운동량이 작은 광양자를 충돌시키면 전자의 운동량을 적게 변화시켜 운동량을 상당히 정확하게 측정할 수 있다. 그러나 운동량이 작은 광양자로 이루어진 빛은 파장이 길기 때문에, 관측 순간의 전자의 위치, 즉 광양자와 전자의 충돌 위치의 측정은 부정확해진다. 전자의 위치를 더 정확하게 측정하기 위해서는 파장이 짧은 빛을 써야 한다. 그런데 파장이 짧은 빛, 곧 광양자의 운동량이 큰 빛을 쓰면 광양자와 충돌한 전자의 속도가 큰 폭으로 변하게 되어 운동량 측정의 부정확성이 오히려 커지게 된다.

① 광양자가 전자와 충돌하면 전자의 속도가 변한다.
② 물체의 질량과 속도를 곱한 값은 물체의 운동량이다.
③ 빛을 쏘아 전자와 충돌시켜 광양자를 관측할 수 있다.
④ 정밀한 기술을 사용함으로써 측정에서 생기는 오차를 극복할 수 있다.
⑤ 파장이 긴 빛을 사용하여 측정하면 짧은 빛을 사용하여 측정했을 때보다 측정의 부정확성이 낮다.

GSAT
삼성직무적성검사

삼성 GSAT
봉투모의고사

제3회
모의고사

QMG 박문각

제3회 모의고사

삼성직무적성검사	수리논리	20문항/30분
	추리	30문항/30분

수리논리 | 01 ~ 20번

01 W회사 채용시험 응시자 중에서 30대는 전체의 $\frac{1}{5}$, 여자는 전체의 $\frac{1}{3}$이고, 응시자 전체의 $\frac{2}{5}$가 30대이거나 여자라고 한다. 이 채용시험 응시자 중에서 임의로 뽑은 응시자 한 명이 30대일 때, 그 응시자가 여자일 확률은 얼마인가?

① $\frac{2}{3}$
② $\frac{3}{4}$
③ $\frac{2}{5}$
④ $\frac{3}{5}$
⑤ $\frac{5}{6}$

02 지혜, 병만, 승기는 A도시에서 B도시까지 가야 할 일이 있다. 지혜는 병만이보다 3시간 빨리 출발하였고, 병만이는 승기보다 3시간 빨리 출발하였다. 지혜의 속력은 병만이보다 시속 1km 느리고, 병만의 속력은 승기보다 시속 3km 느리다고 한다. 세 사람이 동시에 B도시에 도착하였을 때, A도시에서 B도시까지의 거리는 얼마인가?

① 18km
② 21km
③ 28km
④ 32km
⑤ 37km

03 다음은 A, B 두 지역의 주거용 건물 건축 건수와 건축공사비에 관한 자료이다. 이에 대한 설명으로 옳은 것은?

A, B지역 주거용 건물 건축 건수와 건축공사비

(단위: 건, 억 원)

구분		2018년	2019년	2020년	2021년
A지역	건축 건수	120	113	115	95
	건축공사비	7,893	7,534	7,634	6,327
B지역	건축 건수	163	137	121	107
	건축공사비	9,579	8,134	7,537	7,034

A, B지역 주거용 건물의 유형별 건축 건수와 건축 공사비

(단위: 건, 억 원)

구분		A지역				B지역			
		오피스텔	아파트	기타	전체	오피스텔	아파트	기타	전체
건축 건수	2018년	57	21	42	120	78	34	51	163
	2019년	54	20	39	113	69	27	41	137
	2020년	55	19	41	115	59	21	41	121
	2021년	49	15	31	95	55	23	29	107
건축 공사비	2018년	1,789	4,321	1,783	7,893	2,301	5,489	1,789	9,579
	2019년	1,675	4,213	1,646	7,534	2,109	4,893	1,132	8,134
	2020년	1,578	4,007	2,049	7,634	1,893	4,537	1,107	7,537
	2021년	1,499	3,789	1,039	6,327	1,578	4,321	1,135	7,034

① 2018년 대비 2021년의 A지역의 건축 건수 증감률보다 B지역의 건축 건수의 증감률의 폭이 더 크다.
② A지역의 건축공사비 중에서 아파트 건축에 사용되는 비용의 비중은 매해 점점 감소하였다.
③ B지역의 건축 건수 중에서 아파트 건축 건수가 차지하는 비중은 매년 20% 이상이다.
④ A지역의 아파트 건축에 사용된 건축공사비가 가장 적었던 해에 오피스텔 건축에 사용된 건축공사비가 전년 대비 10% 이상 감소하였다.
⑤ 2019년 B지역의 오피스텔 건축 건수는 전체 건축 건수의 50% 이상이지만 오피스텔 건축에 사용된 건축공사비는 전체 건축공사비의 20% 미만이었다.

04 다음은 A도시의 외국인 주민과 유학생 현황에 관한 자료이다. 이에 대한 설명으로 옳은 것은?

A도시의 외국인 주민 현황

구분	2016년	2017년	2018년	2019년	2020년	2021년
합계(명)	336,221	366,279	406,293	395,640	415,059	457,806
남자(명)	153,946	167,461	186,709	179,261	189,107	209,169
여자(명)	182,275	198,818	219,584	216,379	225,952	248,637

A도시의 유학생 현황

년	여자	남자	합계
2021	74,794	60,293	135,087
2020	66,191	49,736	115,927
2019	54,297	42,060	96,357
2018	47,221	39,189	86,410
2017	43,077	38,770	81,847
2016	43,890	40,821	84,711

① 2021년 A도시의 총 유학생 수는 같은 해 외국인 주민 수의 28% 미만이다.
② 2021년 A도시 외국인 주민 수의 전년 대비 증가율은 10% 미만이다.
③ 2016년 A도시의 외국인 주민 중 여성의 비율은 같은 해 A도시의 여자 유학생 비율보다 낮다.
④ 조사기간 중 A도시의 전년 대비 전체 유학생 수는 2016년을 제외하고 매년 증가하였다.
⑤ 2018년 A도시의 남자 외국인 주민 중 남자 유학생의 비율은 여자 외국인 주민 중 여자 유학생의 비율보다 낮다.

05 다음은 국세청의 2020년 세목별 · 지역별 납세인원 현황이다. 표와 〈보기〉에 근거하여 A~D에 해당하는 기관을 바르게 나열한 것은?

2020년 세목별 · 지역별 납세인원 현황

(단위: 명)

구분	직접세							
	소계	종합소득세	양도소득세	법인세	상속세	증여세	종합부동산세	원천세
2020년	10,164,980	6,531,112	714,848	726,701	7,393	124,876	335,591	1,724,459
A	2,576,226	1,553,413	127,754	223,138	2,481	37,612	168,436	463,392
중부청	3,476,265	2,317,490	215,199	217,096	2,204	38,999	95,733	589,544
B	927,348	589,487	79,355	65,334	693	11,652	15,420	165,407
C	798,041	518,862	71,968	72,452	416	8,195	9,166	116,982
D	848,838	552,375	75,637	53,362	661	9,921	17,814	139,068
부산청	1,541,262	999,485	144,935	95,319	938	18,497	32,022	250,066

보기

㉠ 대구청의 원천세 납세인원 비중은 광주청의 원천세 납세인원 비중보다 높다.
㉡ 직접세 납세인원 중 법인세 납세인원 비중은 서울청이 가장 크다.
㉢ 종합부동산세 납세인원 비중이 전체 납세인원의 2%가 안 되는 지역은 대전청과 광주청이다.

	A	B	C	D
①	서울청	대구청	광주청	대전청
②	서울청	대전청	대구청	광주청
③	서울청	대전청	광주청	대구청
④	광주청	대구청	대전청	서울청
⑤	광주청	대구청	서울청	대전청

06 다음은 어느 도시의 가구 월평균 소득별 사교육비 현황에 관한 자료이다. 분포비율이 가장 높은 소득구간의 월평균 사교육비 합과 분포비율이 가장 낮은 소득구간의 월평균 사교육비 합은 얼마나 차이가 나는가?

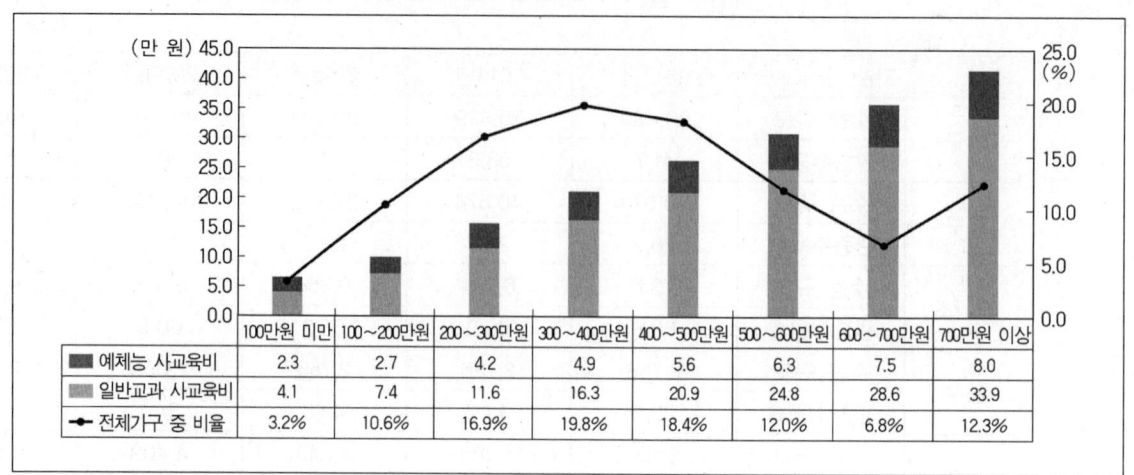

① 20만 5천 원
② 18만 8천 원
③ 15만 2천 원
④ 14만 8천 원
⑤ 12억 2천 원

07 다음은 2017~2021년 A국 5개 스포츠 종목의 연간 경기장 수용 규모 및 관중수용률에 대한 자료이다. 이에 대한 설명으로 옳지 않은 것은?

스포츠 종목의 연간 경기장 수용 규모 및 관중수용률

(단위: 천 명, %)

구분		2017년	2018년	2019년	2020년	2021년
야구	수용 규모	20,429	20,429	20,429	19,675	19,450
	관중수용률	41.7	53.3	56.6	58.0	65.7
축구	수용 규모	40,574	40,574	37,865	36,952	33,314
	관중수용률	26.7	28.7	29.0	29.4	34.9
테니스	수용 규모	6,347	6,354	6,354	6,354	6,653
	관중수용률	62.8	66.2	65.2	60.9	59.5
농구	수용 규모	2,756	2,756	2,756	2,066	2,732
	관중수용률	23.5	48.2	43.8	34.1	52.9
골프	수용 규모	5,129	5,089	4,843	4,409	4,598
	관중수용률	27.3	24.6	30.4	33.4	38.6

※ 관중 수용률(%) = $\dfrac{\text{연간 관중 수}}{\text{연간 경기장 수용 규모}} \times 100$

① 2017년부터 2019년까지 야구의 연간 관중 수는 증가하고 있다.
② 2021년 축구의 연간 관중 수는 야구의 연간 관중 수보다 많다.
③ 테니스의 관중수용률은 매년 골프보다 많다.
④ 관중수용률이 매년 증가하는 스포츠 종목은 야구와 축구 종목이다.
⑤ 골프 경기장의 수용 규모는 매년 다르다.

08 다음은 2021년 J시의 월평균 생활비용 지출액에 대한 자료이다. 이에 대한 설명으로 옳지 않은 것은?

2021년 J시 월평균 생활비용 지출액

(단위: 만 원)

구분		계	주거비용	식료품비	의류비	교육비	광열수도비	교통비	통신비	문화/여가생활비	기타
전체	소계	211.6	24.4	46.1	13.4	28.6	14.6	22.6	13.7	9.2	38.9
성별	남자	235.2	26.0	51.3	14.7	32.7	15.6	25.8	15.2	10.5	43.5
	여자	150.5	20.3	32.7	10.3	17.9	11.9	14.2	10.0	5.9	27.1
연령별	15~29세	117.3	23.6	29.0	9.1	4.3	7.3	11.8	9.2	7.1	15.9
	30~39세	239.1	34.2	51.3	15.7	25.2	15.0	25.5	15.2	11.6	45.3
	40~49세	292.6	32.1	57.7	17.6	61.2	16.6	27.9	17.4	12.0	50.1
	50~59세	241.1	24.3	50.0	16.0	33.8	16.1	27.8	16.4	10.5	46.2
	60세 이상	122.8	12.2	33.9	7.3	3.4	13.1	14.5	8.5	4.9	25.0
학력별	중졸 이하	107.2	11.8	29.1	5.3	5.0	12.4	12.3	7.9	2.3	21.1
	고졸	184.4	22.5	41.5	11.2	19.1	13.9	20.4	13.3	7.0	35.5
	대졸 이상	287.8	32.6	58.7	19.5	48.3	16.2	29.7	17.2	14.6	51.0
직업분류별	전문관리직	318.0	34.7	62.0	21.3	56.6	17.4	33.7	18.5	18.1	55.7
	사무직	294.4	34.2	60.8	19.8	48.7	16.0	30.4	17.9	14.4	52.2
	서비스판매직	225.5	29.4	45.9	14.7	29.4	15.3	24.0	15.0	8.1	43.6
	농어업	153.3	11.2	34.9	8.0	8.8	15.2	22.6	13.1	6.2	33.4
	기능/노무직	188.0	21.3	43.8	11.2	20.6	14.4	21.5	13.4	6.3	35.6
가구규모별	1인	108.4	18.7	24.8	7.0	5.6	9.6	11.4	7.0	4.5	20.0
	1세대	191.6	20.4	44.7	11.8	15.2	14.8	22.9	12.7	9.8	39.3
	2세대	277.8	29.6	58.7	17.7	47.4	17.1	28.3	17.9	11.6	49.4
	3세대 이상	301.0	25.9	62.0	19.7	46.7	21.7	37.8	20.2	13.4	53.5
	비혈연	203.5	32.9	42.5	14.3	26.2	12.3	26.3	12.8	11.2	25.0

① 조사한 모든 항목에 대해 학력이 높을수록 평균 소비 지출액이 많다.
② 전 연령층에서 모든 항목 중 식료품비에 지출하는 금액이 가장 많다.
③ 조사한 직업 분류별 항목에 대해 주거비용이 전체 지출액 대비 가장 높은 비율을 차지하는 직군은 서비스판매직이다.
④ 조사된 항목 중 '기타'를 제외한 나머지 모든 항목에 대해 남자는 교육비, 여자는 주거비용에 두번째로 많은 금액을 지출한다.
⑤ 1인 가구는 식료품비에 가장 많은 금액을, 문화/여가생활비에 가장 적은 금액을 지출한다.

09 다음은 '갑' 회사가 출시한 제빙기의 제원에 대한 자료이다. 이에 대한 설명으로 옳은 것은?

'갑' 회사의 제빙기 제원

제빙기	저장량(kg)	길이(cm)			냉각방식	부피(m^3)
		가로	세로	높이		
A	45	63	50	71	수냉식	0.2
B	366	51	85	157	열냉식	0.7
C	122	41	85	120	공냉식	0.4
D	658	93	83	51	수냉식	0.4
E	241	51	50	200	열냉식	( )
F	332	67	65	81	열냉식	0.4
G	114	51	85	197	공냉식	( )
H	68	67	50	84	수냉식	0.3

※ 단, 소수점 이하의 값은 소수점 둘째 자리에서 반올림한다.

① 저장량이 가장 많은 제빙기는 공냉식 냉각방식을 사용하고 있다.
② 제빙기 부피가 가장 큰 제품은 B제빙기이다.
③ 제빙기의 부피는 저장량의 크기와 반비례한다.
④ G제빙기는 C제빙기보다 저장량은 적지만 부피는 더 크다.
⑤ 열냉식 냉각방식을 사용해 제빙기를 만들려면 높이가 1m 이상이어야 한다.

[10~11] 다음은 바이오산업별 투자 현황과 산업체 종사자 규모별 투자 현황을 나타낸 자료이다. 이를 보고 이어지는 물음에 답하시오.

바이오산업별 투자 현황

구분 업종별	기업 수(개)	총연구개발비 (억 원)	바이오산업 연구개발비(억 원)	총시설투자비 (억 원)	바이오산업 시설투자비(억 원)
바이오의약	315	17,476	9,457	9,817	2,796
바이오화학, 에너지	210	26,040	1,181	3,067	505
바이오식품	194	2,770	1,042	960	95
바이오환경	70	270	91	445	17
바이오의료기기	56	666	566	31	660
바이오장비및기기	62	530	127	720	37
바이오자원	17	642	222	45	30
바이오서비스	56	811	480	1,513	2,971

바이오산업체 종사자 규모별 투자 현황

구분 종사자 규모별	기업 수(개)	총연구개발비 (억 원)	바이오산업 연구개발비(억 원)	총시설투자비 (억 원)	바이오산업 시설투자비(억 원)
1~50명 미만	548	1,690	1,111	386	301
50~300명 미만	276	4,345	3,360	1,335	670
300~1,000명 미만	80	6,164	3,426	1,567	975
1,000명 이상	46	37,009	5,271	65,281	4,450

10 위 자료에 관한 설명으로 옳은 것만을 〈보기〉에서 모두 고른 것은?

> 보기
> ㉠ 총연구개발비보다 총시설투자비가 많은 바이오산업체의 종사자 규모는 1,000명 이상이다.
> ㉡ '바이오자원 산업'의 총연구개발비에서 바이오산업 연구개발비가 차지하는 비중은 총시설투자비에서 바이오산업 시설투자비가 차지하는 비중보다 크다.
> ㉢ 종사자 규모가 1~50명 미만인 바이오산업 기업 수는 종사자 규모가 50명 이상인 기업 수보다 많다.
> ㉣ 기업 수 대비 바이오산업 연구개발비가 가장 높은 업종은 '바이오의료기기'이다.

① ㉠, ㉡
② ㉡, ㉢
③ ㉠, ㉢
④ ㉠, ㉡, ㉢
⑤ ㉠, ㉢, ㉣

11 위 자료를 바탕으로 만든 그래프로 옳지 않은 것은?

① 바이오산업별 기업 수

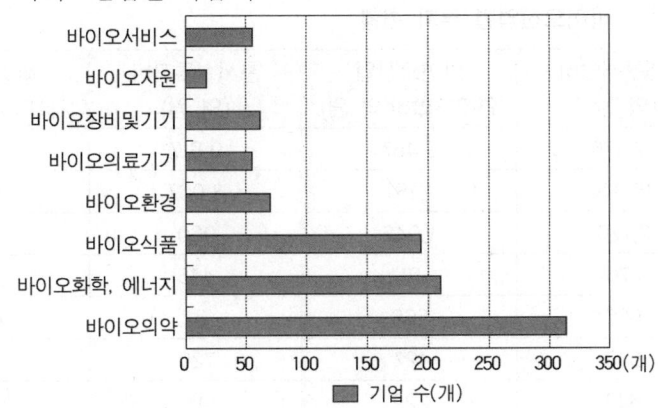

② 4개 업종의 업종별 총연구개발비와 총시설투자비

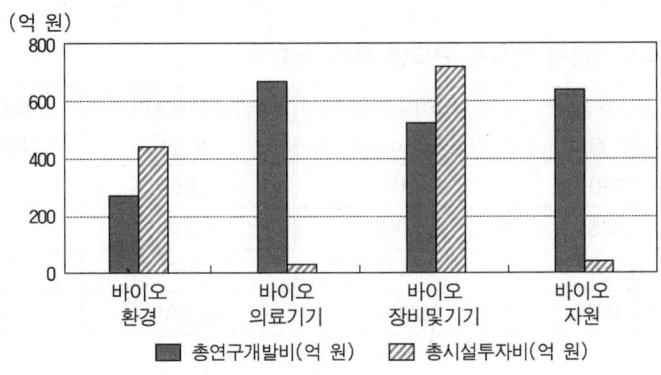

③ 종사자 규모별 바이오산업 연구개발비와 바이오산업 시설투자비

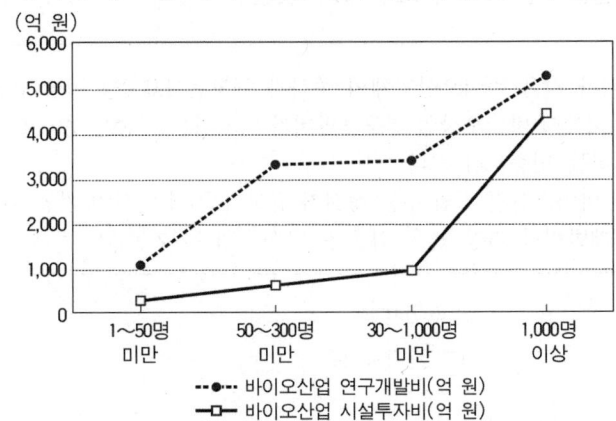

④ 종사자 규모별 바이오산업 연구개발비의 비중

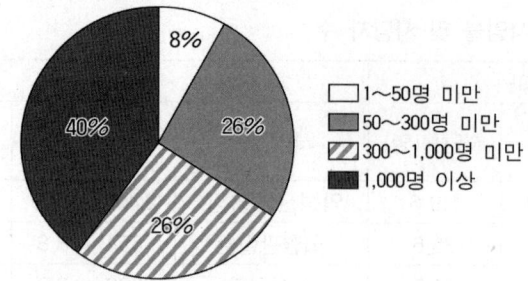

⑤ 6개 업종의 업종별 바이오산업 연구개발비와 시설투자비

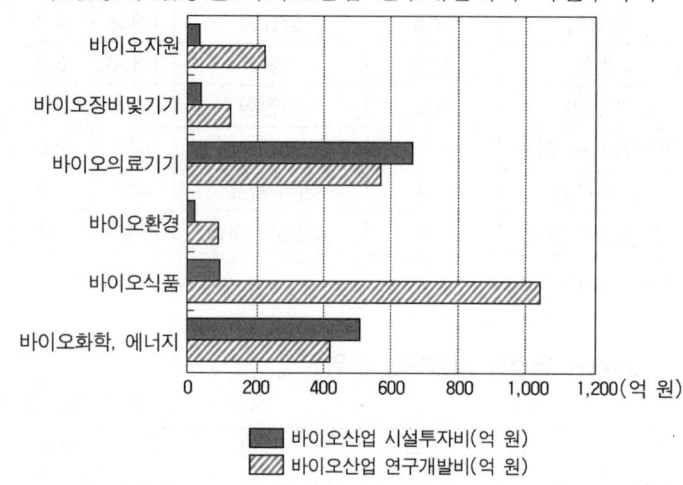

[12~13] 다음은 S도시 시민의 사망원인에 대한 자료이다. 이를 보고 이어지는 물음에 답하시오.

사망원인별 사망률 및 사망자 수

순위	2011년		2020년		2021년			
	사망원인	사망률(명)	사망원인	사망률(명)	사망원인	사망자 수(명)	구성비(%)	사망률(명)
1위	악성신생물(암)	101.6	악성신생물(암)	119.6	악성신생물(암)	12,405	29.9	123.3
2위	뇌혈관 질환	57	뇌혈관질환	35.6	뇌혈관질환	3,654	8.8	36.3
3위	심장질환	29.6	심장질환	31.2	심장질환	3,286	7.9	32.7
4위	당뇨병	19.9	고의적 자해(자살)	26.9	고의적 자해(자살)	2,391	5.8	23.8
5위	간질환	15.6	당뇨병	17.6	당뇨병	1,948	4.7	19.4
6위	고의적 자해(자살)	13.4	폐렴	11.9	폐렴	1,356	3.3	13.5
7위	만성하기도 질환	13.1	간질환	9.8	간질환	994	2.4	9.9
8위	운수사고	8.9	만성하기도 질환	7.2	만성하기도 질환	829	2.0	8.2
9위	고혈압성 질환	6.6	운수사고	6.3	운수사고	644	1.6	6.4
10위	추락	5.4	고혈압성 질환	5.4	알츠하이머병	590	1.4	5.9

※ 사망률은 인구 10만 명당 사망한 사람의 수를 나타낸 것이다.

2021년 연령별 사망원인 순위

(단위: 명, 명/인구 10만 명당)

순위 연령	1위			2위			3위		
	사망원인	사망자 수	사망률	사망원인	사망자 수	사망률	사망원인	사망자 수	사망률
1~9세	암	17	2.3	운수사고	8	1.1	타살	7	0.9
10~19세	자살	58	5.0	암	30	2.6	운수사고	30	2.6
20~29세	자살	238	15.9	암	66	4.4	운수사고	60	4.0
30~39세	자살	428	23.9	암	251	14.0	운수사고	80	4.5
40~49세	암	789	46.3	자살	438	25.7	간질환	193	11.3
50~59세	암	1,996	130.5	자살	496	32.4	간질환	337	22.0
60~69세	암	3,000	339.6	뇌혈관질환	491	55.6	심장질환	455	51.5
70세 이상	암	6,256	957.3	뇌혈관질환	2,675	409.3	심장질환	2,265	346.6

12 위 자료에 대한 설명으로 옳은 것은?

① 40~50대는 질환으로 인한 사망이 대부분이다.
② 뇌혈관질환으로 인한 사망자는 60~69세에 가장 많다.
③ 자살로 인한 사망자 수는 지속적으로 증가하고 있다.
④ 당뇨병으로 인한 사망률은 지속적으로 낮아지고 있다.
⑤ 2021년 5대 사인으로 인한 사망자는 전체 사망자의 57.1%이다.

13 2021년 암으로 인한 사망자 중 30대는 약 몇 %인가?

① 0.5%   ② 2%
③ 8%   ④ 10%
⑤ 17.2%

14 다음은 갑 국가의 연도별 무역 현황에 대한 자료이다. 이에 대한 설명으로 옳지 않은 것은?

갑 국가의 무역 현황

(단위: 천 원)

구분	수출	이출	수출 및 이출	수입	이입	수입 및 이입
2015년	6,448	28,587	35,035	24,648	39,047	63,695
2016년	9,320	40,901	50,221	18,159	41,535	59,694
2017년	14,855	42,964	57,819	22,675	52,459	75,134
2018년	20,233	64,726	84,959	31,396	72,696	104,092
2019년	18,698	137,205	155,903	43,152	117,273	160,425
2020년	22,099	199,849	211,948	98,159	184,918	283,077

갑 국가 A, B지역의 무역 현황

(단위: 천 원)

구분	수출 및 이출		수입 및 이입	
	A지역	B지역	A지역	B지역
2015년	631	5,256	11,137	14,217
2016년	1,040	8,131	11,445	12,833
2017년	2,235	7,139	14,763	17,394
2018년	2,244	9,869	19,065	21,294
2019년	4,382	15,655	29,271	29,083
2020년	4,880	26,375	51,834	64,613

※ 이출(입): 갑 국가 내에서 일어난 수출(입)
  수출(입): 갑 국가 이외의 국가에 대한 수출(입)
  무역 규모: 수출 + 이출 + 수입 + 이입

① 갑 국가의 무역 규모는 매년 증가하고 있다.
② 2020년 갑 국가의 수출 및 이출에서 이출이 차지하는 비중이 더 크다.
③ 2016년 갑 국가 전체의 수입 및 이입은 A와 B지역의 수입 및 이익의 총합보다 3배 이상 많다.
④ 갑 국가 내에서 일어난 수출과 수입은 2020년에 가장 많다.
⑤ 2018년 B지역의 무역 규모는 같은 해 A지역의 무역 규모보다 9백만 원 이상 많다.

15 다음 자료는 대학생을 대상으로 학년별로 겨울방학 계획과 가장 선호하는 아르바이트를 조사한 결과이다. 이에 대한 설명으로 옳지 않은 것은?

학년별 겨울방학 계획

(단위: 명, %)

구분	자격증 취득	배낭여행	아르바이트	봉사활동	기타	합계
4학년	82	28	36	20	34	200
	41.0	14.0	18.0	10.0	17.0	100
3학년	95	18	43	21	33	210
	45.2	8.6	20.5	10.0	15.7	100
2학년	66	32	51	29	22	200
	33.0	16.0	25.5	14.5	11.0	100
1학년	30	32	94	12	42	210
	14.3	15.2	44.8	5.7	20.0	100
계	273	110	224	82	131	820
	33.3	13.4	27.3	10.0	16.0	100

학년별 가장 선호하는 아르바이트

(단위: 명, %)

구분	과외	카페	PC방	사무보조	기타	합계
4학년	89	16	9	62	24	200
	44.5	8.0	4.5	31.0	12.0	100
3학년	113	26	11	44	16	210
	53.8	12.4	5.2	21.0	7.6	100
2학년	66	32	51	29	22	200
	33.0	16.0	25.5	14.5	11.0	200
1학년	116	22	26	6	40	210
	55.2	10.5	12.4	2.9	19.0	100
계	384	96	97	141	102	820
	46.8	11.7	11.8	17.2	12.4	100

① 과외 아르바이트는 전 학년에서 가장 선호하는 아르바이트이다.
② 겨울방학 중 아르바이트를 계획하는 학생은 학년이 올라갈수록 감소하고 있다.
③ 학년이 올라갈수록 사무보조 아르바이트를 선호하는 비중이 높아지고, 카페 아르바이트를 선호하는 비중은 낮아진다.
④ 2학년 학생이 방학 중 배낭여행을 계획하는 비중이 가장 높다.
⑤ 겨울방학 때 아르바이트를 계획한 1학년 비중은 같은 계획을 한 4학년의 비중보다 2배 이상 높다.

[16~17] 다음은 국내 주요 도시와 세계 주요 도시의 연평균 미세먼지 농도를 나타낸 자료이다. 이를 보고 이어지는 물음에 답하시오.

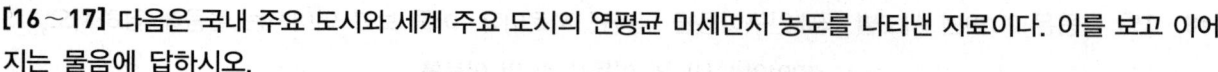

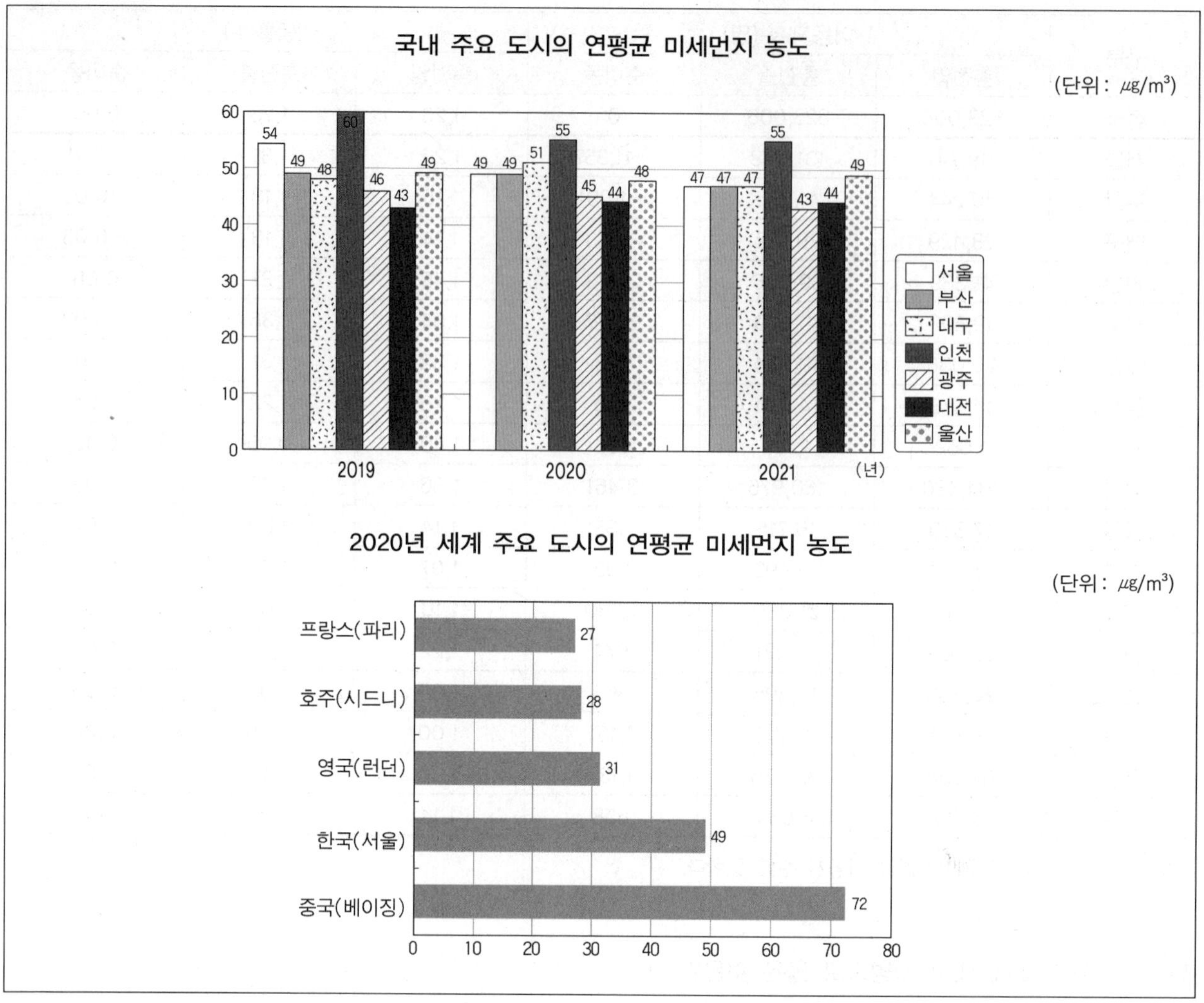

16 위 자료에 대한 설명으로 옳지 않은 것은?

① 국내 주요 도시 중에서는 인천의 연평균 미세먼지 농도가 가장 높다.
② 울산의 연평균 미세먼지 농도는 대구보다 항상 높다.
③ 2019년에 비해 2021년 연평균 미세먼지 농도가 낮은 도시는 5개이다.
④ 2020년 베이징의 평균 미세먼지 농도는 국내 주요 도시들보다 높다.
⑤ 2019년 대전의 평균 미세먼지 농도보다 2020년 런던의 평균 미세먼지 농도가 더 낮다.

17 2020년 국내 주요 도시 중 미세먼지가 가장 낮은 도시의 미세먼지 농도와, 2021년 미세먼지가 가장 높은 도시의 미세먼지 농도의 차이는 얼마인가?

① $7\mu g/m^3$
② $8\mu g/m^3$
③ $9\mu g/m^3$
④ $10\mu g/m^3$
⑤ $11\mu g/m^3$

[18~19] 다음은 2019년 시도별 국내인구이동을 나타낸 자료이다. 이를 보고 이어지는 물음에 답하시오.

2019년 시도별 이동자 수 및 이동률

구분	이동자 수(명)			이동률(%)		
	총전입	총전출	순이동	총전입	총전출	순이동
전국	623,006	623,006	0	1.23	1.23	0.00
서울	119,741	131,098	−11,357	1.20	1.31	−0.11
부산	40,244	41,335	−1,091	1.15	1.18	−0.03
대구	28,429	29,182	−753	1.14	1.18	−0.03
인천	41,389	39,006	2,383	1.45	1.37	0.08
광주	19,692	19,969	−277	1.34	1.36	−0.02
대전	20,036	19,934	102	1.32	1.31	0.01
울산	14,476	14,064	412	1.26	1.22	0.04
세종	1,662	1,129	533	1.40	0.95	0.45
경기	164,436	160,975	3,461	1.36	1.33	0.03
강원	17,350	16,715	635	1.14	1.09	0.04
충북	16,784	16,492	292	1.07	1.06	0.02
충남	22,466	21,386	1,080	1.10	1.05	0.05
전북	22,605	21,931	674	1.22	1.18	0.04
전남	20,360	19,395	965	1.08	1.02	0.05
경북	26,866	25,715	1,151	1.00	0.96	0.04
경남	39,758	38,626	1,132	1.20	1.17	0.03
제주	6,712	6,054	658	1.14	1.03	0.11

※ 이동률은 주민등록인구 100명당 이동자 수를 뜻한다.

18 위 자료에 대한 설명으로 옳은 것은?

① 순이동자 수가 가장 많은 지역은 순이동률이 가장 높다.
② 세종시와 서울시의 순이동자 수의 차이가 가장 크다.
③ 인구이동이 가장 활발한 지역은 서울이다.
④ 총전출률이 가장 낮은 지역의 총전입률이 가장 높다.
⑤ 총전입자 수가 세 번째로 많은 지역과 총전출자 수가 세 번째로 많은 지역은 일치하지 않는다.

19 순이동률 상위 3개 지역과 하위 3개 지역의 총전출자 수 차이는 몇 명인가?

① 17,249명
② 161,426명
③ 155,426명
④ 138,651명
⑤ 111,231명

20 다음은 시중 은행에서 제시한 이틀간 주요 통화의 외국 환율 고시표이다. 이에 대한 설명으로 옳지 않은 것은?

2020년 1월 1일 통화 외국 환율

(단위: 원)

국가명	통화명	현찰		매매기준율
		고객이 살 때	고객이 팔 때	
미국	1달러	1,142.14	1,102.86	1,122.50
일본	100엔	1,044.19	1,008.29	1,026.24
중국	1위안	173.64	157.12	165.38

2020년 1월 2일 통화 외국 환율

(단위: 원)

국가명	통화명	현찰		매매기준율
		고객이 살 때	고객이 팔 때	
미국	1달러	1,208.79	1,167.21	1,188.00
일본	100엔	1,029.32	993.92	1,011.62
중국	1위안	167.96	152.50	160.23

※ 매매기준율: 환매수수료를 부과하기 전에 사용되는 기준율
  환매수수료: |매매기준율 - 현찰 판(구)매액|

① 1월 1일 대비 2일의 1달러는 살 때, 팔 때 모두 가격이 올랐다.
② 1월 1일 대비 2일의 100엔은 살 때, 팔 때 모두 가격이 낮아졌다.
③ 1위안은 1월 1일에 비해 2일에 고객이 팔 때 가격이 2.5% 이상 감소하였다.
④ 고객이 현찰을 팔 경우 1월 1일 100엔 환매수수료는 1월 2일의 환매수수료보다 적다.
⑤ 1월 2일에 100위안을 샀다면, 1월 1일에 100위안을 산 것보다 500원 이상 이득이다.

추리 | 01 ~ 30번

01 다음 결론이 반드시 참이 되게 하는 전제는?

전제	어떤 가수는 건강관리를 소홀히 하였다.
결론	어떤 가수는 훌륭한 가수가 아니다.

① 어떤 가수는 훌륭한 가수이다.
② 어떤 훌륭한 가수는 건강관리를 소홀히 하였다.
③ 모든 훌륭한 가수는 건강관리를 소홀히 하지 않는다.
④ 건강관리를 소홀히 하지 않는 어떤 가수는 훌륭한 가수이다.
⑤ 건강관리를 소홀히 하지 않는다고 모두 훌륭한 가수인 것은 아니다.

02 다음 결론이 반드시 참이 되게 하는 전제는?

전제	아침에 운동을 하는 모든 사람은 조깅을 한다.
결론	아침에 운동을 하는 모든 사람은 체중이 50kg 이상이다.

① 조깅을 하는 어떤 사람은 체중이 50kg 이상이다.
② 조깅을 하지 않는 모든 사람은 체중이 50kg 미만이다.
③ 체중이 50kg 미만인 모든 사람은 조깅을 하지 않는다.
④ 체중이 50kg 이상인 모든 사람은 조깅을 한다.
⑤ 조깅을 하는 모든 사람이 체중이 50kg 이상인 것은 아니다.

03 다음 전제를 바탕으로 도출할 수 있는 결론은?

전제	민희는 경제학을 전공한다.
	민희는 장학금을 받았다.
결론	

① 모든 장학금을 받은 학생은 경제학을 전공한다.
② 모든 경제학을 전공하는 학생은 장학금을 받았다.
③ 어떤 경제학을 전공하는 학생은 장학금을 받았다.
④ 장학금을 받지 못했다면 경제학을 전공하는 학생이 아니다.
⑤ 경제학을 전공하는 학생 중 장학금을 받지 못한 어떤 학생도 있다.

04 △△회사에서는 회계팀 직원 2명을 채용하기로 하고 필기시험과 면접을 진행하였다. 최종 면접에 A, B, C, D, E, F 6명의 채용후보자가 올라왔고, 면접 순서와 결과가 다음과 같을 때 항상 참이 아닌 것은?

- A는 B의 직전 순서에 면접을 보았다.
- D는 네 번째로 면접을 보았다.
- C와 F 사이에 1명의 면접자가 있다.
- F는 B보다 늦게 면접을 보았다.
- 첫 번째와 마지막 순서로 면접을 본 후보자가 채용되었다.

① A와 E가 채용되었다.
② F의 면접 순서는 세 번째 또는 다섯 번째이다.
③ B는 F의 바로 앞 순서에 면접을 보았다.
④ D의 바로 앞 순서에 면접을 본 후보자는 C 또는 F이다.
⑤ F는 E보다 먼저 면접을 보았다.

05 각 층이 1인용 객실 하나와 2인용 객실 하나로 이루어진 5층짜리 호텔이 있다. 1인용 객실에는 1명만이 투숙할 수 있으며, 2인용 객실에는 2명이 투숙하는 것이 원칙이나 1명이 투숙할 수도 있다. 현재 이 호텔에는 9명의 손님 A, B, C, D, E, F, G, H, I가 투숙하고 있으며, 투숙 상황은 다음과 같다. 이때, 항상 참이 아닌 것은?

(가) B, E, G, H는 1인용 객실에 투숙하고 있으며 I는 방을 혼자 쓴다.
(나) 2층 2인용 객실과 3층 1인용 객실에만 투숙객이 없다.
(다) A와 C는 부부로 같은 객실에 투숙하고 있다. 또한 이들은 E보다 두 층 아래에 투숙하고 있다.
(라) G와 I는 같은 층에 투숙하고 있다. 그리고 이들이 투숙하고 있는 층은 H보다 한 층 아래에 있다.

① H는 B보다 아래층에 투숙하고 있다.
② D는 B보다 위층에 투숙하고 있다.
③ F는 B보다 아래층에 투숙하고 있지 않다.
④ A와 C는 D보다 위층에 투숙하고 있지 않다.
⑤ C는 B보다 아래층에 투숙하고 있다.

06 신입사원 A, B, C, D, E, F를 운영팀, 경영지원팀, 통역팀에 배치하려고 한다. 다음 제시된 조건을 모두 고려하였을 때, 항상 거짓인 경우는?

- 세 개의 팀에는 각각 최대 3명의 신입사원을 배치할 수 있으며, 신입사원이 배치되지 않는 부서는 없다.
- 경영지원팀에는 2명의 신입사원이 배치된다.
- A, C, E가 배치되는 팀은 서로 다르다.
- B와 E는 같은 팀에 배치된다.
- 운영팀에는 세 팀 중 가장 많은 수의 신입사원이 배치된다.
- D는 경영지원팀에 배치되지 않는다.

① D는 운영팀에 배치된다.
② B와 E는 경영지원팀에 배치된다.
③ A는 통역팀에 배치된다.
④ C는 운영팀에 배치된다.
⑤ F는 통역팀에 배치된다.

07 마케팅팀의 서 과장, 장 대리, 한 대리, 박 대리, 임 주임 5명은 신상품 프로모션을 위해 인천, 부산, 대구, 대전 지사에서 열리는 행사에 지원을 가기로 하였다. 이들 5명의 직원이 다음 조건에 따라 지사에 지원을 나간다고 할 때, 항상 참인 것은?

1. 서 과장, 장 대리, 한 대리가 지원을 간 곳은 모두 다른 지사이다.
2. 한 대리, 박 대리, 임 주임이 지원을 간 곳은 모두 다른 지사이다.
3. 서 과장이 지원을 간 곳은 대구 지사나 대전 지사가 아니며, 장 대리가 지원을 간 곳은 부산 지사나 대전 지사가 아니다.
4. 박 대리가 지원을 간 곳은 인천 지사나 대구 지사가 아니며, 임 주임이 지원을 간 곳은 부산 지사나 대전 지사가 아니다.
5. 한 대리가 지원을 간 곳은 부산 지사이거나 인천 지사이다.
6. 마케팅팀 5명이 아무도 지원을 가지 않은 지사가 있다.

① 서 과장은 인천 지사에 지원을 갔다.
② 장 대리는 인천 지사에 지원을 갔다.
③ 한 대리는 부산 지사에 지원을 갔다.
④ 박 대리는 대전 지사에 지원을 갔다.
⑤ 임 주임은 대구 지사에 지원을 갔다.

08 A, B, C, D, E, F 6명으로 이루어진 스터디 모임에서 2명씩 조를 구성해 모의 면접연습을 하려고 한다. 다음 조건에 따라 2명씩 3개의 조를 구성하려고 할 때, 항상 참인 것은?

- E와 F는 같은 조에 속할 수 없다.
- C가 속한 조에는 A 또는 B가 들어가야 한다.

① D와 E가 같은 조라면 A와 C가 같은 조가 된다.
② A와 F가 같은 조가 아니라면 B와 E가 같은 조가 된다.
③ B가 E가 같은 조일 때, C와 F가 같은 조일 수 있다.
④ A가 E와 같은 조일 때, B와 C가 다른 조일 수 없다.
⑤ A와 D가 같은 조인 경우가 가능하다.

09 어느 대학에서 같은 강의를 듣는 8명의 학생들이 두 개의 팀을 구성하여 주어진 과제를 수행하기로 하였다. 학생들의 학과와 학년이 다음과 같을 경우, 주어진 〈규칙〉에 따라 편성 가능한 팀에 대해서 항상 참인 것은?

- 화학과: A(2학년), B(2학년), C(1학년)
- 생물학과: 갑(1학년), 을(2학년)
- 물리학과: 가(2학년), 나(1학년), 다(1학년)

규칙
- 동일 학과의 학생들이 어느 한 팀에만 속하지는 않도록 한다.
- 1학년과 2학년의 비율은 한 팀 안에서 50:50이 되도록 한다.
- 동일 학과, 동일 학년의 학생들은 같은 팀에 속하지 않도록 한다.

① B와 을은 서로 다른 팀에 속해 있다.
② 가와 B는 서로 다른 팀에 속해 있다.
③ A와 을은 서로 같은 팀에 속해 있다.
④ C와 B는 서로 다른 팀에 속해 있다.
⑤ 가와 갑은 서로 같은 팀에 속해 있다.

10 한국인, 중국인, 일본인 각각 3명씩 총 9명이 다음과 같은 좌석에 앉으려 한다. 사람들은 검정, 빨강, 초록색 모자 중 한 가지를 반드시 착용하고 있고, 같은 나라끼리는 반드시 다른 색의 모자를 착용한다. 제시된 〈조건〉을 고려했을 때, 반드시 거짓인 것은?

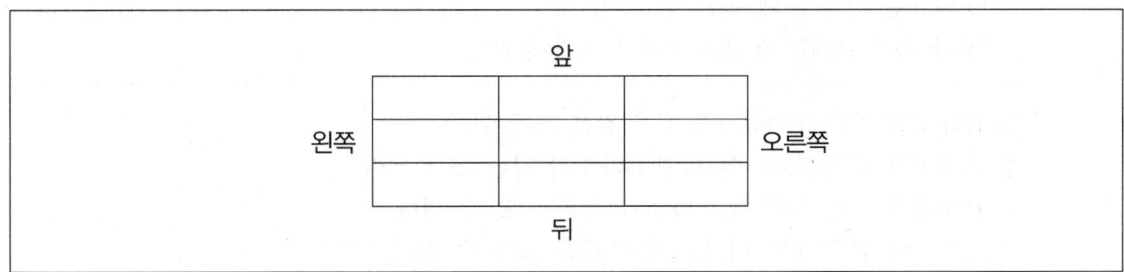

조건
㉠ 검정색 모자를 쓴 사람들은 같은 세로 열에 앉아 있다.
㉡ 초록색 모자를 쓴 사람들은 모두 떨어져 앉아 있다.
㉢ 한국인과 중국인은 각각 모두 떨어져 앉아 있으며, 일본인은 모두 떨어져 앉아 있지는 않다.
㉣ 맨 앞줄에는 한국인이 가운데 앉아 있다.
㉤ 검정색 모자를 쓴 한국인 옆에는 초록색 모자를 쓴 중국인과 일본인이 앉아 있다.
㉥ 정 가운데 자리에는 검정색 모자를 쓴 일본인이 앉아 있다.
㉦ 중국인의 왼쪽 자리에는 오직 한국인만이 앉아 있다.

① 가장 뒷줄에는 한국인이 두 명 앉아 있다.
② 가운데 줄에는 초록색 모자를 쓴 사람이 없다.
③ 가장 오른쪽 줄에는 일본인이 가장 앞에 앉아 있다.
④ 가장 앞줄에는 빨간색 모자를 쓴 사람이 없다.
⑤ 가장 왼쪽 줄에 앉은 중국인은 빨간색 모자를 쓰고 있다.

11 태진, 지수, 길함, 예진, 영민 5명이 높이뛰기 시합을 해 높이 뛴 순서부터 줄을 섰다. 다음 조건을 모두 고려했을 때, 항상 거짓인 것은?

• 태진은 길함보다 높이 뛰었다.
• 예진과 영민 사이에는 2명이 있다.

① 예진이 가장 높이 뛰었다면, 태진은 두 번째 아니면 세 번째에 서게 된다.
② 예진이 가장 높이 뛰었다면, 가능한 경우는 4가지이다.
③ 영민이 반드시 태진 뒤에 서는 것은 아니다.
④ 길함은 영민 앞에 설 수도 있다.
⑤ 지수가 가장 높이 뛰었다면, 길함은 반드시 태진 뒤에 선다.

12 다음은 어느 회사의 신입사원 채용지침과 입사 지원자의 성적이다. 그런데 인사위원회에서는 지침과는 별개로 B를 채용할 경우 F도 채용하기로 결정했다. 이때 채용될 수 있는 신입사원의 구성은?

- 모든 조건에 우선하여 자기소개서 점수가 90점 이상인 우수자를 최소한 1명은 채용해야 한다.
- 채용 인원은 3명 이하로 한다.
- A를 채용할 경우 D도 채용해야 한다.
- A를 채용할 수 없는 경우 C와 F도 채용할 수 없다.
- D를 채용할 경우 B를 채용해야 하고 C는 채용할 수 없다.
- 어느 영역이든 70점 미만이 있으면 채용할 수 없다.

입사지원자	자기소개서 점수	학점 백분위 환산점수	직무평가 점수
A	95	90	80
B	80	90	75
C	80	80	75
D	70	95	75
E	95	95	90
F	85	90	70
G	85	85	65

① A, B, D
② D, E, F
③ D, E
④ E
⑤ C, F

13 영준, 건우, 민성, 현철 4명이 필요한 문구를 사려고 한다. 다음과 같이 볼펜, 자, 풀, 가위 4가지 중에서 각자 필요한 문구를 샀다고 할 때, 항상 참인 것은?

- 4명 모두 1가지 이상의 문구를 샀으며 한 종류의 문구는 2개 이상 사지 않았다.
- 4명 중 볼펜을 산 사람은 2명이고 자를 산 사람은 2명, 풀을 산 사람은 1명이며 가위를 산 사람은 2명이다.
- 영준은 건우가 산 모든 것을 샀으며 민성이 사지 않은 물건 중 하나를 더 샀다.
- 현철은 건우나 민성이 산 어떤 것도 사지 않았다.
- 건우는 2가지 물건을 샀으며 민성이 산 어떤 것도 사지 않았다.
- 민성은 풀 1개만 구매했다.

① 영준은 4가지 물건을 모두 구매했다.
② 현철은 가위를 구매했다.
③ 건우가 가위를 구매한 경우 현철은 자를 구매했다.
④ 무엇을 구매했는지 정확하게 알 수 있는 사람은 민성뿐이다.
⑤ 현철이 가위를 구매한 경우, 건우는 볼펜과 자를 구매했다.

14 철수, 영희, 민수, 성훈, 준호가 함께 게임을 하였다. 게임이 끝난 후 각각에게 순위에 대해 물었더니 다음과 같이 대답했다. 이들은 두 명의 등수에 대해 말을 했는데, 이들이 대답한 두 사람의 등수 중 하나는 참이고 하나는 거짓이다. 이때, 꼴찌를 한 사람은 누구인가?

> 철수: 영희가 2등을 했고, 나는 3등을 했다.
> 영희: 성훈이가 1등을 했고, 나는 4등을 했다.
> 민수: 나는 3등을 했고, 준호는 2등을 했다.
> 성훈: 나는 3등을 했고, 영희가 4등을 했다.
> 준호: 나는 2등을 했고, 철수가 꼴찌를 했다.

① 철수
② 영희
③ 민수
④ 성훈
⑤ 준호

15 다음 제시된 도형에 적용된 규칙을 찾아 '?'에 해당하는 도형으로 가장 적절한 것을 고르면?

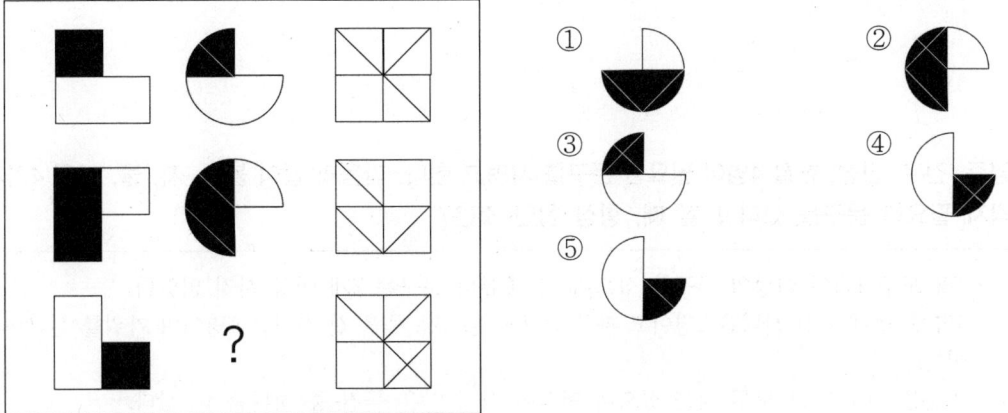

16 다음 제시된 도형에 적용된 규칙을 찾아 '?'에 해당하는 도형으로 가장 적절한 것을 고르면?

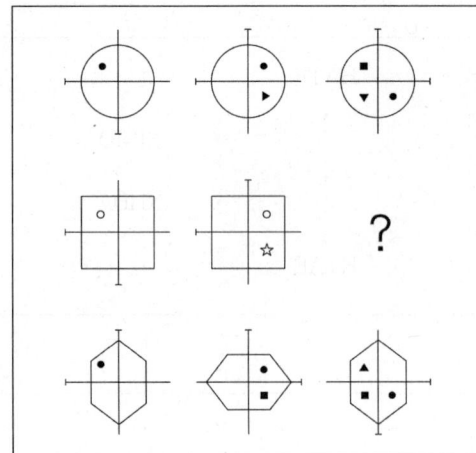

①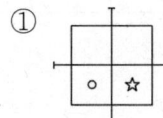
②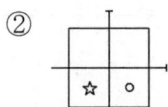
③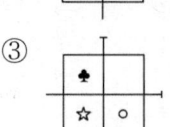
④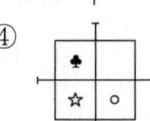
⑤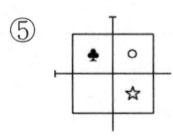

17 다음 제시된 도형에 적용된 규칙을 찾아 '?'에 해당하는 도형으로 가장 적절한 것을 고르면?

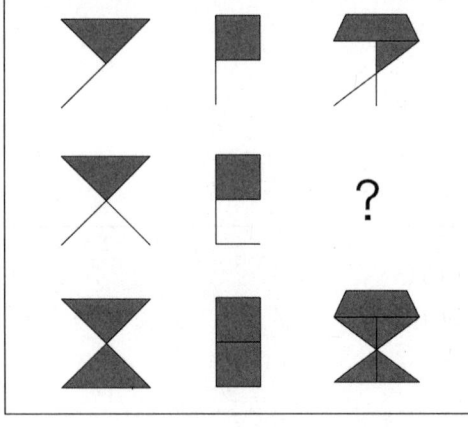

①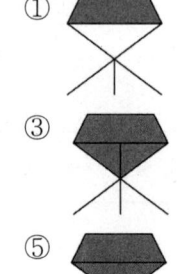
②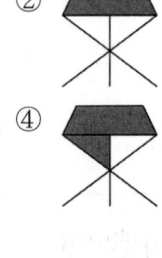
③
④
⑤

[18~21] 다음 도식에서 기호들은 일정한 규칙에 따라 문자나 숫자를 변화시킨다. '?'에 들어가기에 알맞은 것을 고르시오.

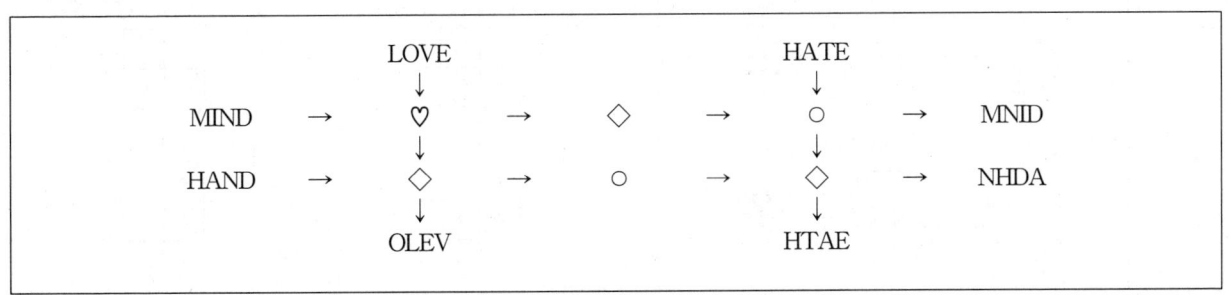

18

LOST → ♡ → ○ → ◇ → ?

① OTSL
② SLOT
③ SLTO
④ TOSL
⑤ TSOL

19

NOSE → ○ → ♡ → ◇ → ?

① ESON
② NEOS
③ NSEO
④ OENS
⑤ EOSN

20

RUSH → ◇ → ○ → ♡ → ?

① HUSR
② RUHS
③ RSUH
④ SURH
⑤ SHRU

21

MASK → ◇ → ♡ → ○ → ?

① MSAK
② MAKS
③ AMKS
④ KASM
⑤ SKMA

22 주어진 단어 간 관계를 유추했을 때, 빈칸에 들어갈 적절한 단어는?

( ) : 현명하다 = 우둔하다 : 우매하다

① 천명하다
② 총명하다
③ 현상하다
④ 어리석다
⑤ 미련하다

23 다음 단어 쌍 중 단어 간 관계가 나머지와 다른 하나는?

① 산문 – 운문
② 융해 – 응고
③ 영전 – 좌천
④ 강고 – 박약
⑤ 연혁 – 변천

24 다음 글의 내용이 모두 참일 때, 반드시 거짓인 것은?

화학 반응이 일어나기 위해서 어느 정도의 에너지 장벽을 넘어야 하는 것은 필수 조건이다. 반응물의 에너지가 생성물의 에너지보다 작은 경우는 물론이고 반응물의 에너지가 생성물의 에너지보다 큰 경우에도 마찬가지다. 따라서 에너지 장벽을 낮추는 것은 화학 반응의 속도를 증가시키고 에너지 장벽을 높이는 것은 화학 반응의 속도를 감소시킨다. 이렇게 에너지 장벽의 높이를 조절하는 물질을 화학 반응의 촉매라고 한다. 촉매에는 에너지 장벽을 낮추는 역할을 하는 정촉매와 장벽을 높이는 역할을 하는 부촉매가 있다. 자신은 변하지 않고 화학 반응을 조절하는 것이 촉매의 역할이다. 촉매는 산업 생산에서도 긴요하게 활용된다. 특히 수요가 큰 화학 제품을 생산하는 경우에는 충분히 빠른 화학 반응 속도를 얻는 것이 중요하다. 반응 속도가 충분히 빠르지 않으면 생산성이 떨어지고 이는 곧 낮은 경제성으로 이어지기 때문이다. 생산 공정에서는 주로 반응로의 온도를 높여서 반응 속도를 증가시킨다. 이때 적절한 촉매를 사용하면, 비용을 획기적으로 절감하면서 생산성을 높이는 것이 가능하다. 그러나 반응하는 분자들이 복잡한 구조를 지닐 경우에는 반응에 얽힌 상황도 더 복잡해져서 촉매의 투입만으로는 반응 속도를 조절하기 어렵다. 그런 분자들 간의 반응에서는 분자들이 서로 어떤 방향으로 충돌하는가도 중요한 문제가 된다. 즉, 에너지 장벽을 넘어설 수 있을 만큼의 에너지가 주어지더라도 반응이 일어날 수 있는 올바른 방향으로 충돌하지 못할 경우에는 화학 반응이 일어나지 않는 것이다.

① 촉매는 화학 물질과 반응하여 소모되므로 계속 투입되어야 한다.
② 생산 공정에 화학 반응의 속도를 감소시키는 부촉매가 사용될 수도 있다.
③ 에너지 장벽을 넘어서더라도 화학 반응이 일어나지 않을 수 있다.
④ 생산 공정에서 반응로의 온도를 낮추는 행위는 경제성 악화로 이어질 수 있다.
⑤ 복잡한 구조를 지닌 분자들의 경우 촉매만으로 화학 반응을 제어할 수 없다.

25. 다음 글의 내용이 모두 참일 때, 반드시 거짓인 것은?

발레는 15세기에 이탈리아를 중심으로 일어난 르네상스의 산물이다. 발레는 본래 유럽의 궁정과 귀족사회에서 향유되던 사교무용이었다. 발레는 17세기 루이 14세가 왕실음악무용아카데미를 설립하면서부터 본격적으로 대중화되었다. 러시아에 발레가 들어오기 시작한 것은 18세기 초 표트르 대제가 서유럽 문화를 받아들이면서부터이다. 이렇게 발레가 러시아에 도입된 후 상당 기간 러시아는 유럽식 발레를 모방하면서 성장했다. 1748년에는 러시아 최초의 발레 학교가 세워졌고, 1756년 예카테리나 2세는 발레 부문 제국 극장을 세웠다. 극장에 대한 예카테리나 2세의 관심은 컸다. 그녀는 1756년에 제국 극장의 시스템을 확립했고 1773년에는 볼쇼이 극장을 건축했으며, 1779년에는 제국 극장에 발레 학교를 설립하기에 이르렀다. 18세기 말엽 발레단과 발레 학교는 제국 극장에 속하게 되었다. 1850년 이후 유럽에서 발레에 대한 관심이 한풀 꺾이게 되자 유럽의 뛰어난 무용수들은 러시아로 건너와 활동한다. 당시 러시아 황제 표트르 대제는 아예 유럽의 유명한 안무가들을 초청해 발레를 본격적인 무대 예술로 발전시켰다. 이들 재능 있는 안무가들은 차이코프스키 등 뛰어난 러시아 작곡가들과 함께 오늘날 우리가 알고 있는 대부분의 발레를 만들었다. '낭만 발레'가 탄생한 곳은 프랑스였으나 그 형식이 확립된 곳은 러시아였다. 러시아에서는 '고전 발레'의 형식이 확립되어 상트 페테르부르크의 마린스키 극장은 세계 발레의 중심지가 되었으며, 러시아가 서양무용사에서 차지하는 지위는 크게 향상되었다.

① 러시아의 발레는 유럽식 발레를 모방하면서 성장하였다.
② '고전 발레'의 형식은 러시아에서 확립되었다.
③ 19세기 들어 유럽의 발레에 대한 관심이 꺾이자, 뛰어난 작곡가들이 러시아로 유입돼 뛰어난 발레 작품이 탄생하였다.
④ 예카테리나 2세는 발레 극장과 발레 학교를 세우는 등 러시아 발레 발전에 기여하였다.
⑤ 발레가 처음으로 발생한 곳은 서유럽이다.

26 다음 글의 내용이 모두 참일 때, 반드시 거짓인 것은?

> 어떤 물체가 전기를 띠게 되는 것을 '대전(帶電)되었다'고 한다. 대전된 물체의 전기가 다른 어딘가로 흘러가지 않고 멈추어 있을 때, 이 전기를 정전기라 한다. 물질을 구성하는 원자는 양전하를 띤 원자핵과 음전하인 전자들로 이루어져 있다. 보통의 물질은 양전하와 음전하의 양이 같아서 전기적으로 중성이다. 서로 다른 두 물체를 마찰하면 일부 전자가 한 물체에서 다른 물체로 이동하여 전자를 받아들인 물체는 음전하로, 전자를 잃은 물체는 양전하로 대전되어 정전기를 띠게 된다. 그런데 같은 전하끼리는 서로 밀어내고 다른 전하끼리는 서로 끌어당기는 힘이 작용하므로, 대전된 물체에서도 같은 전하를 띤 물체는 밀어내고 다른 전하를 띤 물체는 잡아당기는 힘이 작용하게 된다. 복사기는 정전기의 특성을 이용한 대표적 장치이다. 복사기 내부는 양전하로 대전된 감광체가 도포되어 있는 원통형 드럼과 음전하로 대전된 토너, 움직이는 광원, 열원, 정교하게 만들어진 여러 개의 롤 등으로 이루어져 있다. 이 중에 정전기가 갖는 특성이 가장 잘 나타나는 것은 드럼과 토너이다. 복사하려는 문서를 투명한 유리판 위에 올려놓고 복사 버튼을 누르면 유리판 아래로 빛이 지나간다. 문서의 검은 글씨 부분은 빛을 흡수하고 하얀 부분은 빛을 반사하여 원통형 드럼 위에 상을 형성한다. 이 원통형 드럼의 표면은 양전하를 띠고 있다. 그런데 드럼 표면에 빛이 닿으면 빛이 닿은 부분은 드럼 표면의 양전하가 드럼 내부의 음전하와 중화되기 때문에 전하를 띠지 않게 된다. 따라서 빛을 받지 않은 곳만 양전하 상태로 남게 된다. 이 상태의 드럼에 음전하를 띤 토너가 접근하면 양전하로 대전된 부분만 토너 가루를 끌어당겨 붙인다. 이때 드럼 아래로 종이를 통과시키면서 그 종이에 드럼 표면의 전하보다 강한 양전하를 걸어주면 토너 가루들은 드럼에서 떨어져 그대로 종이로 옮겨 가 글씨를 형성한다. 이렇게 종이 위에 형성된 글씨는 정전기가 있는 동안만 유지된다. 그래서 그 글씨를 고착시키기 위해 이 종이를 180℃ 이상 되는 뜨거운 롤로 압착하면 복사가 완료되는 것이다.

① 정전기가 일어나는 이유는 양전하와 음전하 때문이다.
② 복사기의 드럼과 토너는 정전기의 원리를 활용한 부품들이다.
③ 복사기의 드럼 표면에 빛이 닿은 부분은 양전하를 띠게 된다.
④ 복사기 내부에 뜨거운 롤로 압착하는 과정이 생략된다면 복사는 이루어지지 않는다.
⑤ 글씨는 빛을 흡수하고 나머지 부분은 빛을 반사해 복사기의 드럼 위에 상을 형성한다.

27 다음 글의 내용이 모두 참일 때, 반드시 거짓인 것은?

> 세 부모 체외수정에는 핵치환 기술이 활용된다. 유전적 결함을 안고 있는 난자에서 핵을 추출해 핵을 제거한 기증자의 건강한 난자에 이식한다. 이를 정자와 체외 수정시킨 뒤 자궁에 안착시켜 건강한 아기가 태어나게 한다. 시험관 아기 시술과 비슷해 보이지만 세 부모 체외수정은 엄연한 '유전자 변형'이다. 서로 다른 두 난자, 즉 두 유전자의 인위적인 결합을 통해 새롭게 건강한 난자를 만들기 때문이다. 자손에게 유전되는 대부분의 DNA는 난자와 정자의 핵에 담겨 있다. 그리고 미량의 유전자가 난자의 세포질에 들어 있다. 기증자의 난자에서 핵을 제거해도 핵을 둘러싸는 세포질엔 기증자의 DNA가 일부 남아있다. 세 부모 체외수정을 통해 아이에게 유전되는 DNA 중 부모가 아닌 기증자의 것은 0.1% 정도로 알려져 있다. 세 부모라는 표현이 붙는 건 이 때문이다. 학계 일부에서는 기증자로부터 물려받는 0.1%의 유전자는 아이의 키, 머리카락과 눈동자 색깔, 지능 등 외형적 특징과 성격에 아무런 영향을 주지 않는다고 주장한다. 이 때문에 세 부모 체외수정이 아닌 '2.001 부모' 체외수정으로 불러야 한다는 주장도 나온다. 인체의 모든 세포는 핵과 세포질로 구성된다. 세포질 안에는 소포체, 골지체, 미토콘드리아, 리소좀 등 다양한 소기관들이 있다. 세포핵이 DNA 등 핵심 유전정보를 담고 있다면 세포질 내 소기관은 세포가 정상적으로 작동하도록 돕는다.

① 시험관 아기 시술에는 핵치환 기술이 사용되지 않는다.
② 세 부모 체외수정을 통해 태어난 아이는 부모라 할 수 있는 세 명의 DNA 특징을 고루 물려받지 않는다.
③ 세 부모 체외수정 시 기증자의 유전자가 아이의 외형적 특징이나 성격에 어느 정도의 영향을 줄 수 있다는 의견도 존재한다.
④ 난자를 제공한 사람이 미토콘드리아 근병증을 앓고 있는 사람이라면, 이 난자를 가지고 세 부모 체외 수정을 통해 태어난 아이도 이 병에 걸릴 확률이 있다.
⑤ 세 부모 체외수정은 난자의 결함 있는 부분을 제거한 후, 기증자의 난자에서 이 부분을 이식하는 방식으로 이뤄진다.

28 다음 글에서 추론할 수 있는 것은?

물리계 중에는 예측 불가능한 물리계가 있다. 이와 같은 물리계가 예측 불가능한 이유는 초기 조건의 민감성 때문이지, 물리 현상이 물리학의 인과법칙을 따르지 않기 때문은 아니다. 지구의 대기에서 나비 한 마리가 날갯짓을 한 경우와 하지 않은 경우를 비교하면, 그로부터 3주 뒤 두 경우의 결과는 판이하게 달라질 수 있다. 따라서 몇 주일 뒤의 기상이 어떻게 전개될지 정확히 예측하려면 초기 데이터와 수많은 변수들을 아주 정밀하게 처리해야만 가능하다. 그러나 아무리 성능이 뛰어난 컴퓨터라고 해도 이를 제대로 처리하기는 어렵다. 초기 상태가 완전히 파악되지 못한 물리계의 경우, 초기 데이터의 불완전성은 이 물리계의 미래 상태에 대한 예측의 정밀도를 훼손할 것이다. 그리하여 예측은 시간이 흐를수록 점차 부정확해지지만, 부정확성이 증가하는 양상은 물리계마다 다르다. 부정확성은 어떤 물리계에서는 느리게, 어떤 물리계에서는 빠르게 증가한다. 부정확성이 천천히 증가하는 물리계의 경우, 기술 발전에 따라 정밀하게 변화를 예측하는 데 필요한 시간은 점점 더 줄어들 것이다. 그러나 부정확성이 빠르게 증가하는 물리계의 경우, 예측에 필요한 계산 시간은 그다지 크게 단축되지 않을 것이다. 흔히 앞의 유형을 '비카오스계'라고 부르고 뒤의 유형을 '카오스계'라고 부른다. 카오스계는 예측 가능성이 지극히 제한적이라는 것이 그 특징이다. 지구의 대기 같은 아주 복잡한 물리계는 카오스계의 대표적인 사례이다. 그러나 연결된 한 쌍의 진자처럼 몇 안 되는 변수들만으로 기술할 수 있고 단순한 결정론적 방정식을 따르는 물리계라 하더라도, 초기 조건에 민감하며 아주 복잡한 운동을 보인다는 점은 놀라운 일이다. 카오스 이론이 과학의 한계를 보여주었다고 단언하는 사람들이 적지 않지만, 자연 속에는 비카오스계가 더 많다. 그리고 카오스계를 연구하는 과학자들은 자신들이 막다른 골목에 봉착했다고 생각하지 않는다. 카오스 이론은 앞으로 연구가 이루어져야 할 드넓은 영역을 열어주었고, 수많은 새로운 연구 대상들을 제시한다.

① 나비의 날갯짓처럼 사소한 요인에 의해 교란되는 물리계도 예측이 가능하다.
② 연결된 두 진자로만 구성된 물리계는 카오스계가 아니다.
③ 부정확성이 빠르게 증가하는 물리계에 동일한 물리법칙이 적용되는 경우 변화를 예측하는 데 필요한 시간은 감소한다.
④ 슈퍼컴퓨터의 성능이 충분히 향상된다면, 기상청은 날씨 변화를 행성의 위치만큼이나 정확하게 예측할 것이다.
⑤ 이해가 아닌 예측이 자신의 주요 임무라고 생각하는 과학자에게 카오스계의 존재는 부담이 될 것이다.

29 다음 글에서 추론할 수 있는 것은?

어떤 물체가 물이나 공기와 같은 유체 속에서 자유 낙하할 때 물체에는 중력, 부력, 항력이 작용한다. 중력은 물체의 질량에 중력 가속도를 곱한 값으로 물체가 낙하하는 동안 일정하다. 부력은 어떤 물체에 의해서 배제된 부피만큼의 유체의 무게에 해당하는 힘으로, 항상 중력의 반대 방향으로 작용한다. 빗방울에 작용하는 부력의 크기는 빗방울의 부피에 해당하는 공기의 무게이다. 공기의 밀도는 물의 밀도의 1,000분의 1 수준이므로, 빗방울이 공기 중에서 떨어질 때 부력이 빗방울의 낙하 운동에 영향을 주는 정도는 미미하다. 그러나 스티로폼 입자와 같이 밀도가 매우 작은 물체가 낙하할 경우에는 부력이 물체의 낙하 속도에 큰 영향을 미친다.

물체가 유체 내에 정지해 있을 때와는 달리, 유체 속에서 운동하는 경우에는 물체의 운동에 저항하는 힘인 항력이 발생하는데, 이 힘은 물체의 운동 방향과 반대로 작용한다. 항력은 유체 속에서 운동하는 물체의 속도가 커질수록 이에 상응하여 커진다. 항력은 마찰 항력과 압력 항력의 합이다. 마찰 항력은 유체의 점성 때문에 물체의 표면에 가해지는 항력으로, 유체의 점성이 크거나 물체의 표면적이 클수록 커진다. 압력 항력은 물체가 이동할 때 물체의 전후방에 생기는 압력 차에 의해 생기는 항력으로, 물체의 운동 방향에서 바라본 물체의 단면적이 클수록 커진다.

안개비의 빗방울이나 미세 먼지와 같이 작은 물체가 낙하하는 경우에는 물체의 전후방에 생기는 압력 차가 매우 작아 마찰 항력이 전체 항력의 대부분을 차지한다. 빗방울의 크기가 커지면 전체 항력 중 압력 항력이 차지하는 비율이 점점 커진다. 반면 스카이다이버와 같이 큰 물체가 빠른 속도로 떨어질 때에는 물체의 전후방에 생기는 압력 차에 의한 압력 항력이 매우 크므로 마찰 항력이 전체 항력에 기여하는 비중은 무시할 만하다.

빗방울이 낙하할 때 처음에는 중력 때문에 빗방울의 낙하 속도가 점점 증가하지만, 이에 따라 항력도 커지게 되어 마침내 항력과 부력의 합이 중력의 크기와 같아지게 된다. 이때 물체의 가속도가 0이 되므로 빗방울의 속도는 일정해지는데, 이렇게 일정해진 속도를 종단 속도라 한다. 유체 속에서 상승하거나 지면과 수평으로 이동하는 물체의 경우에도 종단 속도가 나타나는 것은 이동 방향으로 작용하는 힘과 반대 방향으로 작용하는 힘의 평형에 의한 것이다.

① 부력이 중력의 방향에 따라 작용하는 경우도 있다.
② 항력과 부력의 합이 중력의 크기와 같아지면 물체의 속도가 증가한다.
③ 물체가 유체 내에 정지해 있을 때는, 물체의 표면에 항력이 가해진다.
④ 부력은 밀도가 큰 물체보다 작은 물체의 낙하에 더 많은 영향을 미친다.
⑤ 스카이다이버의 경우 마찰 항력의 영향을 가장 많이 받는다.

30 다음 글에서 추론할 수 있는 것은?

지금까지 학계에 보고된 두 가지 유형의 실어증 환자에 대해 살펴보면, 인간의 좌뇌에 언어를 담당하는 고유의 영역이 있다는 사실을 확인할 수 있다. 이런 사실은 인간의 언어 능력이 여타의 인지 능력과는 직접적 관련이 없음을 말해 준다. 실어증 환자 중에는 억양이나 발음이 정상적이어서 얼핏 듣기에는 매우 유창하게 말하는 것 같지만, 자세히 살펴보면 어휘를 잘못 사용하거나 종종 의미 없는 어휘들을 사용하는 '베르니케 실어증' 환자가 있다. 이런 환자의 또 다른 특징은 문법적으로 비교적 정확한 문장을 구사하지만, 특이하게도 명사를 잘 기억해 내지 못한다는 것이다. 이 유형의 환자들은 1874년 칼 베르니케의 논문에서 처음 보고되었는데, 이들은 좌뇌의 뒷부분(베르니케 영역)이 손상된 것으로 확인되었다. 베르니케 실어증 환자는 일상적인 간단한 명사를 완곡하게 돌려서 말하는 특징을 보이기도 한다. 예를 들면 '물'이란 말 대신에 '마시는 것', 또 '코' 대신에 '냄새를 맡는 곳'이라고 하기도 한다. 실어증 환자 중에는 베르니케 실어증 환자와 정반대의 경우도 있다. 단어를 의미에 맞게 사용하지만 문법적으로 틀리는 경우이다. '브로카 실어증'이라고 알려진 이런 유형의 실어증 환자는 더듬거리며 말을 한다. 또한 조사와 같은 기능적 어휘들을 사용하지 못하고 간단한 핵심어만 사용하며, 적절한 단어 선정에 어려움을 겪는다. 1861년 폴 브로카에 의해 처음으로 학계에 보고된 이들 환자의 뇌를 부검한 결과 좌뇌의 앞부분(브로카 영역)이 손상된 것으로 확인되었다.

① 말을 더듬고 핵심적 단어로만 말을 이어가는 실어증 환자의 경우 좌뇌의 앞부분이 손상되었을 가능성이 높다.
② 베르니케 실어증 환자는 브로카 실어증 환자에 비해 일상적인 대화를 하기가 더 수월하다.
③ 베르니케 실어증 환자와 브로카 실어증 환자의 부검으로 좌뇌가 인간의 인지 능력 및 언어 능력을 담당한다는 것이 밝혀졌다.
④ 문법적으로는 큰 문제가 없지만, 부정확한 어휘를 사용하여 말하고자 하는 바를 표현하지 못하는 실어증 환자는 브로카 실어증 환자일 가능성이 높다.
⑤ 의미상 틀린 부분은 없으나 복잡한 문장을 구사하는 데 어려움을 겪는 실어증 환자는 베르니케 실어증 환자일 가능성이 높다.

GSAT
삼성직무적성검사

박문각

삼성 GSAT
봉투모의고사

제4회
모의고사

PMG 박문각

삼성 GSAT
봄투 모의고사

제4회
모의고사

제4회 모의고사

삼성직무적성검사	수리논리	20문항/30분
	추리	30문항/30분

수리논리 | 01 ~ 20번

01 어떤 회사의 계약직 및 정규직 직원의 수는 총 80명이다. 이 중 남자 직원은 46명이다. 정규직 직원 수는 계약직 직원 수보다 14명이 적고 계약직인 여자 직원이 15명이라면 정규직 남자 직원은 몇 명인가?

① 14명
② 15명
③ 16명
④ 17명
⑤ 18명

02 같은 노선의 버스 두 대가 운행되고 있다. 한 대는 차고지에서 출발하여 종점으로 향하며 3분에 두 정류장씩 지나고, 다른 한 대는 종점에서 출발하여 차고지로 향하며 5분에 세 정류장씩 지난다. 각 정류장 사이의 간격은 일정하고 교통체증은 고려하지 않을 때, 두 버스가 마주치는 정류장은 차고지 기준으로 어느 정류장인가? (단, 차고지는 1정류장, 종점은 20정류장이다.)

① 8정류장
② 9정류장
③ 10정류장
④ 11정류장
⑤ 12정류장

03 다음은 서로 다른 물질 A~D에 대하여 갑~정 실험기관이 각각 농도를 측정한 결과이다. 이에 대한 설명으로 옳지 않은 것은?

4개 물질의 농도 실험 결과

(단위: mg/ml)

구분	갑 기관	을 기관	병 기관	정 기관
A물질	5	7	4	2
B물질	26	7	7	6
C물질	109	15	16	18
D물질	273	47	131	51

※ 유효농도: 각 실험기관에서 측정한 농도의 평균
실험 오차 = | 실험 결과 − 유효농도 |

$$실험\ 오차율(\%) = \frac{실험\ 오차}{유효농도} \times 100$$

① A물질의 유효농도가 가장 낮다.
② A물질에 대한 '갑 기관'과 '병 기관'의 실험 오차율은 동일하다.
③ B물질에 대한 '을 기관'의 실험 오차율은 '정 기관'의 실험 오차율보다 크다.
④ D물질에 대한 '병 기관'의 실험 결과는 유효농도보다 높다.
⑤ C물질에 대한 '정 기관'의 실험 오차는 '을 기관'의 실험 오차보다 낮다.

04 다음은 2016~2021년 도시별 중증질환 사망자에 대한 자료이다. 이에 대한 설명으로 옳지 않은 것은?

도시별 연간 평균 중증질환 사망자 수

(단위 : 명/백만 명당)

구분	2021년	2020년	2019년	2018년	2017년	2016년
서울	1.4	0.9	9.9	6.4	4.2	4.9
부산	6.9	3.8	2.2	8.1	9.8	9.6
대구	3.5	1.4	1.3	5.6	4.2	6.6
인천	4.0	3.4	3.6	8.8	11.2	1.7
광주	6.5	9.9	7.2	7.5	3.6	4.2
대전	11.1	7.7	8.6	9.1	9.9	8.1
울산	2.3	3.1	1.9	2.9	3.8	7.7

① 조사기간 동안 모든 도시에서 전년 대비 평균 중증질환 사망자 수가 전부 증가했던 해는 없다.
② 전년 대비 2019년 평균 중증질환 사망자 수 증감률이 가장 큰 도시는 대구이다.
③ 2018년 평균 중증질환 사망자 수가 가장 많은 도시는 조사 기간 중 평균 사망자 수가 모두 1~2번째로 많다.
④ 인천의 전년 대비 평균 중증질환 사망자 수의 증감률이 가장 큰 연도는 2017년이다.
⑤ 2021년 광주의 중증질환 사망자 수는 인천과 울산의 중증질환 사망자 수를 합친 것보다 많다.

05 다음은 조선 후기 이후 인구 현황에 대한 자료이다. 이에 대한 설명으로 옳지 않은 것은?

지역별 인구분포(1648년)

(단위: 천 명, %)

구분	전체	한성	경기	충청	전라	경상	강원	황해	평안	함경
인구	1,532	96	81	174	432	425	54	55	146	69
비중	100.0	6.3	5.3	11.4	28.2	27.7	3.5	3.6	9.5	4.5

지역별 인구지수

구분	한성	경기	충청	전라	경상	강원	황해	평안	함경
1648년	100	100	100	100	100	100	100	100	100
1753년	181	793	535	276	391	724	982	868	722
1789년	197	793	499	283	374	615	1,033	888	1,009
1837년	213	812	486	253	353	589	995	584	1,000
1864년	211	832	505	251	358	615	1,033	598	1,009
1904년	200	831	445	216	261	559	695	557	1,087

※ 인구지수 = $\dfrac{\text{해당연도 해당 지역 인구}}{\text{1648년 해당 지역 인구}} \times 100$

① 1789년 황해지역의 인구는 1648년 경상지역의 인구보다 많다.
② 1904년에 전라지역과 경상지역의 인구는 15만 명 이상 차이 난다.
③ 1837년 전체 인구 대비 경기지역 인구의 비중은 황해지역 인구의 비중보다 크다.
④ 1648년 대비 1753년에 인구지수가 가장 많이 상승한 지역은 황해지역이다.
⑤ 1904년 한성지역은 1648년에 비해 조선 전체 인구에서 차지하는 비중이 2배 늘었다.

06 다음은 A스키장의 요일 및 시간대별 이용요금에 대한 자료이다. 이에 대한 설명으로 옳은 것은?

A스키장의 요일 및 시간대별 이용요금

(단위 : 천 원)

구분	1인당 입장료				1인당 장비 대여료
	월~목요일	금요일	토, 일요일	공휴일	
06:00~11:59	60	70	75	75	35
12:00~15:59	80	90	95	100	
16:00~19:59	95	105	110	115	
20:00~23:59	70	80	85	85	
24:00~05:59	55	65	65	65	

※ 장비를 대여해야만 스키장 입장이 가능하다.

① 휴일에는 항상 평일보다 적어도 5만 원 이상 입장료를 더 받고 있다.
② 혼자서 가장 적은 요금으로 A스키장을 이용하려면 10만 원이 든다.
③ 금요일 오전 6시에 혼자 스키장에 입장하면 공휴일 오후 1시에 혼자 입장하는 것보다 3만 원을 절약할 수 있다.
④ 혼자서 일요일 오후 1시에 입장하는 것과 혼자서 월요일 오후 4시에 입장하는 데는 모두 9만 5천 원의 이용요금이 든다.
⑤ 오전 2시에 입장을 하면 요일에 관계없이 같은 가격에 스키장을 이용할 수 있다.

07 다음은 15세 이상 장애인의 연령별 취업 인구 및 취업률을 나타낸 자료이다. 이에 대한 설명으로 옳지 않은 것은?

15세 이상 장애인의 연령별 취업 인구 및 취업률

(단위: 명, %)

구분	인구	경제활동인구			비경제활동인구	취업률	실업률
		소계	취업	실업			
계	2,525,592	981,028	931,429	49,599	1,544,565	94.9	5.1
15~19세	42,616	3,360	2,939	421	39,256	87.5	12.5
20~29세	103,407	54,237	48,445	5,793	49,170	89.3	10.7
30~39세	126,542	74,851	70,811	4,040	51,691	㉠	5.4
40~49세	268,657	160,784	155,794	4,991	107,873	96.9	3.1
50~64세	781,074	422,130	398,263	23,867	358,944	㉡	5.7
65세 이상	1,203,296	265,665	255,178	10,487	937,631	96.1	3.9

※ 실업률(%) : $\dfrac{\text{실업인구}}{\text{경제활동인구}} \times 100$

※ 취업률(%) : $\dfrac{\text{취업인구}}{\text{경제활동인구}} \times 100$

① 취업률이 가장 낮은 연령대는 15~19세이며, 가장 높은 연령대는 40~49세이다.
② 비경제활동인구 수는 나이가 많을수록 증가한다.
③ 30~39세의 취업률이 50~64세의 취업률보다 높다.
④ 비경제활동인구가 경제활동인구보다 많은 연령대는 15~19세와 65세 이상이다.
⑤ 실업률이 가장 낮은 연령대의 인구수는 조사한 연령대 중 두 번째로 많다.

08 다음은 '갑'국의 비행 단계별, 연도별 항공기 사고 발생 건수에 대한 자료이다. 이에 대한 설명으로 옳은 것은?

비행 단계별, 연도별 항공기 사고 발생 건수

(단위 : 건)

구분	지상 이동	이륙	상승	순항	접근	착륙
2018년	4	2	7	22	6	17
2019년	7	1	5	31	2	15
2020년	5	0	3	28	4	12
2021년	8	2	1	22	3	15

① 항공기 사고는 2020년에 가장 적게 발생하였다.
② 4년간 순항 단계에서 일어난 항공기 사고는 지속적으로 증가하는 추세이다.
③ 2018년 대비 2019년 항공기 사고 건수 중 순항 단계에서 발생한 항공기 사고의 비중은 줄어들었다.
④ 2021년에 지상 이동 단계에서 일어난 항공기 사고는 전체 항공기 사고 발생 건수의 15% 이상이다.
⑤ 지상 이동 단계에서 일어난 항공기 사고가 많을수록 순항 단계에서도 항공기 사고가 많이 발생한다.

09 다음은 건물화재 사고 A, B, C, D, E에 관한 자료이다. 이에 대한 설명으로 옳은 것은?

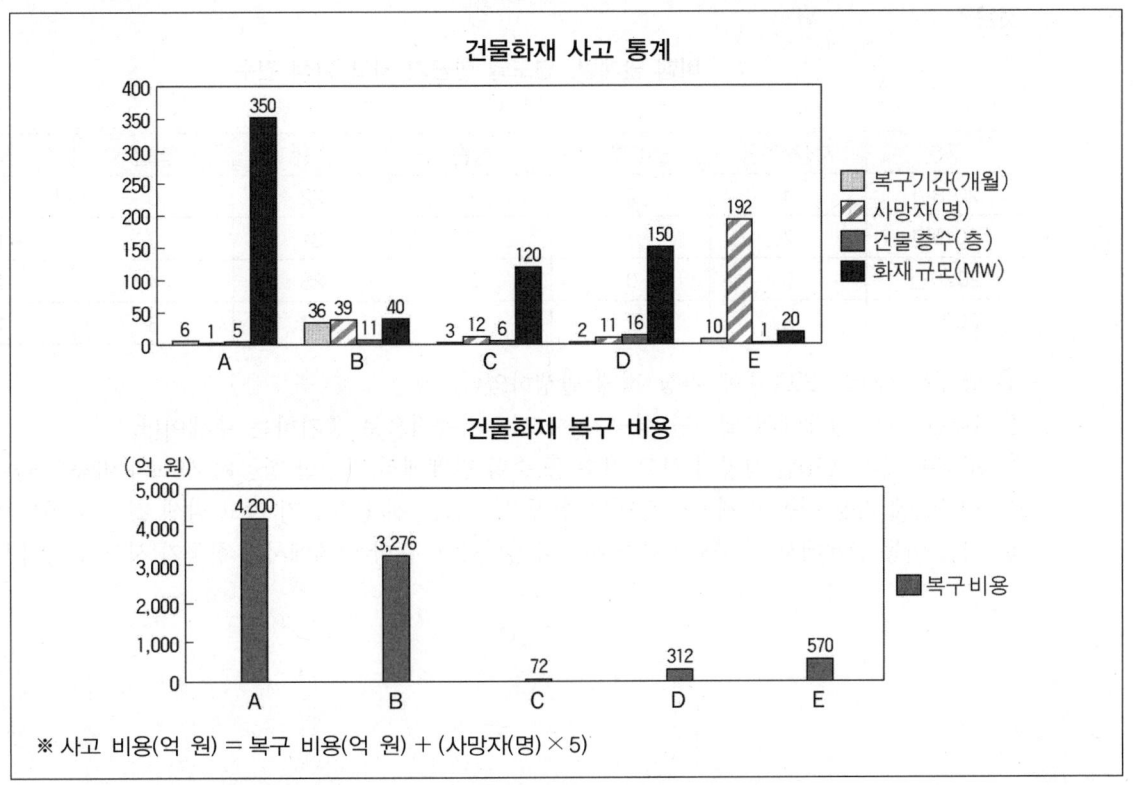

① 화재건물 층수와 복구 비용은 비례한다.
② 화재 후 복구 기간이 길수록 복구 비용도 비례하여 증가한다.
③ 사고 비용이 가장 큰 사고는 E이다.
④ 사고 A, C, D만 고려할 경우 화재 규모와 복구 비용이 비례한다.
⑤ B사고의 사고 비용은 3,500억 원 이상이다.

10 다음은 몇 가지 건강기능식품의 매출액, 국내 판매액 및 수출액에 대한 자료이다. 이에 대한 설명으로 옳은 것은?

건강기능식품 매출액·국내 판매액·수출액

(단위: 천 원)

구분	매출액	국내 판매액	수출액
계	571,647,258	527,072,248	44,575,010
비타민 및 무기질	225,944,249	222,010,514	3,933,735
식이섬유(보충용)	1,704,434	1,681,842	22,592
단백질	6,861,275	5,998,178	863,097
필수지방산	737,120	737,120	–
녹차 추출물	20,066,022	20,005,689	60,333
알로에	52,734,828	50,114,234	2,620,594
코엔자임Q10	9,967,858	9,881,910	85,948
은행잎 추출물	8,185,739	7,704,762	480,977
매실 추출물	219,409	219,409	–
글루코사민	2,096,924	2,056,624	40,300
식이섬유	18,971,594	18,887,340	84,254
키토산/키토올리고당	6,543,656	6,297,309	246,347
프로바이오틱스	217,385,841	181,249,008	36,136,833
마늘	228,309	228,309	–

※ 수출액이 '–'로 표기된 것은 수출을 하지 않은 경우임

① 조사한 건강기능식품 중 국내 판매액이 수출액보다 적은 품목은 2개이다.
② 수출하지 않는 모든 품목의 매출액의 총합은 글루코사민 매출액의 절반보다 적다.
③ 단백질의 매출액 대비 수출액의 비중은 프로바이오틱스보다 5%p 이상 적다.
④ 수출액이 발생하는 품목 중 매출액이 네 번째로 많은 품목은 수출액이 세 번째로 낮다.
⑤ 녹차 추출물, 은행잎 추출물, 매실 추출물 중 매출액이 가장 높은 품목은 다른 두 품목의 매출액을 합한 것보다 매출액이 3배 이상 많다.

[11~12] 다음은 2012년~2021년 A지역에서 발생한 범죄 현황을 나타낸 자료이다. 이를 보고 이어지는 물음에 답하시오.

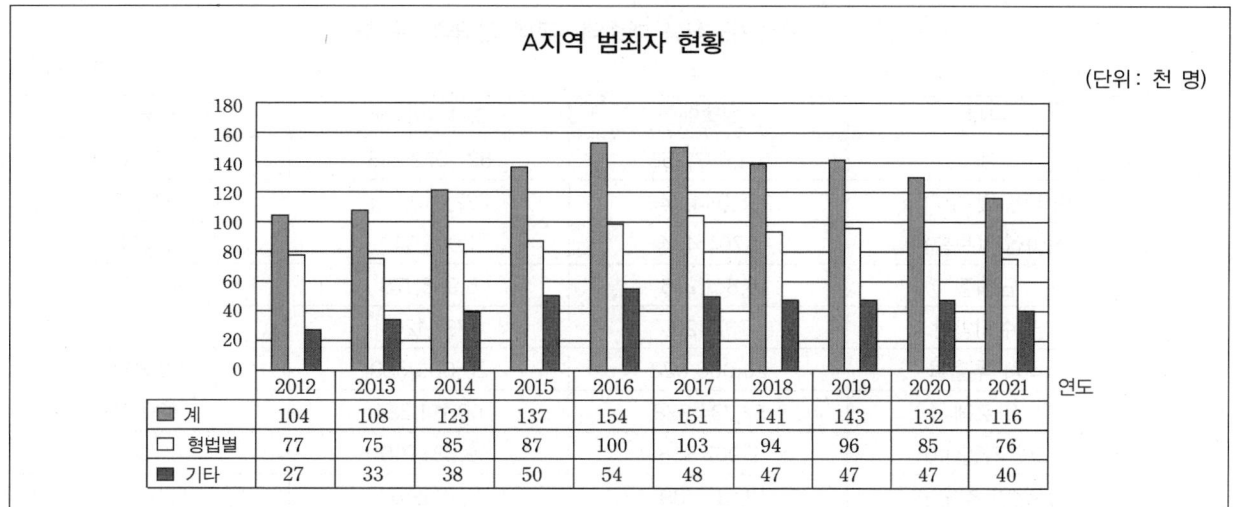

A지역 범죄자 현황

(단위: 천 명)

연도	2012	2013	2014	2015	2016	2017	2018	2019	2020	2021
계	104	108	123	137	154	151	141	143	132	116
형법별	77	75	85	87	100	103	94	96	85	76
기타	27	33	38	50	54	48	47	47	47	40

전국의 범죄유형별 범죄자 수

(단위: 명, %)

연도 범죄유형	2012년	2013년	2014년	2015년	2016년	2017년	2018년	2019년	2020년	2021년
살인	106 (10.4)	76 (10.4)	84 (10.4)	61 (10.4)	66 (10.4)	76 (10.4)	68 (10.4)	54 (10.4)	50 (10.4)	53 (10.4)
강도	2,913 (47.9)	4,017 (56.9)	2,965 (55.7)	2,634 (51.7)	3,412 (53.5)	4,132 (49.6)	3,117 (44.7)	2,619 (41.3)	1,922 (34.6)	1,618 (29.7)
강간	1,938 (29.0)	1,355 (20.4)	665 (13.8)	602 (11.2)	581 (10.8)	584 (10.2)	567 (9.2)	511 (8.6)	391 (7.0)	317 (6.2)
방화	51 (6.8)	62 (9.0)	66 (11.1)	37 (5.4)	59 (7.9)	78 (6.8)	76 (7.5)	84 (7.7)	91 (7.5)	53 (4.7)
절도	25,685 (49.8)	29,225 (57.8)	30,181 (58.0)	31,392 (60.3)	34,201 (60.7)	41,063 (56.1)	32,899 (49.2)	32,668 (49.4)	25,188 (42.4)	26,345 (41.4)
폭력	36,120 (11.4)	46,611 (12.2)	47,317 (14.6)	47,735 (14.2)	56,746 (16.2)	52,111 (13.5)	52,207 (11.0)	54,178 (10.5)	49,410 (9.6)	37,375 (8.6)

※ ( ) 안의 숫자는 각 범죄유형별 총 범죄자 중에서 A지역 범죄자가 차지하는 비율

11 위 자료에 대한 설명으로 옳은 것은?

① 2013년 이후 A지역의 범죄자 수는 꾸준히 감소하고 있다.
② A지역에서 범죄자 수가 가장 많은 범죄유형은 절도이다.
③ 전국적으로 절도 범죄자는 꾸준히 늘어나는 추세다.
④ A지역의 살인 범죄자의 수는 항상 동일하다.
⑤ A지역 전체 범죄자 수와 형법별 범죄자 수의 증감 추이는 일치한다.

12 절도 범죄자 수가 가장 많은 해의 A지역의 강도 범죄자 수는? (단, 소수점 이하는 버림한다.)

① 2,049명
② 2,019명
③ 1,923명
④ 1,825명
⑤ 1,393명

[13~14] 다음은 자동차 보유가구에 대한 자료이다. 이를 보고 이어지는 물음에 답하시오.

가구주 성별·연령별 자동차 보유가구

구분		전체 가구 수 (천 가구)	자동차 보유가구 비율(%)			자동차 미보유가구 비율(%)
			계	1대	2대 이상	
2016년		14,310	58.2	50.5	7.7	41.8
2021년		15,889	61.4	49.4	12.0	38.6
	남자	12,391	71.3	56.6	14.7	28.7
	여자	3,498	26.5	23.7	2.8	73.5
	19세 이하	70	2.9	2.8	0.1	97.1
	20~29세	1,289	38.1	34.7	3.4	61.9
	30~39세	3,590	76.4	64.7	11.7	23.6
	40~49세	4,413	75.5	58.9	16.6	24.5
	50~59세	2,983	68.1	51.0	17.1	31.9
	60세 이상	3,544	32.8	27.0	5.8	67.2

지역별 자동차 보유가구(2021년)

구분	전체 가구 수 (천 가구)	자동차 보유가구 비율(%)			자동차 미보유가구 비율(%)
		계	1대	2대 이상	
전국	15,889	61.4	49.4	12.0	38.6
서울	3,310	54.4	46.7	7.6	45.6
부산	1,187	54.2	46.3	7.9	45.8
대구	815	65.9	50.6	15.4	34.1
인천	823	64.1	53.5	10.6	35.9
광주	460	64.8	51.0	13.8	35.2
대전	479	69.0	52.2	16.8	31.0
울산	339	75.0	60.7	14.3	25.0
경기	3,330	69.4	55.4	14.0	30.6
강원	521	61.8	47.9	13.9	38.2
충북	505	62.2	48.1	14.1	37.8
충남	660	60.7	45.7	15.0	39.3
전북	620	57.1	44.5	12.6	42.9
전남	666	50.1	40.1	10.0	49.9
경북	939	59.8	45.5	14.3	40.2
경남	1,056	62.4	49.1	13.2	37.6
제주	179	65.5	45.3	20.2	34.3

13 위 표에 대한 설명으로 옳은 것은?

① 2021년 전국의 자동차 보유가구 수는 2016년에 비해 백만 가구 이상 증가하였다.
② 2021년에 자동차 보유가구 수가 가장 많은 연령대는 30대이다.
③ 2021년에 자동차 보유가구 비율이 가장 높은 지역은 대구이다.
④ 2021년 서울 지역의 남자 가구주 중 자동차 보유가구 비율은 경기 지역의 남자 가구주 중 자동차 보유가구 비율보다 높다.
⑤ 전체 가구 수가 가장 많은 지역의 자동차 보유가구 비율은 자동차 미보유가구 비율의 약 1.2배이다.

14 2021년 자동차를 2대 이상 보유한 가구 비율이 가장 높은 가구주 연령대에서 자동차 보유가구 비율과 미보유가구 비율은 얼마나 차이가 나는가?

① 67.2%p
② 61.9%p
③ 36.2%p
④ 24.5%p
⑤ 19.8%p

15 다음은 2020년 지역별 PC 보유율과 인터넷 이용률에 관한 자료이다. 이에 대한 설명으로 옳지 않은 것은?

2020년 지역별 PC 보유율과 인터넷 이용률

(단위: %)

구분	PC 보유율	인터넷 이용률
서울	88.4	80.9
부산	84.6	75.8
대구	81.8	75.9
인천	87	81.7
광주	84.8	81
대전	85.3	80.4
울산	88.1	85
세종	86	80.7
경기	86.3	82.9
강원	77.3	71.2
충북	76.5	72.1
충남	69.9	69.7
전북	71.8	72.2
전남	66.7	67.8
경북	68.8	68.4
경남	72	72.5
제주	77.3	73.6

① PC 보유율이 다섯 번째로 높은 지역의 인터넷 이용률은 80% 이상이다.
② PC 보유율이 가장 낮은 지역은 인터넷 이용률도 가장 낮다.
③ 인터넷 이용률이 PC 보유율보다 높은 지역은 네 곳이다.
④ PC 보유율이 가장 높은 지역은 가장 낮은 지역보다 PC 보유율이 1.3배 이상 높다.
⑤ 강원지역보다 인터넷 이용률이 낮은 지역은 PC 보유율 또한 낮다.

[16~17] 다음은 '갑'시에서 치러진 자격시험 접수, 응시 및 합격자 현황이다. 이를 보고 이어지는 물음에 답하시오.

'갑'시 자격시험 접수, 응시 및 합격자 현황

(단위: 명)

구분	접수	응시	합격
한국사검정능력시험	352	330	260
웹디자인	105	78	35
일본어	88	75	30
중국어	76	75	66
임상심리사	35	35	3
운전면허	275	262	186
영상 편집	25	23	15
변리사	160	140	2

※ 응시율(%) = $\dfrac{\text{응시자 수}}{\text{접수자 수}} \times 100$, 합격률(%) = $\dfrac{\text{합격자 수}}{\text{접수자 수}} \times 100$

16 다음 중 합격률이 가장 높은 자격시험 종목은? (단, 소수점 둘째 자리에서 반올림한다.)

① 한국사검정능력시험
② 웹디자인
③ 중국어
④ 운전면허
⑤ 영상 편집

17 다음 중 응시율이 가장 높은 시험의 응시율과 합격률이 가장 낮은 시험의 합격률의 차이를 구한 값은?

① 96.55
② 97.12
③ 97.8
④ 98.5
⑤ 98.75

[18~19] 다음은 2015~2021년의 보육시설 수 및 아동 수 현황을 나타낸 자료이다. 이를 보고 이어지는 물음에 답하시오.

연도별 보육시설 수 및 아동 수 현황

(단위: 개소, 명, %)

연도	보육시설 수(비중)								보육 아동 수
	국공립	개인	법인 외	법인	직장	놀이방	부모협동	계	
2015년	1,295 (6.7)	8,970 (46.5)	324 (1.7)	2,010 (10.4)	204 (1.1)	6,473 (33.6)	—	19,276 (100.0)	686,000
2016년	1,306 (6.5)	9,490 (47.2)	313 (1.6)	1,991 (9.9)	196 (1.0)	6,801 (33.8)	—	20,097 (100.0)	734,192
2017년	1,330 (6.0)	10,471 (47.0)	575 (3.0)	1,633 (7.0)	199 (1.0)	7,939 (36)	—	22,147 (100.0)	800,991
2018년	1,329 (5.4)	11,225 (46.5)	787 (3.3)	1,632 (6.8)	236 (1.0)	8,933 (37.0)	—	24,142 (100.0)	858,345
2019년	1,349 (5.0)	12,225 (45.4)	966 (3.6)	1,537 (5.7)	243 (0.9)	10,583 (39.4)	—	26,903 (100.0)	930,252
2020년	1,473 (5.2)	12,769 (45.0)	979 (3.5)	1,495 (5.3)	263 (0.9)	11,346 (40.0)	42 (0.1)	28,367 (100.0)	989,390
2021년	1,643 (5.6)	12,864 (44.0)	1,066 (3.6)	1,475 (5.1)	298 (1.0)	11,828 (40.5)	59 (0.2)	29,233 (100.0)	1,040,361

18 위 자료에 대한 설명으로 옳은 것은?

① 조사기간 동안 직장보육시설의 수는 계속 증가하는 추세이다.
② 조사기간 동안 보육아동의 수가 처음으로 90만 명을 넘은 해에는 개인 보육시설이 가장 많은 비중을 차지하고 있다.
③ 부모협동을 제외하면 법인 외 보육시설이 매년 가장 적은 비중을 나타내고 있다.
④ 조사기간 동안 전년에 비해 국공립 보육시설의 수가 증가한 해에는 국공립 보육시설의 비중도 전년에 비해 증가하였다.
⑤ 조사기간 동안 놀이방이 차지하는 비중이 계속 감소하고 있는 추세이다.

19 2021년 놀이방의 수는 법인과 직장 보육시설을 합한 것보다 몇 배 많은가?

① 약 3.5배
② 약 5배
③ 약 6.7배
④ 약 9.2배
⑤ 약 11배

20 데이터 관련 업무를 다루는 A회사는 직원들의 업무 능력 향상을 위해 관련 교육에 투자하기로 결정했다. 교육 이수를 위해서는 5개 교육 프로그램 중 세 가지를 반드시 이수하여야 한다. 교육 프로그램 비용 및 프로그램 구성별 할인비율이 다음과 같을 때, 가장 적은 비용이 드는 교육 프로그램 구성은?

직무관련 교육 프로그램 비용

구분		비용
A	R 머신러닝	130,000원
B	텐서플로 딥러닝	150,000원
C	파이썬 머신러닝	250,000원
D	빅데이터 플랫폼 구축	180,000원
E	자연어처리	120,000원

구성별 교육 프로그램 할인비율

구분	할인 비율
A + B + C	7%
A + C + D	10%
A + C + E	1%
B + C + E	3%
C + D + E	10%

※ 각각의 프로그램 비용 합에 할인율이 적용됩니다.

① A + B + C
② A + C + D
③ A + C + E
④ B + C + E
⑤ C + D + E

추리 | 01 ~ 30번

01 다음 결론이 반드시 참이 되게 하는 전제는?

전제	어떤 회사원은 자동차로 출퇴근한다.
결론	야간 근무하는 어떤 회사원은 자동차로 출퇴근한다.

① 모든 회사원은 야간 근무를 하지 않는다.
② 어떤 회사원은 야간 근무를 한다.
③ 야간 근무를 하는 어떤 사람은 회사원이다.
④ 모든 회사원은 야간 근무를 한다.
⑤ 야간 근무를 하는 모든 사람은 회사원이다.

02 다음 전제를 바탕으로 도출할 수 있는 결론은?

전제	하루에 세 명 이상의 고객을 상담하는 어떤 직원은 매출액이 증가한다.
	고객에게 피드백을 주지 않는 직원은 매출액이 증가하지 않는다.
결론	

① 하루에 세 명 이상의 고객을 상담하는 어떤 직원은 고객에게 피드백을 준다.
② 하루에 세 명 이상의 고객을 상담하는 어떤 직원은 고객에게 피드백을 주지 않는다.
③ 고객에게 피드백을 주지 않는 어떤 직원은 하루에 세 명 이상의 고객을 상담한다.
④ 고객에게 피드백을 주는 모든 직원은 하루에 세 명 이상의 고객을 상담한다.
⑤ 하루에 세 명 이상의 고객을 상담하는 모든 직원은 고객에게 피드백을 준다.

03 다음 전제를 바탕으로 도출할 수 있는 결론은?

전제	연인을 불쾌하게 하는 모든 것은 데이트폭력이다.
	어떤 사생활 침해 행위는 연인을 불쾌하게 한다.
결론	

① 모든 사생활 침해 행위는 데이트폭력이다.
② 모든 사생활 침해 행위는 데이트폭력이 아니다.
③ 모든 데이트폭력은 사생활 침해이다.
④ 모든 사생활 침해 행위는 연인을 불쾌하게 한다.
⑤ 어떤 사생활 침해 행위는 데이트폭력이다.

04 회사 동기인 갑, 을, 병, 정은 현재 본사에서 근무 중이다. 이 4명은 모두 지방에 있는 지사에서 1번 이상 근무한 적이 있다. 갑~정이 다음과 같이 지사에서 근무했을 때, 항상 참인 것은? (단, 회사에는 인천, 대구, 광주, 부산 4곳의 지사가 있다.)

- 갑은 부산 지사에서 근무한 적이 있다.
- 을은 인천 지사를 포함해 지사 두 곳에서 근무한 적이 있다.
- 갑과 정은 대구 지사에서 근무한 적이 있다.
- 정은 본사 근무 외에 지사 한 곳에서 근무한 적이 있다.
- 부산 지사에서 근무한 적이 있는 사람은 갑과 병 2명뿐이다.

① 갑은 을보다 많은 곳의 지사에서 근무했다.
② 병은 1곳의 지사에서 근무한 적이 있다.
③ 광주 지사에서 근무한 사람이 없다면, 을은 대구 지사에서 근무한 적이 있다.
④ 인천 지사에서 근무한 사람은 모두 2명이다.
⑤ 갑이 3곳의 지사에서 근무했다면, 갑은 광주 지사에서 근무한 적이 있다.

05 A교수는 월요일부터 목요일까지 강의를 한다. 그는 학생들에게 다음 주 월요일부터 토요일 사이에 시험을 보는데, 시험은 며칠에 걸쳐 나누어 볼 수도 있다고 공지했다. 조건이 다음과 같을 때, 시험을 보게 될 요일은?

- 목요일에 시험을 본다면 토요일에도 시험을 볼 것이다.
- 월요일에 시험을 보지 않는다면, 화요일이나 목요일에 시험을 볼 것이다.
- 월요일에 시험을 본다면, 수요일에 시험을 보지 않을 것이다.
- 화요일에 시험을 본다면, 목요일이나 금요일에도 시험을 볼 것이다.
- A교수가 강의를 하지 않는 날에는 시험을 보지 않을 것이다.

① 월요일　　　　　　　　② 화요일
③ 월요일, 수요일　　　　④ 월요일, 화요일
⑤ 목요일

06 ○○회사에서는 직원 3명을 선발하여 미국 지사로 연수를 보내려고 한다. 업무성적이 좋은 〈보기〉의 직원 중에서 연수를 받을 직원을 선정하기로 하고, 다음과 같이 직원을 선발할 때, 항상 참인 것은?

> **보기**
> 인사팀 : A대리, P과장
> 홍보팀 : Y대리, H차장, O과장
> 기획팀 : S대리, K과장

- 선발되는 3명의 소속팀은 모두 달라야 한다.
- 대리급 1명, 과장급 이상 2명을 선발한다.

① A대리가 선발되면 K과장은 반드시 선발된다.
② H차장이 선발되지 않으면 A대리나 S대리 중 한 명은 반드시 선발된다.
③ H차장이 선발되지 않으면 O과장은 반드시 선발된다.
④ S대리가 선발되지 않는다고 해서 K과장이 반드시 선발되는 것은 아니다.
⑤ O과장이 선발되지 않는 경우 A대리나 S대리 중 한 명은 반드시 선발된다.

07 기숙사 3층에 1학년 학생 세 명(갑, 을, 병)과 3학년 학생 두 명(정, 무)이 방을 배정받게 되었다. 이 학생들이 다음과 같은 조건으로 받을 배정받을 때, 항상 참인 것은?

- 방은 301~305호가 일렬로 있으며, 1인당 하나의 방을 배정 받는다.
- 병과 정의 방은 이웃할 수 없다.
- 을과 정의 방은 이웃하게 배치된다.
- 1학년 학생끼리, 3학년 학생끼리는 연속으로 이웃하여 방을 배정할 수 없다.

① 갑이 302호, 병이 305호 방을 배정 받았다면 301호 방을 배정 받은 사람은 무가 아니다.
② 병이 303호를 배정 받았고 갑은 305호를 배정 받을 수 없다면 302호를 배정받은 사람은 무이다.
③ 정이 303호를 배정받고, 병의 방이 301호가 아니라면 을은 304호를 배정받는다.
④ 을이 301호를 배정 받는다면 갑은 304호를 배정받는다.
⑤ 을이 301호를 배정 받는다면 병과 무의 방은 이웃하지 않는다.

08 어떤 회사의 영업부서에서 해외영업팀을 새로 조직하려고 한다. 9명의 직원을 세 명씩 나누어 세 팀을 만들고자 한다. 각 팀에는 A, B, C라는 팀명이 붙어 있다. 그런데 9명의 직원 중 4명(가, 나, 다, 라)은 한국인이고, 나머지 5명(마, 바, 사, 아, 자)은 외국인이다. 각 직원은 반드시 세 팀 중 어느 한 팀에 속해야 한다. 또한 팀 구성 시 주어진 조건들을 만족해야 한다. 만일 '다'와 '마'가 B팀에 속한다면 A팀에 속하는 직원들은?

- 각 팀에는 적어도 한 명의 한국인 직원이 포함되어야 한다.
- 가는 반드시 두 명의 외국인과 같은 팀에 속해야 한다.
- 바는 반드시 C팀에 속해야 한다.
- 아는 반드시 A팀에 속해야 한다.
- 가, 라, 사 중 누구도 바와 같은 팀에 속해서는 안 된다.

① 가, 라, 아
② 가, 사, 아
③ 라, 사, 아
④ 라, 아, 자
⑤ 가, 나, 자

09 A시 주민센터에서는 주민들을 위한 영어회화 강의를 개설하였다. 강의는 하루에 1시간씩 일주일에 두 번 총 2시간 진행되며, 초급, 중급, 고급반의 3개 과정이 개설된다. 강의가 다음과 같은 조건에 따라 개설된다고 할 때, 항상 참인 것은?

- 월요일~목요일 오전 9시~10시, 오전 10시~11시, 오후 2시~3시에만 강의가 개설된다.
- 월요일과 수요일에는 초급반 강의가 없다.
- 화요일 오전과 수요일 오후에는 강의실 문제로 강의가 개설되지 않는다.
- 초급반 강의는 오후에만, 중급반 강의는 오전에만 개설된다.
- 중급반 강의는 초급반 강의와 같은 요일에 개설되지 않는다.
- 고급반 강의는 오전 9시~10시에는 개설되지 않는다.

① 고급반 강의는 수요일과 목요일에 있다.
② 월요일에는 중급반과 고급반 강의가 개설된다.
③ 초급, 중급, 고급반 강의가 모두 개설되는 요일이 있다.
④ 화요일에는 고급반 강의가 개설되지 않는다.
⑤ 목요일에 고급반 강의는 개설되지 않는다.

10 A, B, C, D 네 명이 파티에 참석했는데, 이들은 각각 소설가, 변리사, 연구원, 기자다. 이들에 대한 정보가 다음과 같을 때, 항상 참인 것은?

> • A는 소설가와 만났지만, D와는 만나지 않았다.
> • B는 연구원과 기자를 만났다.
> • C는 연구원과 만나지 않았다.
> • D는 기자와 만났다.

① C는 변리사다.
② A는 연구원이다.
③ B는 소설가가 아니다.
④ C와 D는 모두 기자가 아니다.
⑤ D는 변리사가 아니다.

11 희연, 동수, 민재 3명이 함께 가위바위보 게임을 하기 전에 결과에 대해 예측했다. 가위바위보 게임에서 진 사람의 예측만이 실제로 적중했다고 할 때, 게임에서 이긴 사람으로 가능한 경우는? (단, 비기는 경우는 없다.)

> 희연: "우리 중 1명이 게임에서 이길 것 같아."
> 동수: "우리 중 2명이 게임에서 이길 것 같아."
> 민재: "동수는 게임에서 이길 것 같아."

① 희연
② 동수
③ 민재
④ 희연, 동수
⑤ 동수, 민재

12 다음의 조건에 따라 모임 약속을 잡으려 한다. 이때, 금요일에 참석할 수 있는 인원은 최대 몇 명인가?

> • 영균, 철희, 성희, 윤정, 민희, 정수 6명이 매주 월요일, 수요일, 금요일에 모이기로 했다.
> • 성희는 월요일, 금요일 모임에 참석할 수 없다.
> • 윤정, 정수는 반드시 함께 참석해야 한다.
> • 영균이가 참석하면 윤정이는 반드시 참석한다.
> • 철희와 정수는 사이가 나빠 정수가 오는 날에는 철희가 오지 않는다.
> • 민희는 약속 시간에 전화해 3명 이상 모임에 나온다고 할 때만 참석한다.

① 2명
② 3명
③ 4명
④ 5명
⑤ 6명

13 지원, 나윤, 정욱, 형주, 수희 5명이 월요일에서 금요일 사이에 시험을 보는데, 한 요일에 한 사람만 시험을 볼 수 있다. 다음 조건에 따라 시험 일정을 정할 때, 항상 참인 것은?

> • 나윤이는 월요일과 금요일에는 시험을 볼 수 없다.
> • 지원이는 월요일이나 수요일에 시험을 봐야 한다.
> • 정욱이는 월요일과 화요일에는 시험을 볼 수 없다.
> • 형주는 반드시 금요일에 시험을 봐야 한다.
> • 수희는 수요일이나 금요일에 시험을 봐야 한다.

① 지원이는 수요일에 시험을 본다.
② 나윤이는 월요일에 시험을 본다.
③ 정욱이는 금요일에 시험을 본다.
④ 나윤이는 목요일에 시험을 본다.
⑤ 수희는 수요일에 시험을 본다.

14 원형 테이블에 번호 순서대로 앉아 있는 다섯 명의 여자 1, 2, 3, 4, 5 사이에 다섯 명의 남자 A, B, C, D, E가 한 명씩 앉아야 한다. 주어진 조건에 따라 자리를 배치할 때, 항상 거짓인 것은?

> • A는 짝수번호의 여자 옆에 앉아야 하고 5의 옆에는 앉을 수 없다.
> • B는 짝수번호의 여자 옆에 앉을 수 없다.
> • C가 3 옆에 앉으면 D는 1 옆에 앉는다.
> • E는 3 옆에 앉을 수 없다.

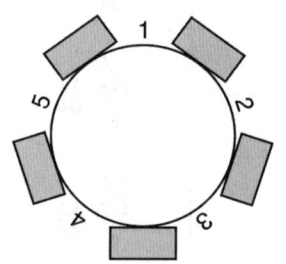

① A는 1과 2 사이에 앉을 수 없다.
② D는 4와 5 사이에 앉을 수 없다.
③ C가 2와 3 사이에 앉으면 A는 반드시 3과 4 사이에 앉는다.
④ E가 4와 5 사이에 앉으면 A는 반드시 2와 3 사이에 앉는다.
⑤ C가 3과 4 사이에 앉으면 D는 반드시 1과 2 사이에 앉는다.

15 다음 제시된 도형에 적용된 규칙을 찾아 '?'에 해당하는 도형으로 가장 적절한 것을 고르면?

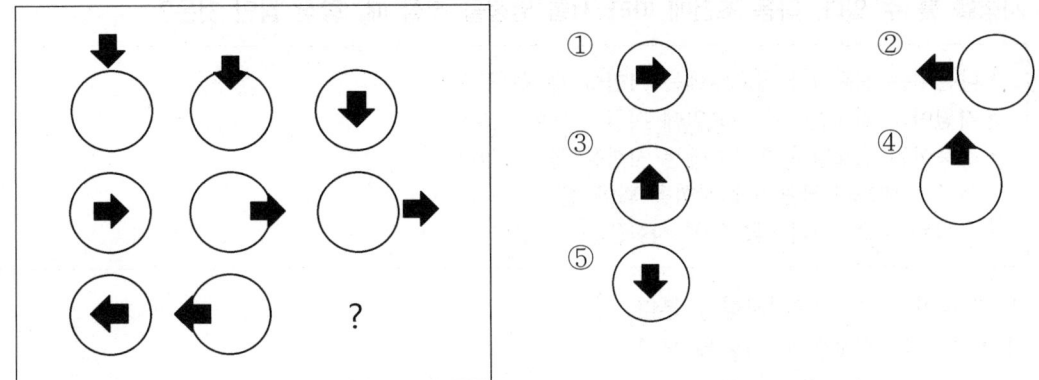

16 다음 제시된 도형에 적용된 규칙을 찾아 '?'에 해당하는 도형으로 가장 적절한 것을 고르면?

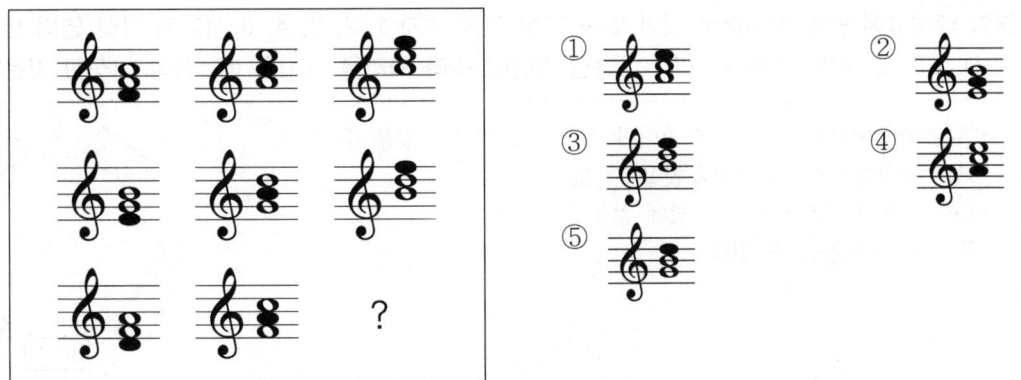

17 다음 제시된 도형에 적용된 규칙을 찾아 '?'에 해당하는 도형으로 가장 적절한 것을 고르면?

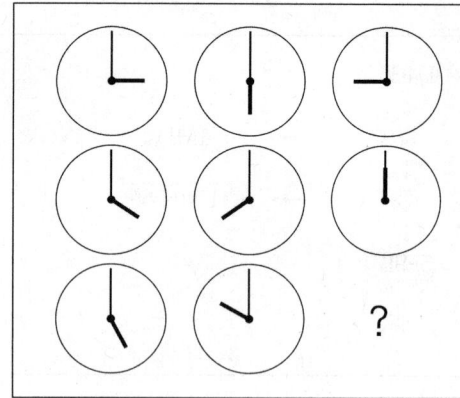

① 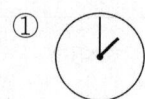   ②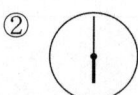

③ 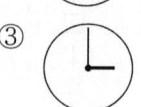   ④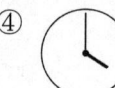

⑤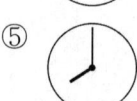

[18~21] 다음 도식에서 기호들은 일정한 규칙에 따라 문자나 숫자를 변화시킨다. '?'에 들어가기에 알맞은 것을 고르시오.

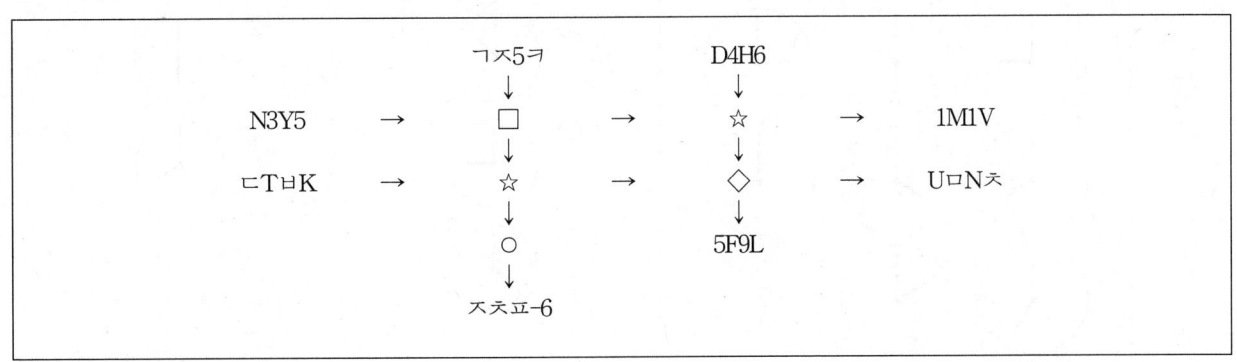

18

SK㏊3 → ◇ → ☆ → ?

① BK3ㅈ
② ㄹCㄷ6
③ CS3ㅍ
④ MT7ㅅ
⑤ PTㅈ4

19

H9E6 → □ → ○ → ?

① I3H-6
② L-2P3
③ N5U-4
④ J5K4
⑤ BT35

20

6790 → ☆ → ◇ → ?

① 47213
② 88313
③ 8753
④ 87914
⑤ 7694

21

REOQ → □ → ☆ → ◇ → ?

① QCLM
② QCLM
③ CQML
④ SDPP
⑤ DSPP

22 다음 단어 쌍 중 단어 간 관계가 나머지와 다른 하나는?

① 진보 – 발전
② 개혁 – 혁신
③ 거부 – 사절
④ 지휘 – 통솔
⑤ 잠적 – 등장

23 주어진 단어 간 관계를 유추했을 때, 빈칸에 들어갈 적절한 단어는?

농부 : 농작물 = 작가 : (　　)

① 출판사
② 도서
③ 연필
④ 검열자
⑤ 인쇄기

24 다음 글의 내용이 모두 참일 때, 반드시 거짓인 것은?

> 한 마리의 개미가 모래 위를 기어가고 있다. 개미가 기어감에 따라 모래 위에는 하나의 선이 생긴다. 개미가 모래 위에서 방향을 이리저리 틀기도 하고 가로지르기도 하여 형성된 모양이 아주 우연히도 이순신 장군의 모습과 유사한 그림이 되었다고 하자. 이 경우 그 개미가 이순신 장군의 그림을 그렸다고 할 수 있는가?
> 개미는 단순히 어떤 모양의 자국을 남긴 것이다. 우리가 그 자국을 이순신 장군의 그림으로 보는 것은 우리 스스로가 그렇게 보기 때문이다. 선 그 자체는 어떠한 것도 표상하지 않는다. 이순신 장군의 모습과 단순히 유사하다고 해서 그것이 바로 이순신 장군을 표상하거나 지시한다고 할 수는 없다. 반대로 어떤 것이 이순신 장군을 표상하거나 지시한다고 해서 반드시 이순신 장군의 모습과 유사하다고 할 수도 없다. 이순신 장군의 모습을 본뜨지도 않았으면서 이순신 장군을 가리키는 데에 사용되는 것은 활자화된 '이순신 장군'과 입으로 말해진 '이순신 장군' 등 수없이 많다. 개미가 그린 선이 만약 이순신 장군의 모습이 아니라 '이순신 장군'이란 글자 모양이라고 하자. 분명히 그것은 아주 우연히 그렇게 되었을 것이다. 따라서 개미가 우연히 그린 모래 위의 '이순신 장군'은 이순신 장군을 표상한다고 할 수 없다. 활자화된 모양인 '이순신 장군'이 어느 책이나 신문에 나온 것이라면 그것은 이순신 장군을 표상했다고 할 수 있겠지만 말이다. '이순신'이란 이름을 책에서 본다면 그 이름을 활자화한 사람이 있을 것이고, 그 사람은 이순신 장군의 모습을 생각할 수 있고 그를 지시하려는 의도를 가졌을 것이기 때문이다.

① 이름이 어떤 것을 표상하기 위해서 '의도'는 반드시 필요하다.
② 어떤 것을 표상하기 위해 '유사성'이 반드시 필요한 것은 아니다.
③ 개미가 남긴 모래 위의 흔적 자체는 어떤 것도 표상하지 않는다.
④ 이순신 장군을 그리고자 그린 그림이라도 이순신 장군과 닮지 않았다면 그를 표상하는 그림이라고 볼 수 없다.
⑤ 이름이 어떤 대상을 표상하기 위해서는 그 이름을 사용한 사람이 그 대상에 대해서 생각할 수 있는 능력이 있어야 한다.

25 다음 글의 내용이 모두 참일 때, 반드시 거짓인 것은?

> 우주 공간의 별도 사람처럼 태어나서 성장했다가 늙고 죽어간다. 다만 별의 수명과 최후의 모습은 질량에 따라 달라진다. 질량이 큰 별은 짧고 굵게 사는데, 무겁다는 기준은 태양보다 8배 이상 무거운 별을 말한다. 태양 정도의 질량을 가진 별은 수명이 100억 년 정도이며, 생의 마지막 단계에서 점점 부풀어 적색거성이 되었다가 백색왜성으로 변하고 바깥 부분의 물질은 우주 공간으로 퍼져나가 성운을 만든다. 무거운 별은 적색 초거성 단계에서 초신성 폭발로 최후를 맞이하는데, 중심부는 높은 밀도의 중성자별이 되거나 한없이 수축해서 블랙홀이 된다. 수명을 다한 별이 폭발하면서 내놓은 잔해들은 우주 공간에서 새로운 별과 행성을 만드는 재료가 되는데, 지구의 산소, 탄소, 철, 금과 같은 원소 역시 우주의 별에서 만들어진 것이다.
> 별의 탄생은 우주 공간의 구석구석에 있는 성운에서 비롯된다. 가스와 먼지로 구성된 성운의 어느 곳에 밀도가 높아지면 주위의 물질을 끌어당겨 덩어리는 점점 커지고, 중심부는 수축하면서 뜨거워진다. 계속되는 중력 수축으로 중심부의 온도가 약 1,000만 도에 이르면 드디어 핵융합 반응을 일으키며 빛을 낸다. 수소 원자 2개가 서로 충돌하고 결합해서 1개의 헬륨 원자로 바뀌면서 줄어든 질량에 빛의 속도 3억 미터를 제곱해서 곱한 만큼의 에너지를 쏟아 낸다. 별이 핵융합 반응에 의해 빛나고 있음이 밝혀진 것은 그리 오래되지 않았다. 별 내부의 핵융합 반응이 만드는 에너지에 의해 팽창하려는 힘과 중력에 의해 수축하려는 힘이 서로 균형을 이루게 되면 비로소 수축을 멈추고 안정된 별로 자리를 잡는다. 별은 먼저 수소를 연료로 핵융합 반응을 일으켜 빛을 내면서 점점 어른 별로 변해간다. 수소를 핵융합하고 나면 헬륨이 만들어지는데, 이것이 별의 중심부에 쌓이면 온도가 더욱 높아진다. 이제 별의 중심부에서는 헬륨 핵융합 반응이 일어나 좀 더 무거운 탄소나 산소와 같은 원소를 만들어낸다.

① 별 내부의 팽창하려는 힘과 중력에 의해 수출하려는 힘이 균형을 이뤄야 안정된 별이 된다.
② 태양과 비슷한 질량의 별이 수명을 다하면 블랙홀이 생성된다.
③ 수명을 다한 별로 인해 철과 금과 같은 원소가 생성된다.
④ 성운의 어느 한 곳의 밀도가 높아지면, 중심부가 수축하며 온도가 올라가 핵융합 반응을 일으키며 별이 만들어진다.
⑤ 핵융합 반응은 성운 중심부의 온도가 1,000만 도에 이르는 경우에 일어난다.

26 다음 글의 내용이 모두 참일 때, 반드시 거짓인 것은?

> 정치와 사회를 설명하는 한 방식으로 '엘리트 이론'이라는 것이 있다. 이 이론은 권력이란 한 사회 안에서 중요한 의사 결정을 하는 소수의 사람 내지 집단에게 집중된다는 것을 전제로 삼는다. 어느 사회이든지 일부 개인이 다른 개인들보다 더 우월한 지위에 있으며, 특정 집단이 다른 집단보다 더 큰 사회·정치적 영향력을 행사한다는 것이다. 서구 사상에서 엘리트 이론의 역사적 기원은 플라톤까지 거슬러 올라간다. 플라톤은 <국가>에서 폴리스의 통치자로 철인왕(哲人王)과 수호 계급을 상정했다. 수호 계급은 귀족 엘리트 집단으로, 훈련과 출신 배경에 의해 폴리스의 미래 통치자로 적격이라고 인정되는 사람들로 구성된다. 플라톤은 민주정에 그다지 호의적이지 않았는데, 그가 보기에 정치 공동체 내의 다수 세력인 비엘리트인은 본성상 정치적 임무를 수행할 자격과 능력이 결여된 자들이기 때문이었다.
>
> 이와 비슷한 시각이 시대를 건너뛰어 현대 엘리트 이론의 선구자들에게서도 나타난다. 이들 중 대표적인 사람이 이탈리아의 엘리트 이론가인 파레토와 모스카이다. 파레토는 엘리트를 자신들의 활동 영역에서 최상의 지표를 지닌 사람들의 계급으로 정의한다. 그는 이 계급을 다시 통치 엘리트와 비통치 엘리트로 구분하지만, 중요한 것은 엘리트 계급이 특권 세력으로서 한 사회의 지배자에 속하며, 역사는 바로 이 엘리트 계급의 부침(浮沈)으로 설명된다는 점이다. 모스카 역시 엘리트를 탁월한 위치를 점하고 있는 사람들로 규정한다. 그에 따르면, 저발전 사회에서 가장 선진화된 사회에 이르기까지 모든 사회는 두 개의 계급, 즉 지배 계급과 피지배 계급으로 구성된다. 지배 계급은 수적으로는 열세이지만 권력을 독점하는 위치에서 사회의 정치적 기능을 전담하며 이로부터 나오는 여러 가지 이점을 누린다. 반면에 피지배 계급은 다수 세력임에도 불구하고 지배 계급에 의해 법적으로 지휘 및 통제를 받는다. 나아가서 모스카는 이러한 계급 구분에 기초하여, 민주주의란 존재하지 않기 때문에 민주주의를 정치 체계의 분류 도식에 편입시킬 필요가 없다는 주장까지 피력한다. 모든 지배 계급은 대중에게 광범위한 호소력을 갖는 정치적 신조 또는 보편적 도덕원리에 대한 호소를 통해 자신의 지배를 정당화하기 때문이다. 엘리트 계급은 피지배 계급보다 잘 조직되어 있을 뿐만 아니라, 스스로에게 물질적, 지적, 심지어 도덕적 우위성까지 부여하는 자질 또한 갖고 있다는 것이다.

① 엘리트 이론의 전제는 사회의 권력이 일부에게 집중된다는 것이다.
② 플라톤은 대중이 주도하는 민주주의에 대해 부정적이다.
③ 엘리트 이론은 엘리트 계급이 선천적으로 우월하며 이들의 지배가 불가피하다고 본다.
④ 현대 엘리트 이론과 플라톤의 엘리트 이론의 민주주의에 대한 시각은 판이하게 다르다.
⑤ 파레토는 역사가 엘리트 계급을 중심으로 설명된다고 하였다.

27 다음 글의 논지를 약화시키는 진술로 가장 타당한 것은?

> 인간의 의식을 이해하려면 인간이 세계 속에서 세계에 반응하며 삶을 영위하는 방식을 알아야 한다. 의식을 이해하기 위해서는 이처럼 뇌보다 더 큰 체계의 수준에서 고찰할 필요가 있는 것이다. 의식은 뇌 안에서 생성되는 것이 아니다. 그것은 우리가 주변의 세계와 역동적으로 상호작용하는 동안 만들어진다. 다시 말해, 의식은 뇌와 몸과 외부 세계의 상호작용을 요구한다는 것이다. 의식은 이렇게 환경의 맥락 안에 있는 동물의 활동으로 이루어진 산물이다. 뇌는 의식의 주체가 아니다. 달리 표현하자면, 당신은 당신의 뇌가 아니다. 뇌는 당신의 일부에 지나지 않는다. 물론 뇌가 필요하다는 것, 뇌의 특성이 의식에 영향을 미친다는 것은 부인할 수 없다. 그러나 뇌만으로 의식이 생기는 것은 아니다.
>
> 의식이 뇌 안에서 생겨나는 것이라면, 실험용 접시나 플라스틱 통 속에 의식을 가진 뇌를 담는 일이 최소한 원리적으로 가능해야 한다. 그러나 이것은 얼마나 터무니없는 생각인가? 만일 통에 담긴 뇌가 의식을 가지고 있다면, 그 통은 뇌에 대사활동에 필요한 영양을 공급하는 장치와 더불어 노폐물을 배출하는 장치를 갖추고 있을 것이다. 우리 몸이 하는 것처럼 뇌로 보내는 자극을 통제할 수 있으려면 그 통은 아주 세련되고 다양한 기능들을 갖추고 있어야 한다. 이 실험의 세부 사항들을 충분히 생각해 본다면, 그런 통은 살아 있는 몸과 비슷한 어떤 것이 되어야 한다는 사실이 분명해진다. 결국 이를 통해 우리는 의식의 자리가 생리적인 뇌의 범위를 넘어서까지 펼쳐져 있다는 것과 우리처럼 몸을 갖고 주변 환경과 상호작용하면서 살아가는 동물에게만 의식이 있을 수 있다는 사실을 깨닫게 된다.

① 어떤 사람의 신체 구조를 살피는 것은 그 사람의 의식을 이해하는 데 도움이 되지 않는다.
② 뇌를 다른 몸에 이식하는 수술이 성공하더라도 이식된 뇌가 이식 전과 동일한 의식으로 작동하지는 않는다.
③ 뇌 영상을 통해 뇌의 활성화 양상을 관찰하는 것만으로 어떠한 인식이 일어나고 있는지 확실하게 알 수 있다.
④ 통 속의 뇌에 충분한 영양이 공급되더라도 외부와 정보를 교류할 수 있는 장치가 없다면 의식이 나타나지 않는다.
⑤ 의식을 가진 뇌를 실험용 접시에 담는 경우, 이 접시가 세련되고 다양한 기능을 갖추고 있을수록 의식이 원활하게 일어난다.

28 다음 글에서 추론할 수 있는 것은?

> 우리 민법은 명예 훼손으로 인한 피해를 구제 받기 위해 손해배상과 같은 금전적인 구제와 아울러 비금전적인 구제를 청구할 수 있다고 규정하고 있다. 이러한 비금전적인 구제 방식의 하나가 '반론권'이다. 반론권은 언론의 보도로 피해를 입었다고 주장하는 당사자가 문제가 된 언론 보도 내용 중 순수한 의견이 아닌 사실적 주장(사실에 관한 보도 내용)에 대해 해당 언론사를 상대로 지면이나 방송으로 반박할 수 있는 권리이다. 반론권은 일반적으로 반론 보도를 통해 실현되는데, 이는 정정 보도나 추후 보도와는 다르다. 정정 보도는 보도 내용이 사실과 달라 잘못된 사실을 바로잡는 것이며, 추후 보도는 형사상의 조치를 받은 것으로 보도된 당사자의 무혐의나 무죄 판결에 대한 내용을 보도해 주는 것이다. 반론권 청구는 언론중재위원회 또는 법원에 할 수 있으며, 두 기관에 동시에 신청할 수도 있다.
>
> 반론권 제도는 세계적으로 약 30개 국가에서 시행되고 있는데, 우리나라의 반론권 제도는 의견에도 반론권을 적용하는 프랑스식 모델이 아닌 사실적 주장에 대해서만 반론권을 부여하는 독일식 모델을 따르고 있다. 우리나라 반론권 제도의 특징은 정부가 반론권 제도를 도입하면서 이를 언론중재위원회를 통하여 행사하도록 했다는 것이다. 반론권 도입 당시 우리 정부는 언론중재위원회를 통한 반론권 행사가 언론에는 신뢰도 하락과 같은 부담을 주지 않고, 개인에게는 신속히 피해를 구제 받을 기회를 주기 때문에 효율적이라고 주장하였다. 이에 대해 언론사와 일부 학자들은 법정 기구인 언론중재위원회를 통해 반론권을 행사하도록 하는 것이 언론의 편집 및 편성권을 침해하여 궁극적으로 언론 자유의 본질을 훼손할 수 있다는 우려를 나타냈다. 그러나 헌법재판소는 반론권 존립 여부에 대해 판단하면서, 반론권은 잘못된 사실을 진실에 맞게 수정하는 권리가 아니라 피해를 입은 자가 문제가 되는 기사에 대해 자신의 주장을 게재하는 권리로서 합헌적인 구제 장치라고 보았다. 또한 대법원은 반론권 제도를 이른바 무기대등원칙(武器對等原則)에 부합하는 것으로 판단하였다. 즉 사회적 강자인 언론을 대상으로 일반인이 동등한 공격과 방어를 할 수 있도록 균형 유지 수단을 제공하는 것이므로 정당하다는 것이다.

① 반론권은 언론 보도로 인해 입은 피해에 대한 비금전적 보상은 포함하지 않는다.
② 사실적 주장에 대해 반론권을 부여하는 제도는 전 세계 약 30개 국가에서 시행되고 있다.
③ 대법원이 반론권의 정당성을 인정한 데는 언론을 사회적 강자로 보는 시선이 전제되어 있다.
④ 정정 보도나 추후 보도는 반론 보도와는 달리 언론사에 직접 신청하여야 한다.
⑤ 반론권 도입 당시 정부는 언론의 자유보다는 개인의 권리에 방점을 두었다고 볼 수 있다.

29 다음 글의 A씨의 주장에 대해 반박한 것으로 가장 적절한 것은?

> 최근 들어 중국발 미세먼지가 기승을 부리고 있다. 이에 정부에서는 미세먼지 비상저감조치를 실시하였다. 공무원 차량 2부제를 실시하고, 국민들의 자발적인 차량 2부제 참여를 권유하고 있다. 또한 출퇴근 시간인 오전 6~9시, 오후 6~9시 시간대에 서울시 대중교통 이용요금을 무료화하면서 시민들이 자동차를 몰고 나오기보다는 대중교통을 이용하도록 유도하였다. 하지만 이를 통한 효과가 미미하자 더 강한 조치를 취해야 한다는 입장이 제시되고 있다. 인터뷰를 진행한 A씨는 다음과 같이 말했다. "차량 2부제를 공무원한테만 적용하는 것은 효과가 적습니다. 공무원보다 일반 시민이 훨씬 더 많은데, 모든 국민들에게 차량 2부제 실시를 강제해야 합니다. 대중교통 이용요금을 무료화하는 것도 서울 지역에만 한정짓는 것은 공평하지 않습니다. 경기도와 서울 사이에서 운행하는 대중교통은 해당되지 않을뿐더러 서울 이외의 지역도 미세먼지 피해는 같고, 똑같이 미세먼지를 줄여야 하는데, 서울시만 대중교통 이용요금을 무료화하는 것은 정당한 조치가 아닙니다." 인터뷰를 통해 알 수 있듯이 미세먼지 비상저감조치에는 보완해야 할 점들이 꽤 많아 보인다.

① 대중교통 이용요금 무료화 조치를 전국으로 확산하여 실시해야 한다.
② 차량 2부제를 강요하여 강제화한다면 시민들의 자유를 억압할 수 있다.
③ 공무원들은 더욱더 철저히 차량 2부제를 준수해야 한다.
④ 출퇴근시간 이외의 시간에도 대중교통 이용요금을 무료화해야 한다.
⑤ 미세먼지가 심할 경우 경기도와 서울 사이에서 운행하는 대중교통도 출퇴근 시간만이라도 이용요금을 무료화해야 한다.

30 다음 글의 주장에 대한 반론으로 가장 적절한 것은?

> 영국 사회에서는 표준 영어가 여타 비표준 영어에 비해 우월한 위치에 있으므로 이를 익혀 쓰려는 국민의 노력도 유난하다. 다시 말하면 분야와 직종에 따라서는 표준 영어를 하지 못하면 출세에 지장이 있기 때문에 본래 지역 방언을 쓰던 사람도 앞다투어 표준말, 특히 표준 발음을 배워 쓰는 데 힘을 기울인다. 런던 중심가에 영국인을 대상으로 표준 영어 발음을 가르치는 학원이 오늘날에도 있다는 사실에서 우리는 영국 표준말의 위치가 어떠한가를 알 수 있다. 실제로 영국 사회에서 심한 사투리 발음을 하는 사람은 백화점의 점원으로 취직하는 데도 어려움을 겪는다. 방언에 비해 표준말의 위치와 권위가 높으면 높을수록 전국적인 보급도 용이하며, 또한 그만큼 언어의 통일과 능률을 기대할 수 있음을 영어의 경우에서 확인할 수 있다. 따라서 비록 표준 영어가 지닌 독특한 권위에는 미치지 못한다고 하더라도 어느 나라에서든 표준말이 그 나라의 대표적인 언어 형태로서 다른 방언에 비해 우월한 위치에 있어야 함은 두말할 필요가 없다.

① 표준어 선정 기준에는 항상 논란이 뒤따를 수밖에 없다.
② 영국은 계층적 방언이 발달한 나라이므로 표준말로 통일되기가 어렵다.
③ 표준 영어와 비표준 영어의 차이는 그 사용하는 방법과 계층적 다양성에 있다.
④ 영국이 계층 방언이 발달한 봉건국가라고 해도 여전히 열려 있는 사회이다.
⑤ 지역민 결속과 동일 계층 간 정서적 동질감을 고취시키는 방언은 표준말 못지않게 중요하다.

GSAT
삼성직무적성검사

◎MG 박문각

삼성 GSAT
봉투모의고사

제5회
모의고사

박문각

온라인모의고사

제1회 모의고사

실전 GSAT

제5회 모의고사

삼성직무적성검사	수리논리	20문항/30분
	추리	30문항/30분

수리논리 | 01 ~ 20번

01 정류장에 A와 B 버스가 정차해 있다. A버스는 9시 정각에 출발하고 1시간에 60km를 이동하며, B버스는 9시 10분에 출발하고 1시간에 90km를 이동한다. A버스와 B버스가 같은 경로를 이동한다고 할 때, B버스가 A버스를 앞지르게 되는 시간은 A버스가 출발하고 나서 몇 분 후인가?

① 26분 후 ② 27분 후
③ 28분 후 ④ 29분 후
⑤ 30분 후

02 A교수의 수학 퀴즈에서 20문제가 출제되었다. 기본점수는 40점으로 정답을 맞히면 8점을 더하고, 틀리면 2점을 빼며 답을 하지 않은 문제는 감점하지 않는다. 20문제 중 15문제에 답을 하여 80점을 받았다면 정답을 맞힌 문제의 개수는?

① 4개 ② 5개
③ 6개 ④ 7개
⑤ 8개

03 다음은 2017~2021년 '갑'국의 금융서비스 제공방식별 업무처리 건수 비중 현황에 대한 자료이다. 이에 대한 설명으로 옳지 않은 것은?

금융서비스 제공방식별 업무처리 건수 비중 현황

(단위: %)

구분	대면 거래	비대면 거래			합계
		CD/ATM	텔레뱅킹	인터넷 뱅킹	
2017년	13.6	38.0	12.2	36.2	100.0
2018년	13.8	39.5	13.1	33.6	100.0
2019년	13.7	39.3	12.6	34.4	100.0
2020년	13.6	39.8	12.4	34.2	100.0
2021년	12.2	39.1	12.4	36.3	100.0

① 2018년 대비 2021년 비대면 거래 비중은 1.5%p 이상 증가하였다.
② 2017년을 제외하고 2018년부터 대면 거래 건수는 매년 감소하고 있다.
③ 2017년부터 2021년까지 비대면 거래 중 업무처리 건수 비중이 가장 적은 금융서비스 제공방식은 텔레뱅킹이다.
④ 매년 전체 제공방식 업무처리 건수 중 CD/ATM의 건수가 가장 많다.
⑤ 2020년 대면 거래 업무처리와 CD/ATM 업무처리 비중의 합은 전체의 절반 이상이다.

04 다음은 A지역의 평균 월 급여와 급여별 근로자 수에 관한 자료이다. 이에 대한 설명으로 적절하지 않은 것은?

A지역의 평균 월 급여

(단위 : 만 원)

구분	2017년	2018년	2019년	2020년	2021년
남자	234	237	225	231	239
여자	189	195	201	208	213

A지역의 월급여액별 근로자 수

(단위 : 명)

구분		2017년	2018년	2019년	2020년	2021년
월 급여 200만 원 미만	계	3,123	3,031	2,951	2,831	2,759
	남자	1,892	1,850	1,889	1,783	1,729
	여자	1,231	1,181	1,062	1,048	1,030
월 급여 200만 원 이상	계	4,893	4,953	4,850	5,083	5,231
	남자	3,823	3,873	3,751	3,859	3,958
	여자	1,070	1,080	1,099	1,224	1,273

① 2021년 근로자 중 월 급여가 200만 원 이상인 근로자의 비율은 60% 이상이다.
② 전년 대비 2020년 월 급여가 200만 원 이상인 근로자 수의 증가율은 여자가 남자보다 높다.
③ 2017년부터 2021년까지 A지역 근로자의 평균 월 급여는 매해 남자가 여자보다 높다.
④ 2018년의 경우 월 급여 200만 원 미만의 근로자 중에서 남자가 차지하는 비율과 월 급여 200만 원 이상의 근로자 중에서 남자가 차지하는 비율이 모두 60% 이상이다.
⑤ 전년 대비 2019년 평균 월 급여가 남자는 감소하였고 여자는 증가하였으며, 월 급여 200만 원 미만인 근로자의 수도 남자는 감소하고 여자는 증가하였다.

05 다음은 스마트폰 중독에 관한 자료이다. 이에 대한 설명으로 옳지 않은 것은?

연령별 스마트폰 중독 진단 사례

구분	사례수(명)	고위험군(%)	잠재적위험군(%)	일반사용자군(%)
10~19세	2,410	3.3	25.9	70.8
20~29세	3,015	3.4	16.2	80.5
30~39세	3,463	1.7	9.6	88.7
40~49세	3,398	1.1	6.8	92.1
50~59세	2,136	0.8	4	95.2

직업별 스마트폰 중독 진단 사례

구분	사례수(명)	고위험군(%)	잠재적위험군(%)	일반사용자군(%)
전문/관리직	644	1.5	10.3	88.1
사무직	2,957	1.7	9.3	89.0
서비스/판매직	3,714	1.3	7.7	90.9
농/임/어업	100	1.5	5.8	92.7
생산관련직	1,060	1.1	10.6	88.3
전업주부	1,577	1.1	4.8	94.1
학생	1,308	3.2	17.3	79.5
무직	652	5.1	13.2	81.7

① 연령층이 낮을수록 스마트폰 중독의 잠재적위험군의 비율이 높다.
② 전업주부의 경우 잠재적위험군의 비율이 조사한 직업군 중에서 가장 낮다.
③ 직업별 조사 결과 중 잠재적위험군의 비율이 가장 높은 직업군은 일반사용자군의 비율이 가장 낮다.
④ 직업별 조사 결과 중 고위험군의 비율이 가장 높은 직업군은 일반사용자군의 비율이 가장 낮다.
⑤ 30세 미만은 30세 이상보다 상대적으로 일반사용자군의 비율이 낮다.

06 다음은 장기상영 중인 인기 뮤지컬 3편의 주요 관람객 수에 관한 자료이다. 이 자료를 통해 얻을 수 있는 정보로 옳지 않은 것은?

연도별 인기 뮤지컬 3편의 관람객 수

(단위: 천 명)

연도	C작품		J작품		H작품	
	남자	여자	남자	여자	남자	여자
2017년	654	530	758	490	531	545
2018년	670	501	780	513	557	531
2019년	678	487	801	527	592	518
2020년	637	453	823	569	603	498
2021년	621	423	859	587	609	478

연도별 인기 뮤지컬 3편의 30대 남자 관람객 수

(단위: 천 명)

연도	C작품	J작품	H작품
2017년	289	358	251
2018년	301	371	263
2019년	313	389	271
2020년	278	412	289
2021년	265	423	293

① 인기 뮤지컬 3편 중 매년 30대 남자 관람객 수가 가장 많은 뮤지컬은 J작품이다.
② 뮤지컬 C작품의 연도별 30대 남자 관람객 수 변화의 양상은 전체 남자 관람객 수 변화의 양상과 일치한다.
③ 2017년 대비 2020년 인기 뮤지컬 3편의 총 관람객 수는 증가하였다.
④ 매년 30대 남자 관람객 수가 계속하여 증가한 뮤지컬은 매년 여자 관람객 수도 증가하였다.
⑤ 인기 뮤지컬 3편의 총 30대 남자 관람객 수가 가장 많은 해에 뮤지컬 C작품의 남자 관람객 수는 전년 대비 감소하였다.

07 다음은 국내 7개 권역별 전국 대비 면적, 인구, 산업 생산액 비중 현황에 대한 자료이다. 이에 대한 설명으로 옳지 않은 것은?

국내 7개 권역별 전국 대비 면적, 인구, 산업 생산액 비중

(단위 : %)

구분	면적 비중	인구 비중	총생산액 비중	농업·임업·어업 생산액 비중	제조업 생산액 비중
수도권	11.8	49.2	47.8	12.3	31.7
충청권	16.6	10.2	11.9	18.4	17.3
호남권	20.7	10.4	10.1	26.4	11.3
동남권	12.4	15.8	17.1	14.9	24.6
대경권	20.0	10.3	9.7	15.4	14.1
강원권	16.7	3.0	2.5	6.0	0.9
제주권	1.8	1.1	0.9	6.6	0.1

※ 전국을 100으로 했을 때 각 권역의 비중을 나타냄

① 제주권의 총생산액은 강원권의 총생산액보다 적다.
② 면적 대비 총생산액이 두 번째로 큰 권역은 동남권이다.
③ 면적 대비 농업·임업·어업 생산액이 가장 큰 권역은 제주권이다.
④ 인구 대비 제조업 생산액이 가장 큰 권역은 동남권이다.
⑤ 충청권의 면적, 인구, 총생산액, 제조업 생산액 비중은 모두 제주권보다 높다.

08 ○○환경관리과에 근무하는 A씨는 상사로부터 최근 소음 발생원별 민원건수를 정리하여 보고하라는 지시를 받았다. 이에 대한 설명으로 옳지 않은 것은?

소음 발생원별 민원건수 현황

(단위 : %)

구분	공장	건설작업	교통	심야영업	항공	생활	기타
2018년	34.0	27.0	14.3	8.2	5.6	4.8	6.1
2019년	35.6	22.3	12.7	12.6	7.2	3.5	6.1
2020년	36.0	17.6	10.5	18.4	8.1	3.6	5.8
2021년	38.1	14.0	7.1	23.0	9.2	2.7	5.9

① 소음 민원건수에서 공장 소음 민원건수가 차지하는 비율은 지속적으로 증가했다.
② 2020년 심야영업 소음 민원건수 비율은 2년 전에 비해 2배 이상 증가하였다.
③ 2020년과 2021년 소음 발생원별 민원건수 비율이 높은 순서는 세 번째까지 동일하다.
④ 조사기간 동안 건설작업 소음과 항공 소음 민원건수 비율은 동일한 증감 추이를 보인다.
⑤ 2021년 생활 소음 민원건수와 교통 소음 민원건수의 비율 차이는 2018년에 비해 감소하였다.

09 다음은 어느 지역의 연도별 강도 및 절도 범죄 발생과 검거에 관한 자료이다. 이에 대한 설명으로 옳은 것은?

연도별 강도 및 절도 범죄 발생건수와 검거건수

(단위 : 건)

구분		2016년	2017년	2018년	2019년	2020년	2021년
강도	발생	229	239	224	214	245	217
	검거	190	196	201	168	208	167
절도	발생	7,303	7,590	7,369	7,869	6,527	7,936
	검거	2,880	3,687	5,275	4,827	3,384	3,393

※ 검거율 = $\frac{검거건수}{발생건수} \times 100$

① 절도사건의 검거율이 가장 낮았던 해는 2019년이다.
② 강도사건의 검거율이 가장 높았던 해는 2017년이다.
③ 절도사건이 가장 많이 일어난 해에는 강도사건이 가장 적게 검거되었다.
④ 강도사건이 가장 많이 일어난 해에는 절도사건이 가장 적게 검거되었다.
⑤ 절도사건의 발생건수는 계속 늘어나고 있는 추세이다.

10 다음은 외국인 직접투자의 투자건수 비율과 투자금액 비율을 투자규모별로 나타낸 자료이다. 이에 대한 설명으로 옳은 것은?

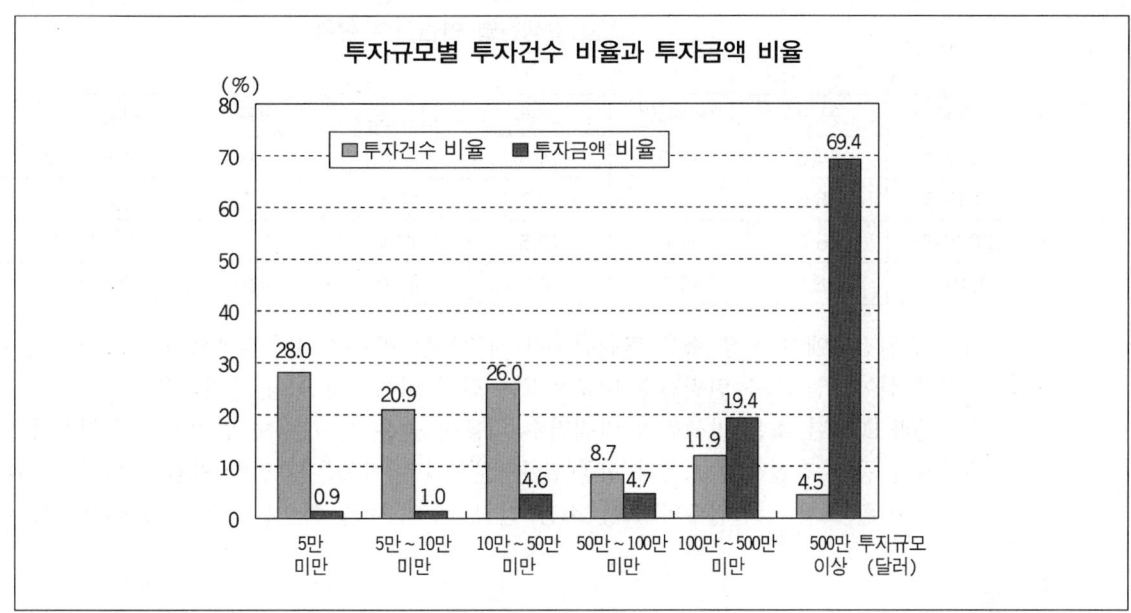

① 투자규모 10만 달러 이상의 투자금액 비율은 89.1%이다.
② 투자규모 10만 달러 이상의 투자건수 비율보다 10만 달러 미만의 투자건수 비율이 높다.
③ 투자건수 비율이 가장 높은 투자규모는 5만 달러 미만이고 가장 낮은 투자규모는 500만 달러 이상이다.
④ 투자규모가 커질수록 투자금액 비율은 낮아진다.
⑤ 투자금액 비율이 가장 낮은 투자규모는 5만~10만 달러 미만이다.

[11~12] 다음은 A시의 총인구와 인구성장률에 관한 자료이다. 이를 보고 이어지는 물음에 답하시오.

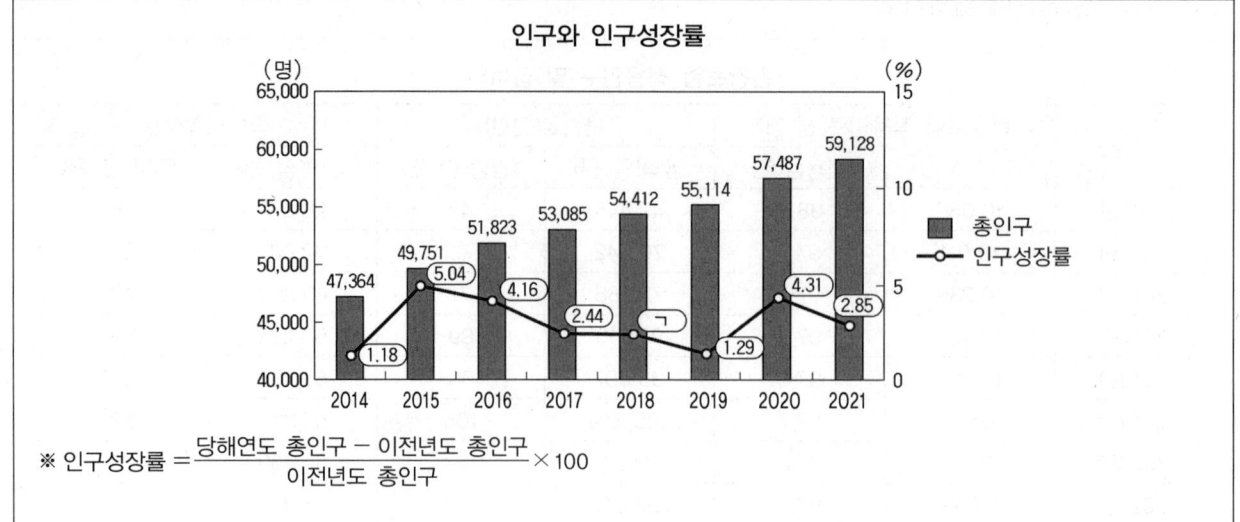

※ 인구성장률 = (당해연도 총인구 − 이전년도 총인구) / 이전년도 총인구 × 100

인구성장 구성요인

연도 \ 구분	출생(천 명)	사망(천 명)	자연증가율(명)
2014년	652	225	8.9
2015년	718	226	9.8
2016년	637	229	7.8
2017년	434	238	3.6
2018년	469	269	4.1
2019년	483	292	4.1
2020년	593	301	6.2
2021년	466	262	3.7

※ 자연증가율 = 인구 1천 명당 자연증가수

11 위 자료에 대한 설명으로 옳지 않은 것은?

① 출생자가 가장 많은 연도에 인구성장률이 가장 높다.
② 사망자가 두 번째로 많은 연도는 인구성장률이 두 번째로 낮다.
③ 총인구는 매해 1.5% 이상 꾸준히 증가하였다.
④ 출생자 수가 전년 대비 가장 많이 증가 또는 감소한 해는 2017년이다.
⑤ 출생자가 가장 적은 연도의 자연증가율은 가장 낮다.

12 다음 중 그래프의 (ㄱ)에 들어갈 수치는 얼마인가? (단, 소수점 셋째 자리에서 반올림한다.)

① 2.44　　② 2.47
③ 2.50　　④ 2.83
⑤ 3.05

[13~14] 다음은 건강보험 납부 대상자를 대상으로 건강보험 및 건강보험료 부담에 대해 조사한 자료이다. 이를 보고 이어지는 물음에 답하시오.

건강보험 적용인구 및 급여비

구분	건강보험 적용인구(천 명)		보험료(연간)		급여비(연간)	
		적용률(%)	금액(억 원)	1인당(만 원)	금액(억 원)	1인당(만 원)
2011년	10,036	98.3	42,445	42	28,279	28
2015년	10,011	97.7	70,342	70	42,041	42
2016년	10,235	97.7	72,566	71	49,208	48
2017년	10,257	97.7	91,500	89	50,282	49
2018년	10,289	97.8	93,087	90	53,705	52
2019년	10,057	97.7	105,349	105	57,839	58
2020년	10,027	97.8	122,972	123	65,409	65
2021년	9,999	97.9	132,946	133	66,248	66

건강보험료 부담에 대한 인식(2021년)

- 부담 안됨 5.1%
- 보통 31.0%
- 부담됨 63.8%

13 위 자료에 대한 설명으로 옳지 않은 것은?

① 건강보험료에 부담을 느끼는 납부자는 과반수를 넘는다.
② 인구 1인당 연간 보험료는 증가하고 있다.
③ 2015년 이후 연간 급여비 증가액이 전년 대비 가장 큰 해는 2016년이다.
④ 2011년 대비 2015년의 연간 보험료 증가율은 65% 이상이다.
⑤ 2011년 대비 2021년의 연간 보험료 증가율은 급여비 증가율보다 높다.

14 2011년과 비교해 2021년도의 보험료 증가율은 같은 기간 급여비 증가율의 약 몇 배인가? (단, 소수점 둘째 자리에서 반올림한다.)

① 3.6배
② 3배
③ 2.5배
④ 2.1배
⑤ 1.6배

[15~16] 다음은 A지역의 초·중·고등학교 학생 중 외국으로 유학을 간 학생 수를 나타낸 자료이다. 이를 보고 이어지는 물음에 답하시오.

외국으로 유학을 간 학생 수

(단위 : 명)

연도	총 유학생 수			학생 만 명당 유학생 수		
	초등학교	중학교	고등학교	초등학교	중학교	고등학교
2011년	235	1,200	824	0.6	4.8	3.8
2012년	341	1,743	1,489	0.9	7.3	6.6
2013년	241	978	2,055	0.6	4.5	8.8
2014년	212	473	877	0.6	2.4	3.8
2015년	432	709	698	1.1	3.7	3.1
2016년	705	1,799	1,893	1.8	9.7	9.1
2017년	2,107	3,171	2,666	5.2	17.3	13.9
2018년	3,464	3,301	3,367	8.4	17.9	18.8
2019년	4,052	3,674	2,772	9.7	19.8	15.7
2020년	6,276	5,568	4,602	15.2	28.8	26.3
2021년	8,148	6,670	5,582	20.3	33.2	31.7

15 위 자료에 대한 설명으로 옳지 않은 것은?

① 2021년에는 유학생 중 중학생이 고등학생보다 많다.
② 고등학교 학생 중 외국으로 유학을 간 학생의 비율은 2015년 최저치를 나타냈다.
③ 2014년 이후 초등학교 학생 중 외국으로 유학을 간 학생의 숫자는 지속적으로 증가하고 있다.
④ 중학생을 기준으로 유학생 수가 가장 적은 해에, 고등학생 유학생 수도 가장 적다.
⑤ 2016년 이전 중학교 학생 중 외국으로 유학을 간 학생의 비율은 2014년 최저치를 나타냈다.

16 2016년에 초등학생 중 외국으로 유학을 간 학생의 비율은?

① 1.1% ② 0.18%
③ 0.018% ④ 0.011%
⑤ 0.05%

17 다음은 연령별·학력별·소득별로 시간사용에 대한 만족도를 조사한 자료이다. 다음 중 시간사용에 대한 만족도가 '그저 그렇다'인 사람들의 비율을 연령별로 나타낸 그래프로 옳은 것은?

연령별·학력별·소득별 시간사용 만족도

(단위: %)

구분		시간사용 만족도				
		매우 만족	만족	그저 그렇다	불만족	매우 불만족
연령별	10대	2.4	31.5	50.3	13.9	1.9
	20대	1.4	25.9	51.6	18.5	2.6
	30대	1.1	28.1	51.5	16.6	2.7
	40대	1.5	30.3	49.6	16.9	1.7
	50세 이상	2	31.9	50	14.1	2
학력별	초졸 이하	2.5	33.4	49.8	12.7	1.6
	중졸	1.5	28.1	52.5	15.6	2.3
	고졸	1.5	28.1	51.5	16.5	2.4
	대졸	1.4	31.8	49.2	15.6	2
	대학원 이상	1.9	42.9	44.2	9.8	1.2
월소득별	100만 원 미만	1.8	30.2	50.4	15.2	2.4
	100~200만 원 미만	1.6	27.1	52.4	16.9	2
	200~300만 원 미만	1.2	32.3	50.2	14.7	1.6
	300~400만 원 미만	1.5	32.6	50.6	13.3	2
	400~500만 원 미만	2.7	39	45.2	12.8	0.3

①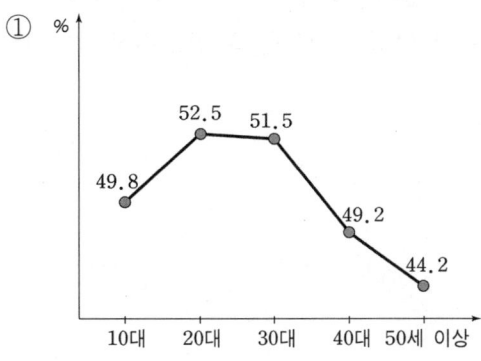

②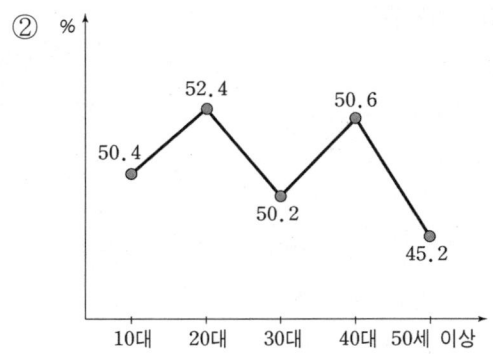

③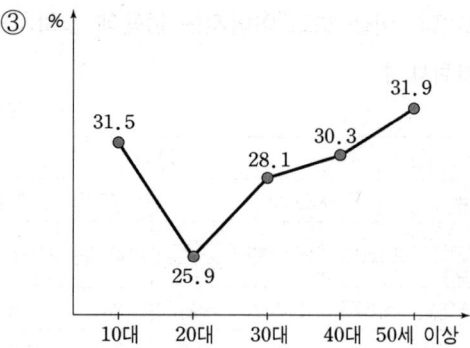

④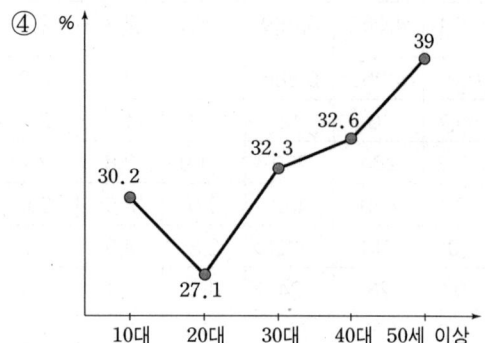

⑤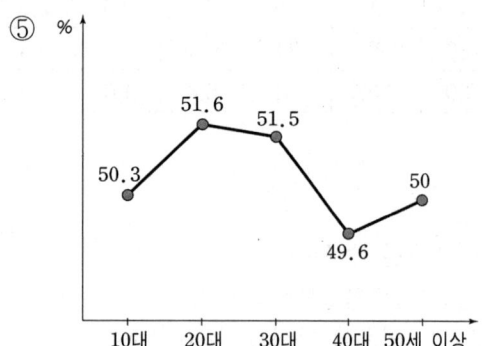

[18~19] 다음은 산업별 국내외 자회사 수를 나타낸 자료이다. 이를 보고 이어지는 물음에 답하시오.

산업별 국내외 자회사 수

(단위: 개, %)

산업 대분류	국내						국외					
	자회사 수			1기업당 자회사 수			자회사 수			1기업당 자회사 수		
	2020년	2021년	증감률	2020년	2021년	증감	2020년	2021년	증감률	2020년	2021년	증감
전 산업	6,904	6,726	-2.6	2.5	2.4	-0.1	5,575	5,427	-2.7	2.3	2.3	0.0
농림어업	15	15	0.0	1.9	1.9	0.0	12	12	0.0	2.0	2.4	0.4
광업·제조업	3,316	3,123	-5.8	2.2	2.1	-0.1	4,057	3,889	-4.1	2.3	2.2	-0.1
제조업	3,314	3,120	-5.9	2.2	2.2	0.0	4,055	3,886	-4.2	2.3	2.2	-0.1
전기가스업	54	47	-13.0	3.6	2.9	-0.7	10	12	20.0	1.7	2.0	0.3
건설업	723	684	-5.4	3.3	3.1	-0.2	264	259	-1.9	2.8	2.9	0.1
도소매업	620	640	3.2	2.6	2.5	-0.1	429	442	3.0	2.9	3.0	0.1
운수업	315	327	3.8	2.8	2.8	0.0	213	218	2.3	4.3	4.5	0.2
숙박·음식점업	68	74	8.8	2.3	2.2	-0.1	23	24	4.3	1.4	1.6	0.2
출판영상통신업	900	878	-2.4	3.0	2.8	-0.2	299	277	-7.4	2.2	2.1	-0.1
금융보험업	290	280	-3.4	4.1	3.4	-0.7	107	121	13.1	2.9	2.8	-0.1
부동산업·임대업	96	101	5.2	2.5	2.5	0.0	21	24	14.3	1.5	1.4	-0.1
서비스업	507	557	9.9	2.3	2.3	0.0	140	149	6.4	1.6	1.8	0.2

18 위 자료에 대한 설명으로 옳지 않은 것은?

① 1기업당 국외 자회사 수는 2020년과 2021년이 비슷한 수준이다.
② 2021년 국외 자회사 수가 두 번째로 많은 업종은 출판영상통신업이다.
③ 2021년에는 전년에 비해 국외 자회사 수가 증가한 업종이 자회사 수가 감소한 업종보다 많다.
④ 2021년에 전년 대비 국외 자회사 수에서 가장 큰 증가율을 보인 업종은 전기가스업이다.
⑤ 2021년에는 전년에 비해 국내 자회사 수와 1기업당 국내의 자회사 수가 모두 감소하였다.

19 2021년에 전년 대비 국내 자회사 수가 가장 크게 증가한 업종과 가장 크게 감소한 업종의 증감률 차이는?

① 9.9%p
② 15.8%p
③ 18.9%p
④ 22.9%p
⑤ 28.5%p

20 다음은 2011~2021년 주요 주류 수입액을 나타낸 자료이다. 이에 대한 〈보기〉의 설명 중 옳은 것을 모두 고르면?

최근 10년간 주요 주류 수입액

(단위: 백만 달러)

연도 품목	2011년	2012년	2013년	2014년	2015년	2016년	2017년	2018년	2019년	2020년	2021년
위스키	250	214	229	226	270	259	195	231	225	206	185
포도주	46	58	68	89	150	167	112	113	132	147	172
맥주	14	15	17	21	31	39	37	44	58	74	90
기타 주류	101	93	118	141	160	200	161	208	263	293	268
합계	411	379	431	476	612	665	505	595	679	720	715

┌ 보기 ┐
㉠ 위스키의 수입액은 2015년 이후로 계속 감소하고 있다.
㉡ 포도주의 수입액은 2016년 최대치를 기록한 후 서서히 감소하고 있다.
㉢ 2011년 대비 2021년 수입액이 가장 큰 비율로 증가한 주류는 맥주이다.
㉣ 2020년 대비 2021년 포도주 수입액 증가율은 15% 이상이다.

① ㉠, ㉢
② ㉡, ㉢
③ ㉢, ㉣
④ ㉠, ㉡, ㉣
⑤ ㉡, ㉢, ㉣

추리 | 01 ~ 30번

01 다음 결론이 반드시 참이 되게 하는 전제는?

전제	모든 수학자는 계산이 빠르다.
결론	어떤 수학자도 감성적인 사람이 아니다.

① 모든 감성적인 사람은 계산이 빠르지 않다.
② 어떤 감성적인 사람은 수학자가 아니다.
③ 어떤 수학자는 감성적인 사람이다.
④ 모든 계산이 빠른 사람은 감성적인 사람이다.
⑤ 어떤 계산이 빠른 사람은 감성적인 사람이 아니다.

02 다음 전제를 바탕으로 도출할 수 있는 결론은?

전제	모든 정치가는 거짓말쟁이다.
	어떤 거짓말쟁이는 사기꾼이다.
결론	

① 모든 정치가는 사기꾼이다.
② 모든 사기꾼은 정치가이다.
③ 어떤 정치가는 사기꾼이다.
④ 거짓말쟁이 중에는 정치가도 있고 사기꾼도 있다.
⑤ 어떤 정치가는 거짓말쟁이가 아니다.

03 다음 전제를 바탕으로 도출할 수 있는 결론은?

전제	산을 여행한 모든 사람은 강을 여행했다.
	산을 여행한 어떤 사람은 호수를 여행하지 않았다.
결론	

① 강을 여행한 모든 사람은 호수를 여행했다.
② 호수를 여행한 모든 사람은 강을 여행했다.
③ 강을 여행한 어떤 사람은 호수를 여행했다.
④ 강을 여행한 모든 사람은 호수를 여행하지 않았다.
⑤ 강을 여행한 어떤 사람은 호수를 여행하지 않았다.

04 A, B, C, D, E, F 6명은 다음 조건에 맞춰 발표 순서를 정하기로 하였다. 다음 조건에 따랐을 때, 항상 거짓인 것은?

- 두 번째 발표자는 D 또는 E이다.
- 세 번째 발표자는 A 또는 F이다.
- A는 B보다 먼저 발표하고, A와 B는 연이어 발표하지 않는다.
- C는 가장 처음 혹은 가장 마지막에 발표한다.
- E는 B보다 나중에 발표한다.

① C가 마지막에 발표하는 경우 첫 번째 발표자는 A가 된다.
② A가 첫 번째로 발표하면 B는 다섯 번째로 발표한다.
③ B와 F는 연이어 발표한다.
④ E는 다섯 번째 혹은 여섯 번째로 발표한다.
⑤ F는 A보다 늦게 발표한다.

05 3개의 방에 다음과 같은 안내문이 붙어 있다. 그중 2개의 방에는 보물과 괴물이 각각 들어 있고, 나머지 방은 비어 있다. 괴물이 들어 있는 방의 안내문은 거짓이며 3개의 안내문 중 단 하나만 참이라고 할 때, 가장 올바른 결론은?

- 방 A의 안내문: 방 B에는 괴물이 들어 있다.
- 방 B의 안내문: 이 방은 비어 있다.
- 방 C의 안내문: 이 방에는 보물이 들어 있다.

① 방 A에는 반드시 보물이 들어 있다.
② 방 B에 보물이 들어 있을 수 있다.
③ 괴물을 피하려면 방 B를 택하면 된다.
④ 방 C에는 반드시 괴물이 들어 있다.
⑤ 방 C에는 보물이 들어 있을 수 있다.

06 다음은 갑, 을, 병, 정, 무, 기 6명의 한 학기 동안의 독서량을 비교한 것이다. 이때 항상 참인 것은?

- 갑은 무보다 책을 많이 읽었다.
- 병은 기보다 책을 적게 읽었다.
- 을은 정보다 책을 적게 읽었지만, 갑보다는 많이 읽었다.
- 무는 기보다 책을 많이 읽었지만, 을보다는 적게 읽었다.

① 책을 가장 적게 읽은 사람은 병 또는 무이다.
② 무보다 책을 많이 읽은 사람은 2명이다.
③ 을보다 책을 많이 읽은 사람은 1명이다.
④ 병과 을 중에 누가 독서량이 많은지 알 수 없다.
⑤ 정과 기 중에 누가 독서량이 많은지 알 수 없다.

07 옷가게의 진열장에 옷 A, B, C, D가 다음과 같이 나란히 걸려 있을 때, 항상 참인 것은?

- 옷들의 색은 빨강, 노랑, 파랑, 초록이다.
- 파란색 옷은 왼쪽 끝에 걸려 있고, 오른쪽 끝에 걸린 옷은 C이다.
- D는 B의 바로 오른쪽에 있다.
- A는 초록색이 아니다.

① D가 A 바로 옆에 걸린 경우 B는 파란색이다.
② 왼쪽 끝에 걸린 옷은 B이다.
③ A는 D의 오른쪽에 걸려 있다.
④ A가 왼쪽 끝에 걸리지 않았다면 A는 빨간색이다.
⑤ D가 초록색이라면 C는 빨간색이다.

08 어느 회사의 개발팀에 A, B, C, D, E, F의 총 6명의 직원이 있다. 이들 가운데 반드시 4명의 직원으로만 팀을 구성하여 미국에서 열리는 세미나에 참석하라는 회사 지침이 내려졌다. 직원 중 E는 불가피한 사정으로 세미나에 참석할 수 없게 된 상황에서 다음 조건을 모두 충족시켜야만 한다면, 몇 개의 팀이 구성될 수 있겠는가?

1. A 또는 B는 반드시 참석해야 한다. 하지만 A, B가 함께 참석할 수 없다.
2. D 또는 E는 반드시 참석해야 한다. 하지만 D, E가 함께 참석할 수 없다.
3. 만약 C가 참석하지 않게 된다면 D도 참석할 수 없다.
4. 만약 B가 참석하지 않게 된다면 F도 참석할 수 없다.

① 0개 ② 1개
③ 2개 ④ 3개
⑤ 4개

09 한국, 미국, 캐나다, 헝가리, 중국이 쇼트트랙 세계선수권대회 남자 계주 결승전에 올랐다. 다음 내용이 참이라고 할 때, 항상 참인 것은?

- 결승전에서 금·은·동메달이 정해지며 그 뒤는 4, 5위이다.
- 탈락한 국가는 없었으며, 공동메달도 없다.
- 한국은 메달을 획득했다.
- 헝가리 선수가 결승선을 통과할 때, 뒤따라오는 선수는 2명이었다.
- 이번 시합에 출전한 아시아 국가는 모두 메달권에 들었다.

① 한국이 금메달을 따냈다.
② 캐나다 선수는 5위를 차지했다.
③ 헝가리 선수 앞뒤로 북미 선수들이 들어왔다.
④ 중국은 헝가리 선수 바로 앞에 들어왔다.
⑤ 은메달은 한국 또는 중국이 차지했다.

10 어느 대학의 취업지원실에서 실시한 모의시험에서 다섯 명의 지원자 A, B, C, D, E의 영어 성적과 적성검사 성적이 다음과 같을 때, 항상 거짓인 것은?

- A는 B보다는 영어 성적이 좋고, C보다는 적성검사 성적이 좋다.
- E는 D와 A보다는 적성검사 성적이 좋고, B보다는 영어 성적이 낮다.
- D는 B와 영어 성적이 같거나 좋지 않고, C보다는 적성검사 성적이 좋다.
- C는 D보다는 영어 성적이 좋고, B보다 적성검사 성적이 좋다.

① E는 D보다 영어 성적이 좋다.
② C는 A보다 영어 성적이 좋다.
③ B는 D보다 영어 성적이 좋다.
④ B는 D보다 적성검사 성적이 좋다.
⑤ A는 C보다 적성검사 성적이 좋다.

11 A, B, C, D, E, F의 여섯 나라가 있다. A국은 가능하면 다른 나라들을 침공하여 합병하고자 하지만 다음과 같은 제약이 있어 고민하고 있다. A국이 최대한으로 합병할 수 있는 나라(들)는?

- B국과 C국은 서로 적대적이어서 연합할 수 없다.
- C국과 F국은 서로 적대적이어서 연합할 수 없다.
- D국과 F국은 서로 적대적이어서 연합할 수 없다.
- 세 나라가 연합하여야 다른 나라를 침공할 수 있다.
- 다른 나라에 의해 침공받는 나라는 연합할 수 있는 나라가 있으면 최대한 연합하며, 두 나라가 연합할 경우 침공을 막을 수 있다.
- F국과 연합한 나라는 D국을 침공할 수 없다.
- E국은 중립국으로 어느 나라와도 연합하지 않고 또한 다른 나라가 침공할 수 없다.

① B ② F
③ B, F ④ C, F
⑤ D, F

12 ○○고등학교는 야구부는 근처 고등학교 야구부와의 친선경기에서 타자 A, B, C, D, E, F, G 7명의 타순을 정하려고 한다. 다음과 같은 조건에서 G를 다섯 번째, A를 여섯 번째 순서로 정했을 때, 항상 참인 것은?

- B는 G보다 앞 타순이다.
- F는 A보다 앞 타순이다.
- 만약 C가 2번 타자면 F는 3번 타자이다.
- C는 D 바로 앞 또는 바로 뒷 타순이다.

① C는 4번 타자이다.
② F는 2번 타자이다.
③ E는 7번 타자이다.
④ D가 1번 타자일 때, B가 4번 타자일 수 없다.
⑤ F는 3번 타자가 될 수 없다.

13 철학과 교수 7명(A, B, C, D, E, F, G)은 다음 조건에 따라 신학기 과목을 개설하려고 한다. 각 교수들의 강의 가능 과목이 〈보기〉와 같을 때, 항상 거짓인 것은?

- 학과장인 C는 한 과목만 강의할 수 있다.
- 학과장인 C는 일주일에 하루만 강의할 수 있다.
- 학과장 이외의 다른 교수들은 모두 두 과목씩 강의해야 한다.
- 윤리학과 논리학은 적어도 각각 두 강좌가 개설된다.
- 윤리학은 이틀에 나누어서 강의하며, 논리학도 마찬가지다.
- 윤리학과 논리학 이외에는 동일 과목이 동시에 개설될 수 없다.

┌ 보기 ┐
A : 논리학, 언어철학, 과학철학
B : 희랍철학, 근세철학, 윤리학
C : 과학철학, 논리학, 윤리학
D : 인식론, 논리학, 형이상학
E : 언어철학, 수리철학, 논리학
F : 인식론, 심리철학, 미학
G : 윤리학, 사회철학, 근세철학

① 학과장은 과학철학을 강의한다.
② 논리학은 최대 3개 강좌가 개설될 수 있다.
③ 인식론과 심리철학이 둘 다 개설될 수도 있다.
④ 형이상학이 개설되면 인식론은 개설될 수 없다.
⑤ 윤리학은 반드시 개설된다.

14 경식, 성재, 범진, 영호 4명은 같은 대학의 같은 학과에 재학 중이며 학년이 모두 다르다. 경식, 성재, 영호는 자신보다 높은 학년인 사람에 대해서는 참인 말을 했고, 자신보다 낮은 학년인 사람에 대해서는 거짓인 말을 했다고 진술하였다. 이때, 학년이 가장 높은 사람과 가장 낮은 사람을 순서대로 바르게 나열한 것은?

> 경식 : 성재의 학년은 두 번째로 높거나 가장 낮다.
> 성재 : 영호의 학년은 가장 높거나 가장 낮다.
> 영호 : 범진의 학년은 세 번째로 높다.

① 경식, 범진 ② 성재, 영호
③ 범진, 성재 ④ 범진, 경식
⑤ 영호, 범진

15 다음 제시된 도형에 적용된 규칙을 찾아 '?'에 해당하는 도형으로 가장 적절한 것을 고르면?

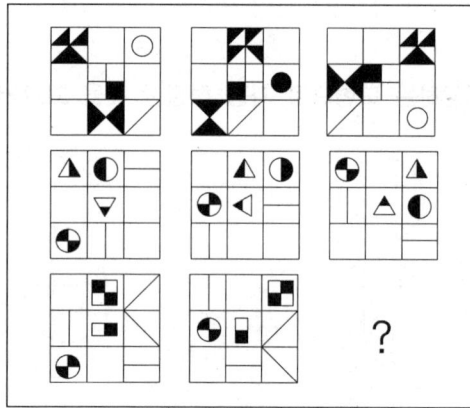

① 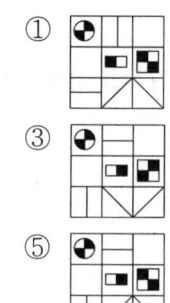 ②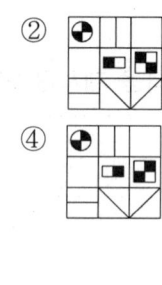

16 다음 제시된 도형에 적용된 규칙을 찾아 '?'에 해당하는 도형으로 가장 적절한 것을 고르면?

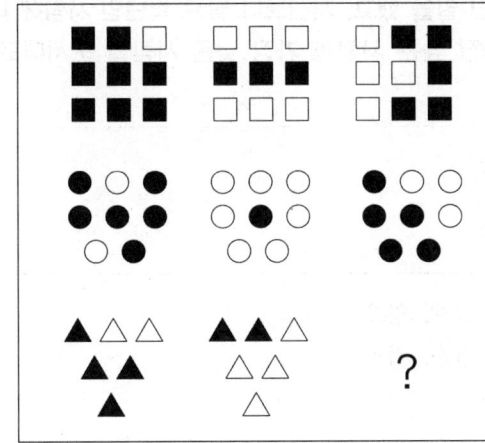

① ▲▲▲ / ▲▲ / ▲
② △△△ / △△ / △
③ △△△ / ▲▲ / ▲
④ △△△ / △▲ / ▲
⑤ △△▲ / ▲▲ / ▲

17 다음 제시된 도형에 적용된 규칙을 찾아 '?'에 해당하는 도형으로 가장 적절한 것을 고르면?

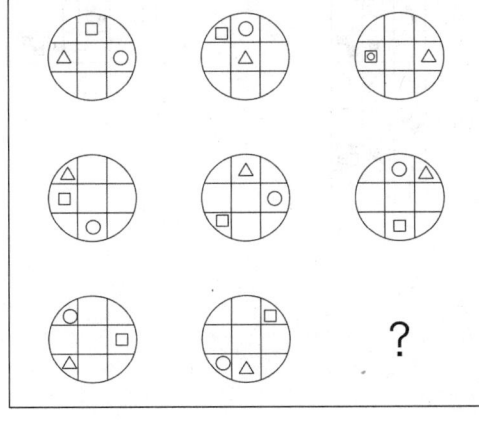

①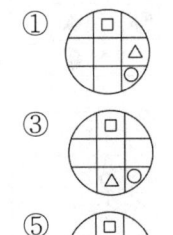
②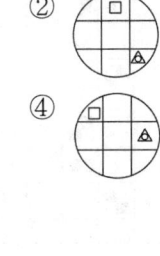
③
④
⑤

[18~21] 다음 도식에서 기호들은 일정한 규칙에 따라 문자나 숫자를 변화시킨다. '?'에 들어가기에 알맞은 것을 고르시오.

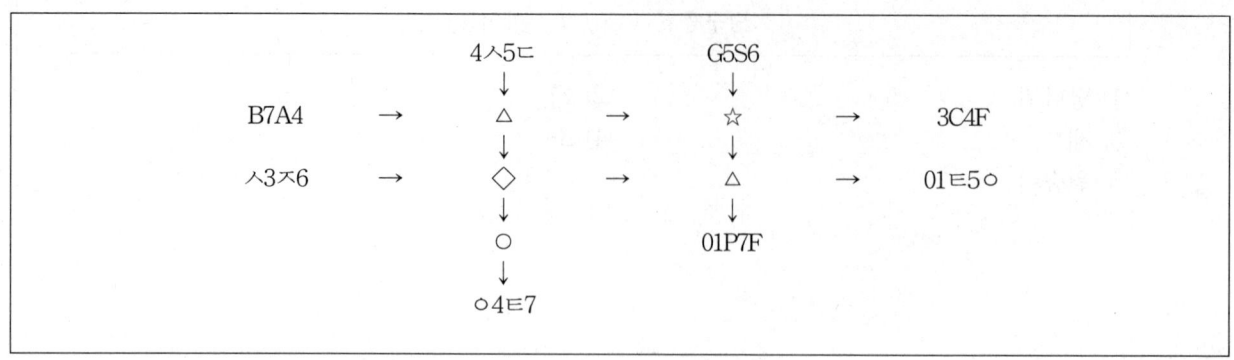

18

7245 → ☆ → △ → ?

① 8394 ② 8789
③ 6254 ④ 5489
⑤ 9146

19

BGㅅ6 → ◇ → △ → ?

① 7ㅅHK ② 8ㅈTP
③ 9ㅋVS ④ 01ㅊIC
⑤ 11ㅍHE

20

F4K6 → ☆ → ○ → ?

① H5K7 ② I3J9
③ N5K6 ④ L2M4
⑤ P6K7

21

MAIN → △ → ☆ → ◇ → ?

① NMAU ② MNUA
③ MKXO ④ KMOX
⑤ NIAM

22 두 단어와 같은 관계를 나타내도록 빈칸에 들어갈 단어로 알맞은 것을 고르면?

당구풍월 : (　　) = 마이동풍 : 말

① 당나귀
② 개
③ 새
④ 소
⑤ 원숭이

23 다음 단어 쌍 중 단어 간 관계가 나머지와 다른 하나는?
① 수반 - 동반
② 신장 - 수축
③ 박해 - 핍박
④ 작고 - 별세
⑤ 유념 - 주의

24 다음 글의 내용이 모두 참일 때, 반드시 거짓인 것은?

> 미국 맥도널드사의 대표 햄버거인 '빅맥'은 오늘날 거의 모든 나라의 사람들이 먹는 음식이 되었다. 이는 세계화의 확산을 단적으로 나타내는 현상이다. 오늘날 세계화의 양상은 크게 두 가지로 표현될 수 있다. 하나는 "모든 나라의 사람들은 빅맥을 먹는다."라는 것이고, 다른 하나는 "그렇다 하더라도 일부는 '김치'를 또한 먹고 있다."라는 것이다. 일부에서는 지구촌을 '빅맥 국가'와 '비(非) 빅맥 국가' 간의 대립 구조로 규정하려는 움직임도 있다. 하지만 이것은 매우 잘못된 생각이다. 중동 지역의 어느 한 나라는 빅맥 척도에 의하면 세계화가 상당히 진행되어 있지만 이 나라에는 반세계화 투쟁을 주창해 온 세력이 존재한다. 이 같은 양면성은 그 나라의 '김치'를 알아야만 제대로 이해할 수 있다. 하나로 통합되어 있는 것처럼 보이는 오늘날의 세계 시장에서도 완벽한 시장 원리의 작동은 보장되지 않는다. 우리나라와 같이 세계화에 앞선 국가에서도 때로는 세계화가 민족 감정을 자극하여 정치적 반발을 불러일으키기도 한다. 이는 세계화에서 '김치'의 중요성을 증명해 주는 것이다. 예를 들어, 1990년대 후반에 있었던 마이크로소프트사의 한글과컴퓨터사에 대한 투자 계획은 우리 국민들의 대대적인 반대에 의해 좌절되었다. 한국의 자본 시장은 일반적인 시장 원리가 적용되는 곳이지만 한국 사람들이 지키고자 했던 정체성은 이런 경제적 원리를 무력화시켰던 것이다. 한 나라의 세계화 과정을 "빅맥을 먹는다."라는 것으로 표현할 수 있으나 세계화 과정에서도 중요한 것은 "김치를 알아야 한다."는 것이다. 즉, 세계화가 진행되고 있는 환경 속에서도 특정 국가 혹은 지역 상황이 국제 사회에 미치는 영향력이 점점 커지고 있는 현실을 직시하여야 한다.

① 세계화가 고도로 진행되어도 지역주의는 여전히 남아있게 될 것이다.
② '빅맥'은 세계화의 확산을 상징하는 음식이다.
③ 한국의 자본 시장은 외환위기 이후 시장 원리가 완벽하게 작동하는 곳이 되었다.
④ 한 나라의 빅맥 척도와 실질적 세계화 진행 정도는 다를 수 있다.
⑤ 세계화 속에서도 한 국가의 특정 상황은 국제 사회에 큰 영향을 줄 수 있다.

25 다음 글의 내용이 모두 참일 때, 반드시 거짓인 것은?

> 조선 세종 대 오례(五禮) 운영의 특징은 더욱 완벽한 유교적 예악(禮樂) 이념에 접근하고자 노력하였다는 점이다. 이 시기에는 유교적 예악 이념을 근간으로 국가의 오례 운영을 심화시키는 과정에서 예제(禮制)와 음악, 즉 예악이 유교적 정치 질서를 이루는 중요한 요소라는 점이 인식되었고, 예제와 음악이 조화된 단계의 오례 운영이 모색되었다. 이에 따라 음악에 대한 정리가 시작되었는데, 음악 연구의 심화는 박연(朴堧)에 의한 음악서 편찬으로 이어졌다. 박연은 음악을 양성음과 음성음의 대응과 조화로 이해하였고, 이 같은 의견에 따라 이후 조선 시대 오례 의식에 사용되는 모든 음악은 양성음인 양률과 음성음인 음려의 화합으로 이루어지게 되었다. 음악에 대한 이해가 심화되면서 자주적인 악기 제조가 가능하게 되었으며, 악공(樂工)의 연주 수준이 크게 향상되었다. 한편 박연 이후에는 아악(雅樂)과 향악(鄕樂)의 문제가 제기되었다. 아악은 중국에서 들어온 음악으로 우리에게는 익숙하지 않은 음악이었다. 이 때문에 사람들이 평소에는 우리의 성음으로 이루어진 향악을 듣다가 오례 때에는 중국의 성음으로 이루어진 아악을 듣는 것에 대한 의문이 제기되었다. 이로 인해 오례에서는 당연히 아악을 연주해야 한다는 관행을 벗어나, 우리의 고유 음악인 향악을 유교의 예악과 어떻게 조화시킬 것인가에 관한 문제가 공론화되었다. 이후 여러 논의를 거치면서 오례 의식에서는 꼭 향악을 연주하게 되었다. 여기에서 더 나아가 향악에 대한 관심은 중국에서 유래된 아악과 우리 향악은 음운 체계가 근본적으로 다르다는 것을 인식하게끔 도왔다. 또한 보편적 음성이론에 의한 예악 운영에 따라 향악의 수준이 향상되는 결과도 얻었다.

① 조선 시대 사람들은 평소에 아악보다는 향악을 즐겨 들었다.
② 유교에서는 음악이 예제를 보조하는 수단으로 하는 예악의 조화를 추구하였다.
③ 오례 의식에서 연주된 아악에서는 양성음과 음성음의 조화를 엿볼 수 있었다.
④ 박연이 음악을 연구할 때에는 오례에서 아악을 연주하는 관행이 있었다.
⑤ 아악과 향악의 문제가 생긴 것은 아악의 성음 체계가 향악과 달랐기 때문이다.

26 다음 글에서 추론할 수 있는 것은?

> 미사일은 비행 방식에 따라 순항미사일과 탄도미사일로 구분된다. 순항(크루즈)미사일은 비행기처럼 소형 제트엔진을 달고 날개에서 생기는 양력을 이용하여 일정 비행경로를 따라 날아간다. 이러한 크루즈미사일은 대부분 레이더에 탐지되는 것을 피하기 위해 불과 몇 십 미터 이하의 낮은 고도로 날아간다. 이에 비해 스커드 같은 미사일은 일단 로켓을 점화하여 위로 솟구친 다음 포물선을 그리며 자유낙하하는데 날아가는 모양이 포탄의 궤적과 같다 하여 탄도(Ballistic)미사일이라고 부른다. 그리고 이 탄도 미사일 중에서도 사정거리가 5,500km가 넘는 것을 ICBM(대륙간탄도미사일, InterContinental Ballistic Missile)이라고 부른다. 적의 군사적, 경제적 기반을 공격하는 전략무기체제의 하나로 핵탄두를 장착하여 먼 거리에 있는 적의 시설을 공격한다. 전략 핵무기 중에서도 발사준비에 걸리는 시간이 짧고 위력적인 것이 대륙간탄도미사일의 특징이다. 전략 탄도미사일 중에서 사거리가 960~5,500km 정도로 ICBM보다 좁은 미사일은 '중거리탄도미사일(IRBM)'이라 한다. 잠수함에서 발사하는 미사일은 '잠수함발사탄도미사일(SLBM, Submarine-Launched Ballistic Missile)'이라 한다. 장거리 탄도미사일은 하늘 높이 솟구쳤다가 포물선을 그리면서 대기권에 재진입한다. 중력 가속도를 받으며 떨어지기 때문에 재진입할 때 종말 속도가 음속의 20배(마하 20)가 넘어 요격하기가 쉽지 않다. 이때 탄두에는 수천도의 고온이 발생하기 때문에 기술적으로 대기권 재진입이 마지막 관문이 된다. 서방 세계에서 북한의 재진입 기술 확보를 두고 전문가들 사이에 의견이 엇갈리는 것도 이러한 탄도미사일의 특성에 기인한다.

① 장거리 탄도미사일 요격이 쉽지 않은 것은 미사일의 궤적 특성 때문이다.
② 북한은 아직 장거리 탄도미사일의 대기권 재진입 기술을 확보하지 못한 것으로 확인됐다.
③ 순항미사일은 비행 거리를 늘리기 위해 비행 중간 단계에서는 수천 미터의 고도로 날아간다.
④ 대륙간탄도미사일은 사정거리가 12,000km 이상인 것을 말한다.
⑤ 중거리 탄도미사일의 경우 장거리 탄도미사일에 비해 사거리가 1,000km 이상 짧은 것이 대부분이다.

27 다음 글을 읽고 추론할 수 있는 것은?

공정무역은 직접 제품 생산에 기여한 이들이 가져야 할 몫을 다국적 기업들이 가로채고 있다는 인식이 나타난 1950년대부터 미국과 유럽을 중심으로 시작되어, 이들 기업들에 의해 무시된 노동의 가치를 정당하게 인정해 주고 제3세계 국가들과 같은 저개발국가들의 지속 가능한 발전에 기여하자는 취지에서 전개되었다. 이와 관련된 제품으로는 커피, 초콜릿, 설탕, 수공예품 등이 대표적이다. 일반적인 자유무역과 달리 공정무역은 경제적으로 소외된 계층에 대한 기회 제공, 투명성 및 신뢰 확보, 공정한 가격 지불, 성 평등, 건강한 노동환경 제공, 친환경 등을 원칙으로 한다. 현재 전 세계적으로 거래되는 공정무역 규모는 약 2조 원에 달하고, 국내에서는 2002년 아름다운가게가 최초로 공정무역 운동을 시작한 이후, 2005년 경부터 본격적으로 시작됐다. 한편, 세계공정무역상표기구(FLO)는 공정무역 제품의 표준, 규격 설정, 생산자 단체 지원 등의 업무를 관장하는 공정무역제품에 공정무역 인증마크를 부여하고, 공정무역에 대한 대중의 인식 제고 및 상품 소비를 확대시키기 위해 공정무역마을(Fair Trade Town) 등의 프로그램을 시행하고 있다. 그리고 국제공정무역기구(IFAT)는 매년 5월 둘째 주를 '세계 공정무역의 날(World Fair Trade Day)'로 지정하여 각종 행사를 개최하고 있다.

① 공정무역은 저개발국가뿐 아니라 선진국의 빈곤 문제를 해결하는 데 기여할 수 있다.
② 공정무역은 합당한 대우를 받지 못하는 다국적 기업들의 이윤을 극대화하기 위한 노력이다.
③ 공정무역 인증마크는 위반에 대한 제재가 가능한 법적 제도이다.
④ 공정무역은 제3세계의 경제문제뿐 아니라 정치적 측면에도 영향을 줄 수 있다.
⑤ 미국과 유럽의 공정무역 운동으로 무시되었던 저개발국가 노동자들의 노동 가치가 1950년대 이후 인정받게 되었다.

28 다음 글에서 추론할 수 없는 것은?

고대 그리스에서는 기원전 776년부터 기원후 393년까지 4년마다 올림피아에 모여 신에게 바치는 제례행사로 시가(詩歌) 경연과 각종 운동 경기를 시행하였다. 참가자격은 그리스 도시국가의 시민권이 있고 범법 행위가 없으며, 제우스에 대한 불신행위가 없었던 자에 한정되었다. 고대 올림픽은 남자들만의 축제였다. 여자는 참가가 금지되었고 기혼 여성은 관람하는 것조차 허용되지 않았다. 대회의 우승자는 올리브 잎으로 만든 관을 받았고 수상자들은 이를 매우 자랑스럽게 여겼다. 그리스가 마케도니아와 로마에 정복당한 뒤에는 우승자에게 상금을 주는 풍습이 생겼다. 하지만 올림픽은 유일신 종교인 크리스트교를 국교로 인정한 테오도시우스 황제 때 이교금지령에 따라 폐지되었다.

① 그리스는 다신교에서 유일신을 신봉하는 국가로 변화하였다.
② 고대 그리스는 도시국가였다.
③ 고대 그리스 사회는 남녀평등 사상을 바탕으로 운영되었다.
④ 고대 올림픽에서는 운동경기 뿐 아니라 예술과 관련된 경연이 함께 운영되었다.
⑤ 고대 올림픽 우승자에 대해 물질적 포상의 범위가 시간이 지나 확대되었다.

29 다음 글에서 추론할 수 있는 것은?

휴대전화기를 새것으로 바꿀 때 소비자가 마음에 드는 것이 예상했던 가격보다 낮은 가격이라면 뜻밖의 이익이 생겼음에 좋아할지도 모른다. 경제학에서는 이것을 '소비자 잉여'라고 한다. 어떤 상품에 대해 소비자가 최대한 지불해도 좋다고 생각하는 가격에서 실제로 지불한 가격을 뺀 차액이 소비자 잉여인 셈이다. 결국 낮은 가격으로 상품을 구입하면 할수록 소비자 잉여는 커질 수밖에 없다. 휴대전화기를 구입하고 나니, 대리점 직원은 휴대전화의 요금제를 바꾸라고 권유했다. 현재 이용하고 있는 휴대전화 서비스보다 기본요금이 조금 더 비싼 대신 분당 이용료가 싼 요금제로 바꾸는 것이 더 이익이라는 설명도 덧붙였다. 소비자는 지금까지 휴대전화의 요금이 기본요금과 분당 이용료로 나누어져 있는 것을 당연하게 생각해 왔다. 그런데 곰곰이 생각해 보니, 이건 정말 특이한 가격 체계였다. 다른 제품이나 서비스는 보통 한 번만 값을 지불하면 되는데, 왜 휴대전화 요금은 기본요금과 분당 이용료의 이원 체제로 이루어져 있는 것일까? 휴대전화 회사는 기본요금과 분당 이용료의 이원 체제 전략, 즉 '이부가격제(二部價格制)'를 채택하고 있다. 이부가격제는 소비자가 어떤 상품을 사려고 할 때, 우선적으로 그 권리에 상응하는 가치를 값으로 지불하고, 실제 상품을 구입할 때 그 사용량에 비례하여 또 값을 지불해야 하는 체제를 말한다. 이부가격제를 적용하면 휴대전화 회사는 소비자의 통화량과 관계없이 기본 이윤을 확보할 수 있다. 이부가격제를 적용하는 또 다른 예로 놀이공원을 들 수 있다. 이전에는 놀이공원에 갈 때 저렴한 입장료를 지불했고, 놀이기구를 이용할 때마다 표를 구입했다. 그렇기 때문에 놀이기구를 골라서 이용하여 사용료를 절약할 수 있었고, 구경만 하고 사용료를 지불하지 않는 것도 가능했다. 그러나 요즘의 놀이공원은 입장료를 이전보다 엄청나게 비싸게 하고 놀이기구의 사용료를 상대적으로 낮게 했다. 게다가 '빅3'니 '빅5'니 하는 묶음표를 만들어 놀이기구 이용자로 하여금 가격의 부담이 적은 것처럼 느끼게 만들었다. 결국 놀이공원의 가격 전략은 사용료를 낮추고 입장료를 높게 받는 이부가격제로 굳어지고 있는 것이다.

① 저렴한 가격으로 상품을 구입할수록 소비자 잉여는 낮아진다.
② 놀이공원의 '빅3'나 '빅5' 등의 묶음표는 이용자를 위한 가격제이다.
③ 이부가격제는 이윤 극대화를 위해 기업이 채택할 수 있는 가격 제도이다.
④ 휴대전화 요금제는 이부가격제로 하는 것이 소비자에게 더 이익이다.
⑤ 휴대전화 이용자들은 기본요금과 분당 이용료로 나누어져 있는 가격 체계에 대해 이의를 제기하기 시작했다.

30 다음 글에서 추론할 수 있는 것은?

> 인간의 특성은 유전자와 환경에 의해 결정된다. 이 두 가지 가운데 어느 쪽의 영향을 더 많이 받느냐 하는 것은 생물학계의 오랜 논쟁거리가 되어 왔다. 복제인간의 경우 유전자에 관심이 집중될 수밖에 없다. 그렇다면 복제인간은 체세포 제공자를 어느 정도나 닮게 될까? 우리는 그 실마리를 일종의 '복제인간'이라 할 만한 일란성 쌍둥이에서 찾을 수 있다. 쌍둥이를 연구하는 과학자들에 따르면, 일란성 쌍둥이의 경우 키나 몸무게 같은 생물학적 특징뿐 아니라 심지어 이혼 패턴과 같은 비생물학적 행동까지도 유사하다고 한다.
>
> 그렇다면 아인슈타인을 복제하면 복제인간도 아인슈타인과 똑같은 천재가 될까? 과학자들은 이 같은 질문에 대부분 '아니다'라고 말한다. 일란성 쌍둥이는 비슷한 환경에 놓이는 반면 복제인간과 체세포 제공자는 완전히 다른 환경에 놓일 수 있기 때문에, 복제인간의 경우 환경의 영향이 일란성 쌍둥이에 비해 훨씬 크게 작용할 것이다. 물론 그 경우에도 복제인간은 다른 사람보다는 체세포 제공자를 많이 닮을 것이다. 그러나 과학자들은 환경이 동일하더라도 복제인간이 체세포 제공자와 똑같지는 않을 것이라고 예상한다.
>
> 어쩌면 복제인간은 외모마저 체세포 제공자와 다를지 모른다. 최근 국내 연구팀은 복제동물이 체세포 제공자와 다른 외모를 보일 수 있다는 사례를 보고하였다. 흑갈색 돼지를 체세포 복제방식으로 복제한 돼지 다섯 마리 가운데 한 마리가 흰색으로 태어난 것이다. 연구팀은 미토콘드리아 유전자의 차이 때문에 복제돼지가 흰색이 되었다고 추정하고 있다. 유전자에는 핵 속의 DNA에 있는 것 말고도 미토콘드리아 DNA에 있는 것이 있고, 이 '미토콘드리아 유전자'는 전체 유전자의 약 1%를 차지한다. 연구팀이 미토콘드리아 유전자를 원인으로 지목하는 이유는 이 유전자가 세포질 속에만 존재하는 것으로서 수정 과정에서 난자를 통해 어미로부터만 유전되기 때문이다. 다섯 마리의 복제돼지는 각각 다른 난자를 이용해 복제됐고, 따라서 다른 미토콘드리아의 영향을 받았을 것으로 추측하고 있다.
>
> 흔히 복제인간이 DNA 제공자와 100% 같은 유전정보를 갖는다는 말을 하는데 이는 엄밀히 말하면 잘못된 표현이다. 과학자들은 '복제인간도 복제동물처럼 체세포 제공자와는 다른 사람의 난자, 즉 다른 미토콘드리아 유전자를 물려받기 때문에 유전정보가 100% 같지는 않고 외모도 체세포 제공자와는 차이가 날 가능성이 크다.'라고 말한다.

① DNA 구조만을 고려한다고 할 때, 일란성 쌍둥이는 복제인간과 같다.
② 복제인간과 난자 제공자는 동일한 미토콘드리아 DNA를 가지고 있다.
③ 체세포 제공자와 복제인간의 유전자는 항상 일란성 쌍둥이 사이의 유전자보다 서로 더 유사하다.
④ 체세포와 난자를 한 사람으로부터 제공받더라도, 복제인간은 체세포 제공자와 다른 DNA를 가진다.
⑤ 복제인간이 환경의 영향으로 체세포 제공자와 여러 가지 면에서 다른 특성을 보이며 성장할 가능성은 거의 없다.

GSAT
삼성직무적성검사

박문각

삼성 GSAT
봉투모의고사

정답 및 해설

⚭MG 박문각

제1회 모의고사

```
수리논리
01. ①   02. ②   03. ③   04. ③   05. ③
06. ⑤   07. ③   08. ⑤   09. ⑤   10. ③
11. ⑤   12. ④   13. ②   14. ①   15. ③
16. ④   17. ⑤   18. ③   19. ④   20. ⑤

추리
01. ④   02. ⑤   03. ②   04. ⑤   05. ③
06. ⑤   07. ①   08. ③   09. ①   10. ①
11. ②   12. ④   13. ⑤   14. ④   15. ③
16. ⑤   17. ④   18. ③   19. ④   20. ③
21. ①   22. ④   23. ④   24. ②   25. ②
26. ⑤   27. ②   28. ④   29. ②   30. ①
```

수리논리   01 ~ 20번

01 ▶ ①   응용수리

작년에 남학생이 $3a$명, 여학생이 $4a$명이었다고 하면 올해는 남학생이 $3a+5$명, 여학생이 $4a-2$명이므로
$(3a+5):(4a-2)=10:9$
$10(4a-2)=9(3a+5)$이므로 $a=5$이다.
따라서 작년 남녀 학생 수 차이는 $4a-3a=a=5$(명)이다.

02 ▶ ②   응용수리

십의 자리의 숫자를 x라 하면 일의 자리의 숫자는 $7-x$이므로
$10(7-x)+x=10x+(7-x)+9$
$70-9x=9x+16$, $54=18x$
∴ $x=3$
따라서 원래의 자연수는 34이다.

03 ▶ ③   자료해석

③ 조사한 2016~2021년 A지역 50대 근로자 중에서 남자의 수는 매년 여자의 2배 이상이다.
① 남자 근로자 수는 매년 늘고 있으나 여자 근로자의 경우 2017년에 전년 대비 감소하였다.

② 2021년 A지역의 50대 근로자 수는 2020년에 비해 $\frac{59{,}027-58{,}031}{58{,}031} \times 100 ≒ 1.7(\%)$ 증가하였다.
④ 2016년 A지역의 총 근로자 수는
$\frac{53{,}679 \times 100}{11.2} ≒ 479{,}277$(명)이고
2018년의 A지역 총 근로자 수는
$\frac{55{,}678 \times 100}{12.5} = 445{,}424$(명)이므로 2016년 A지역의 총 근로자 수가 더 많다.
⑤ A지역 50대 근로자 중에서 남자가 차지하는 비중은 2017년 70.7%를 제외하고는 모두 70% 미만이다.

04 ▶ ③   자료해석

2020년 A~E지역의 1인당 돼지고기 평균소비량을 a~e라 하면 다음과 같이 구할 수 있다.

A지역: $\frac{10{,}403-a}{a}=0.03$ ∴ $a=10{,}100$(g)

B지역: $\frac{15{,}321-b}{b}=0.07$ ∴ $b≒14{,}319$(g)

C지역: $\frac{20{,}437-c}{c}=0.02$ ∴ $c≒20{,}036$(g)

D지역: $\frac{8{,}538-d}{d}=0.1$ ∴ $d≒7{,}762$(g)

E지역: $\frac{30{,}243-e}{e}=-0.07$ ∴ $e≒32{,}519$(g)

따라서 2020년 1인당 돼지고기 평균소비량이 가장 많은 지역은 E지역이고 두 번째로 많은 지역은 C지역이다.

05 ▶ ③   자료해석

(가): $1{,}721 \times 0.624 ≒ 1{,}073$

(나): $\frac{731}{0.938} = 779$

(다): $\frac{26}{63} \times 100 ≒ 41.3$

06 ▶ ⑤   자료해석

⑤ 전년 대비 기업결합 수가 가장 큰 폭으로 하락한 해는 86건 줄어든 2021년이다. 수단별 건수를 살펴보면 회사신설에 의한 기업결합이 45건이 감소해서 가장 크게 감소했으며 증감률도 약 36.6%로 가장 크게 감소했다.

① 전년 대비 기업결합 수의 증가율이 가장 높은 해는 2020년으로 혼합적 기업결합이 17.3%로 가장 큰 비율로 늘어났다.
② 전년 대비 기업결합 건수가 줄어든 2015년, 2018년, 2021년에도 합병에 의한 기업결합 건수는 증가하였다.
③ 조사기간 중 전체 기업결합 수의 증감 방향과 수평적 기업결합 수의 증감 방향은 일치한다. (감소 → 증가 → 증가 → 감소 → 증가 → 증가 → 감소)
④ 조사기간 총 8년 중 전년 대비 기업결합 수가 감소한 해는 2015년, 2018년, 2021년 3개 연도뿐이다.

07 ▶ ③ 　　　　　　　　　　　　　　　　자료해석

③ 부채비율이 가장 높았던 해는 2016년으로, 이때 연구원당 평균 특허권 보유개수는 2.8개로 가장 적다.
① 바이오 관련 기업 수가 가장 큰 폭으로 증가한 해는 2018년이고 자기자본비율은 전년과 동일하다.
② 2019년의 부채비율은 전년 대비 감소하였다.
④ 평균 연구원 수는 2015년 대비 2019년에 3.1명 감소했다.
⑤ 조사기간 동안 바이오 관련 기업의 수는 증가하였지만 평균 연구원 수는 감소하였다.

08 ▶ ⑤ 　　　　　　　　　　　　　　　　자료해석

⑤ 지방자치단체공무원 중 여성 비율은 2020년과 2021년이 모두 32.6%로 같으나, 지방자치단체공무원의 수가 2021년 들어 전년도보다 증가했으므로 2021년 지방자치단체공무원 중 여성 수는 전년도와 비교하여 증가했다.
① 2017년 대비 2021년 국가공무원 수 증가율은
$\frac{637,654 - 621,313}{621,313} \times 100 ≒ 2.6(\%)$이고,
지방자치단체공무원 수 증가율은
$\frac{296,193 - 280,958}{280,958} \times 100 ≒ 5.4(\%)$로 지방자치단체공무원 수 증가율이 더 크다.
② 2018년 국가공무원 중 여성 비율과 지방단체공무원 중 여성 비율의 차이가 17.4%p로 조사 기간 중 가장 크다.
③ 2019년 국가공무원 수는 전년보다 감소하였고 이 중 여성이 차지하는 비율은 전년과 동일하므로 매년 증가하고 있지는 않음을 알 수 있다.
④ 지방자치단체공무원 중 남성 비율은 2017년부터 순서대로 70%, 69.3%, 68.7%, 67.4%, 67.4%이다. 2020년 비율이 전년 대비 $\frac{68.7 - 67.4}{68.7} ≒ 1.9(\%)$로 가장 큰 비율로 감소했다.

09 ▶ ⑤ 　　　　　　　　　　　　　　　　자료해석

⑤ 강원, 전북, 전남의 영상 회의 개최 건수의 합은 611건으로 전체의 $\frac{611}{1,082} \times 100 ≒ 56.5(\%)$이다.
① 영상 회의 개최 건수가 가장 적은 지역은 기타 지역 내에 어떤 지역이 얼만큼 개최했는지 알 수 없으므로, 가장 적은 지역 또한 알 수 없다.

② 9월에 실시한 영상 회의를 어디 지역에서 개최했는지는 알 수 없다.
③ 전북의 모든 영상 회의를 5월에 실시했다면 5월에 남은 영상 회의 개최 건수는 3건이고, 이를 각 지역에서 한 건씩 실시한다고 했을 때, 최대 네 지역에서 실시 가능하다. 최소는 두 지역에서 개최 가능하다.
④ 2021년 전체 영상 회의 개최 건수는 1,082건이므로 12월에 개최한 영상 회의 건수는 전체의 $\frac{99}{1,082} \times 100 ≒ 9.1(\%)$이다.

10 ▶ ③ 　　　　　　　　　　　　　　　　자료해석

③ '의무활동을 늘릴 것이다'라고 답한 사람 중 대도시에 사는 사람의 수는 4,611×0.119≒549(명), 중소도시에 사는 사람의 수는 3,610×0.125≒451(명)이므로 중소도시에 사는 사람의 수가 더 적다.
① '의무활동시간을 늘릴 것이다'라고 답한 여성은 전체 중에서 11.6%이므로 5,423×0.116≒629(명)이다.
② 표에서 쉽게 확인할 수 있다.
④ '필수유지시간을 늘릴 것이다'라고 응답한 사람은 전체 연령대 중 20대에서 가장 낮다.
⑤ '여가시간을 늘릴 것이다'라고 답한 사람은 10,602×0.56≒5,937(명)이고 '의무활동시간을 늘릴 것이다'라고 답한 사람은 10,602×0.123≒1,304(명)이다. 따라서 둘의 차이는 약 4,633명이다.

11 ▶ ⑤ 　　　　　　　　　　　　　　　　자료해석

⑤ 대졸 이상에서 '필수유지시간을 늘릴 것이다'라고 답한 비율은 30.3%인데 그래프에서는 50% 이상으로 표현되어 있고 '여가시간을 늘릴 것이다'라고 말한 비율은 58.8%인데 그래프에서는 30% 정도로 표현되어 있다.

12 ▶ ④ 　　　　　　　　　　　　　　　　자료해석

④ 평균을 보았을 때, 개별난방 방식을 전체의 58.2%로 가장 많이 사용한다.
① 도시가스를 난방연료로 사용하는 가구 비율이 가장 적은 지역은 경기남부로 33.5%이다.
② 경기북부가 경기남부보다 개별난방을 사용하는 비중이 높고 지역난방을 사용하는 비중이 적다.
③ 경기남부에서 가장 많이 사용하는 난방연료는 열병합이다.
⑤ 개별난방을 난방방식으로 가장 많이 사용하는 지역은 인천이다.

13 ▶ ② 　　　　　　　　　　　　　　　　자료해석

서울에서 중앙난방 방식을 사용하는 인구의 비율은 22.3%이고 인천에서 중앙난방 방식을 사용하는 인구의 비율은 13.5%이다.

따라서 서울과 인천에서 난방방식으로 중앙난방을 사용하는 인구의 차이를 구하면 1천만×0.223 - 300만×0.135 = 182만 5천 명이다.

14 ▶ ① 자료해석

① 실물자산의 전년 대비 증감률이 가장 큰 해는 약 9.6%인 2018년이고, 조사 기간 중 5인 이상 가구의 전년 대비 순자산 증감률을 보면 2017년에 약 -3.7%, 2018년에 약 11.1%, 2019년에 약 3.7%, 2020년에 약 10.2% 2021년에 약 6.4%로 2018년이 가장 증감률이 컸다.
② 2인 이하는 약 -3.4%, 3인은 약 15.6%, 4인은 약 6.7%, 5인 이상은 약 11%로 전년 대비 증감률은 3인 가구가 가장 높다.
③ 20대 이하는 약 64.3%, 30대는 약 45.0%, 40대는 약 18.8%, 50대 이상은 약 13.2%이다.
④ 매년 증가하는 추이를 보인다.
⑤ 2020년에 전년보다 2,336만 원 증가하며, 가장 많이 증가했다.

15 ▶ ③ 자료해석

Ⓐ 2017년 가구주가 여자인 가구의 순자산은 2016년에 비해 증가하였다.
→ 2016년의 가구주가 여자인 가구의 순자산은 11,958만 원이므로 ①과 ②는 정답이 될 수 없다.
Ⓑ 2019년 3인 가구의 순자산은 같은 해의 2인 이하 가구의 순자산을 상회한다.
→ 2019년 2인 이하 가구의 순자산인 20,357만 원을 상회하므로 ④와 ⑤는 정답이 될 수 없다.
따라서 답은 ③이다.

16 ▶ ④ 자료해석

④ 권역별 건축 건수 대비 건축공사비는 다음과 같다.

수도권 : $\frac{134,270}{120}$ ≒ 1,119(억 원)

중부권 : $\frac{114,720}{170}$ ≒ 675(억 원)

호남권 : $\frac{115,300}{150}$ ≒ 769(억 원)

영남권 : $\frac{200,370}{200}$ ≒ 1,002(억 원)

제주권 : $\frac{100,370}{140}$ ≒ 717(억 원)

따라서 건축 건수 대비 건축공사비는 중부권이 가장 적다.
① 건축공사비에서 주거용 건물 건축공사비가 차지하는 비율이 가장 높은 곳은 영남권으로 약 5.4%이다. 따라서 모든 권역에서 7% 이하이다.
② 단독주택 건축공사비가 가장 적은 권역은 중부권으로, 주거용 건물 건축공사비가 호남권 및 제주권보다 많다.
③ 건축공사비가 가장 많은 영남권의 주거용 건물 건축공사비 중 아파트 건축공사비가 5,500억 원으로 가장 큰 비중을 차지한다.
⑤ 주거용 건물 건축공사비가 가장 많은 영남권의 건축공사비가 200,370억 원으로 모든 권역 중에서 가장 많다.

17 ▶ ⑤ 자료해석

⑤ 소득이 낮을수록 공공의료기관에서 진료를 받는 비중이 높은 것은 아니다. 건강보험 1분위와 2분위의 공공의료기관 진료 비중을 보면 오히려 건강보험 2분위 계층의 비중이 1분위 계층보다 낮다. 즉, 소득이 낮은 2분위가 소득이 높은 1분위보다 진료를 받는 비중이 낮다.
① $\frac{21}{220}×100 ≒ 9.5(\%)$
② 6.2-1.0=5.2(%p)
③ 25.7-19.8=5.9(%p)
④ 42.0-14.1=27.9(%p)

18 ▶ ③ 자료해석

③ 가장 많은 불합격자가 꼽은 불합격 사유는 실무평가 미흡이지만 전체 138명 중 총 53명으로 50% 미만을 차지한다.
① 20대와 30대에서는 '실무평가 미흡'을, 40대와 50대에서는 '협동심 부족'을 가장 많은 불합격 사유로 꼽았다.
② 인턴사원 중 불합격자의 비율은 50대에서 약 42.2%, 40대에서 약 41.9%이므로 50대에서 가장 높다.
④ 총 797명 중에서 659명이 합격하였으므로 B회사 인턴사원의 정직원 합격률은 약 82.7%이다.
⑤ 실무평가 미흡을 불합격 사유로 꼽은 사람의 비율은 20대가 60%이고 30대는 약 59.5%, 40대는 약 17.9% 그리고 50대는 약 11.1%이다. 따라서 연령대가 높을수록 실무평가 미흡을 정직원 불합격 사유로 꼽은 사람이 적다.

19 ▶ ④ 자료해석

④ A사의 신제품 스마트폰의 가격 인하 폭이 가장 큰 해는 2018년이고, 스마트폰 수출액이 가장 높은 해는 2019년이다.
③ 2017년 대비 2021년 화장품 수입액은
$\frac{110.3-99.7}{110.3}×100 ≒ 9.6(\%)$ 감소했다.

20 ▶ ⑤ 자료해석

$\frac{2021년\ 화장품\ 수출액 - 2020년\ 화장품\ 수출액}{2020년\ 화장품\ 수출액}×100$

$= \frac{323.3-382.3}{382.3}×100$

$≒ -15.4(\%)$

추리 | 01 ~ 30번

01 ▶ ④ [언어추리]

개념요소를 살펴보면 사원, 부지런하지 않은 사람, 승진으로 이 단어들이 각각 2번 이상 나와야 한다. 따라서 '부지런하지 않은 사람'과 '승진'에 관한 전제가 추가되어야 한다. 어떤 사원 → 부지런하지 않음 → 승진할 수 없음으로 이어져야 하므로, 부지런하지 않은 사람은 승진할 수 없다는 ④가 전제이다.

02 ▶ ⑤ [언어추리]

개념요소를 살펴보면 A사의 휴대폰 케이스, 튼튼한 것, 실리콘으로 만든 휴대폰 케이스라는 단어가 각각 2번 이상 나와야 하므로 '튼튼한 것'과 '실리콘으로 만든 휴대폰 케이스'에 관한 전제가 추가되어야 한다. A사 케이스 → 튼튼한 것 → A사 케이스는 실리콘 케이스 아님으로 이어져야 하므로 실리콘 케이스는 튼튼하지 않다는 ②가 전제이다.

03 ▶ ② [언어추리]

두 번째 전제를 통해, 여행을 좋아하는 사람은 버스를 싫어하지 않음을 알 수 있다.(대우명제)
어떤 대학생들은 여행을 좋아하고, 여행을 좋아하는 사람은 버스를 싫어하지 않으므로 어떤 대학생들은 버스를 싫어하지 않는다는 결론을 내릴 수 있다. 따라서 답은 ②이다.

04 ▶ ⑤ [언어추리]

퀸 사이즈 침대의 위치와 갑, 을, 병, 정, 무의 예약 여부를 표로 정리해보자.
우선, 갑은 103호에 예약을 했고 102호와 103호에는 퀸 사이즈 침대가 없다.

구분	101호	102호	103호	104호	105호
예약자			갑		
퀸 사이즈 침대		×	×		

다섯 번째 조건에 의해 을은 105호에 예약을 했으며 병은 104호에 예약을 하지 않았다.

구분	101호	102호	103호	104호	105호
예약자			갑	~병	을
퀸 사이즈 침대		×	×		○

여섯 번째 조건을 보면 정이 104호를 예약을 한 경우 양 옆의 방인 103호 105호에 퀸 사이즈 침대가 없어야 하는데 105호에 퀸 사이즈 침대가 있으므로 모순이 생긴다. 또한, 102호에는 퀸 사이즈 침대가 없으므로 정은 102호를 예약한 것도 아니다. 따라서 정은 101호에 예약을 했다. 그리고 병은 104호에 예약하지 않았으니 102호에 예약을 했다.

구분	101호	102호	103호	104호	105호
예약자	정	병	갑	무	을
퀸 사이즈 침대	○	×	×	×	○

따라서 병이 예약한 방은 정확히 알 수 없다는 ⑤는 참이 아니다.

05 ▶ ③ [언어추리]

사원이 과장보다 늦게 도착했으므로 B-E 순서임을 알 수 있다. 그리고 도착 시간 차이에 대한 정보가 있으므로 이를 정리하면 다음과 같다. (가장 먼저 도착한 사람의 도착시간을 정각으로 가정한다.)

		A부장		
정각(0분)			15분	16분

C대리가 가장 늦게 온 사람보다 11분 먼저 도착했으므로 16-11=5(분)에 도착했음을 알 수 있다. 그런데 C대리는 바로 앞에 도착한 사람보다 5분 늦게 도착했다고 했으므로 C대리 바로 앞에 도착한 사람이 가장 먼저 도착한 사람임을 알 수 있다.

?	C대리	A부장	?	?
정각(0분)	5분		15분	16분

③ 네 번째로 도착한 사람이 B과장이라면 다섯 번째(마지막)로 도착한 사람은 E사원이다. 따라서 D대리가 가장 먼저 도착한 사람이 된다. (D대리-C대리-A부장-B과장-E사원)
① 가장 먼저 도착한 사람은 B과장 또는 D대리이다. 사원은 과장보다 늦게 도착했으므로 가장 먼저 도착할 수 없다.
② A부장보다 먼저 도착하려면 첫 번째 또는 두 번째에 도착해야 하는데, 첫 번째 도착한 사람은 B과장 또는 D대리이고, 두 번째 도착한 사람은 C대리이다. 따라서 A부장은 사원보다 먼저 도착했다.
④ A부장이 도착한 시기는 알 수 없으므로 10분 이상 늦게 도착했는지 알 수 없다.
⑤ B과장이 가장 먼저 도착했고 E사원이 네 번째로 도착했다면, D대리가 마지막에 도착하는 경우도 가능하다.

06 ▶ ⑤ [언어추리]

C는 B의 면담일 바로 다음날 면담을 하고, B는 A보다 늦게 면담을 한다. (A-B-C 순서)
E는 화요일이나 목요일에 면담을 하므로, 이 두 경우에 따라 순서를 정할 수 있다.

i) E가 화요일에 면담을 하는 경우
B와 C가 연이어 면담을 하고, C는 금요일에 면담을 하지 않으므로 B, C는 수요일과 목요일에 면담을 한다.

월요일	화요일	수요일	목요일	금요일
	E	B	C	

A는 B보다 순서가 앞이므로 월요일에 면담을 하고, 금요일에 D와 F가 면담을 하게 된다.

월요일	화요일	수요일	목요일	금요일
A	E	B	C	D, F

ii) E가 목요일에 면담을 하는 경우
A-B-C의 순서이고 B와 C가 연이어 면담을 하므로 순서대로 월, 화, 수요일에 면담을 하게 된다. 금요일에 D와 F가 면담을 하게 된다.

월요일	화요일	수요일	목요일	금요일
A	B	C	E	D, F

① B는 화요일 또는 수요일에 면담을 한다.
② F는 항상 금요일에 면담을 한다. C는 수요일 또는 목요일에 면담을 하므로 반드시 C가 면담을 한 바로 다음날에 면담을 한다고는 할 수 없다.
③ 수요일에 C가 면담을 하는 경우, B는 화요일에 면담을 한다.
④ 월요일에는 A가 면담을 한다.

07 ▶ ①   언어추리

첫 번째 조건에서 취업을 희망하는 회사는 4명 모두 3개 이상이라고 했다. 수정은 A, B, C 회사에 취업하기를 희망하고 민정이 수정과 동시에 입사를 원하는 회사는 A사뿐이므로 민정이 취업을 희망하는 회사는 B, C 회사를 제외한 A, D, E사 3개이다.
다음으로 민재는 4개의 회사에 취업하기를 희망하고 A, C, D, E 회사에 취업하기를 희망하는 성욱과 모두 겹치지는 않는다. 4명 모두 입사를 희망하는 회사는 1개이므로 가능한 회사는 A뿐이고 3명이 동시에 입사를 희망한 회사는 2개, 민재가 취업을 희망하는 회사는 성욱과 모두 겹치지 않기 때문에 민재는 A, B 회사와 C, D, E 3개의 회사 중 2개의 회사에 취업하기를 희망한다는 결론을 얻을 수 있다. 이를 표로 나타내면 다음과 같다.
(O - 희망, × - 희망하지 않음)

구분	A사	B사	C사	D사	E사	합계
수정	O	O	O	×	×	3
민재	O	O				4
민정	O	×	×	O	O	3
성욱	O	×	O	O	O	4

① A사와 B사에 취업을 희망하면서 E사에 취업을 희망하는 경우가 있을 수 있다. 이 경우 C나 D사 두 회사 중 한 곳은 취업을 희망하지 않을 것이다.

08 ▶ ③   언어추리

학과별로 순위를 나타내면 아래와 같다.

국문학과	2위, 2위
영문학과	1위, 2위, 3위
독문학과	1위, 3위
불문학과	3개 순위권
국사학과	×
중문학과	1위, 2위

총 4개의 경기를 했으므로 1위, 2위, 3위 모두 4번이 존재한다. 제시된 정보만을 가지고 계산하면 1위 3번, 2위 4번, 3위 2번이 제시되었으므로 순위가 제시되지 않은 불문학과가 1위 1번, 3위 2번을 했음을 알 수 있다.
이를 가지고 합산 점수를 계산하면 아래와 같다.

국문학과	2위, 2위	10점
영문학과	1위, 2위, 3위	17점
독문학과	1위, 3위	12점
불문학과	1위, 3위, 3위	14점
국사학과	×	0점
중문학과	1위, 2위	15점

합산 점수가 가장 높은 2개 과는 영문학과와 중문학과이다.
③ 영문학과 17점, 불문학과 14점이므로 총점 차이는 3점이다.
① 상품을 받는 과는 중문학과와 영문학과이다.
② 총점이 두 번째로 높은 과는 중문학과이다.
④ 영문학과는 총점 1위로, 상품을 받는다.
⑤ 2위를 두 경기에서 차지한 과는 국문학과, 3위를 두 경기에서 차지한 과는 불문학과이다.

09 ▶ ①   언어추리

D의 말에 따르면, 탕수육과 짜장면과 유산슬 중에 적어도 2개는 주문을 해야 한다. 그런데 C의 말에 따르면 유산슬과 짜장면은 같이 주문을 하거나 같이 주문을 하지 말아야 한다. 이때 둘 다 주문하지 않으면 D의 조건을 만족할 수 없기에 짜장면과 유산슬은 동시에 주문을 해야 한다.
이러한 경우, A의 조건에 따라 짜장면이 주문이 된 상황이므로 짬뽕은 주문할 수 없다. 따라서 이들은 짬뽕을 결코 선택하지 않는다.

10 ▶ ①   언어추리

우선, 태양광 에너지 관련 회사가 지열 에너지 관련 회사보다 획득한 특허의 개수가 더 많으므로 세 가지의 경우가 발생한다. 지열 에너지 관련 회사는 1개 이상의 특허권을 취득했고 태양광 에너지 관련 회사는 이보다 더 많은 2개 이상의 특허권을 취득한 것이 된다. 그리고 총 5개의 특허권을 획득하였으므로 이를 표로 나타내 보면 다음과 같다.

	지열(A, B, C)	태양열(D, E, F)	태양광(G, H, I)
i)	1	2	2
ii)	1	1	3
iii)	2	0	3

이 세 가지 경우를 각각 나눠서 정보를 대입해 보자.
i)의 경우 태양열 관련 회사에서 2개의 특허권을 획득하고 D나 E 중 하나의 회사가 하나를 획득하였으므로 F는 자동적으로 특허권을 획득했다. 이 경우 B와 I가 특허권을 획득하게 되므로 A는 특허를 획득하지 못했다. 따라서 특허권은 B, F, I가 획득하게 되었으며 D나 E 중 하나 그리고 G나 H 중 하나가 특허권을 획득했다.

ii)의 경우 태양광 관련 모든 회사가 특허권을 획득하였으므로 G, H, I가 특허를 획득했다. 태양열 관련 회사에서는 한 회사만이 특허를 획득하였으므로 D나 E 중 하나가 획득을 하며 지열의 경우도 하나의 회사가 특허를 획득하게 되는데, A가 획득한 경우 H가 획득하지 못해야 하므로 모순이 된다. 따라서 지열의 경우 B나 C 중 하나가 특허를 획득하게 된다.
iii)의 경우 태양열 관련 회사가 특허권을 하나도 획득하지 못하는데 이는 D나 E 중 하나가 특허권을 획득했다는 정보에 의해 모순이 되므로 성립될 수 없는 경우이다.
따라서, i)과 ii)의 경우만 성립하고, 이때 특허권을 획득한 회사를 다음과 같이 나타낼 수 있다.

	지열	태양열	태양광
i)	B	F D나 E 중 1	I G나 H 중 1
ii)	B나 C 중 1	D나 E 중 1	G, H, I

① 지열 에너지 관련 회사와 태양열 에너지 관련 회사가 획득한 특허권의 수가 동일한 경우는 ii)이고, 이때 A는 특허권을 획득하지 못하였으므로 반드시 참이다.
② 태양광 에너지 관련 회사와 태양열 에너지 관련 회사가 획득한 특허권의 수가 동일한 경우는 i)이고, 이때 E는 특허권을 획득할 수도, 획득하지 못할 수도 있다.
③ G와 H와 I 모두가 특허권을 획득한 경우는 ii)인데, i)의 경우에는 이것이 성립하지 않으므로 반드시 참이라고 할 수 없다.
④ G와 B는 특허권을 획득할 수도, 획득하지 못할 수도 있다.
⑤ 지열 에너지 관련 회사가 획득한 특허권의 개수는 1개이고, 태양열 에너지 관련 회사가 획득한 특허권의 개수는 1개 또는 2개이다. 전자의 개수가 후자의 개수보다 항상 적다고 말할 수는 없다.

11 ▶ ② 언어추리

주어진 조건들 중에서 3~6을 우선적으로 정리해서 표로 만들면 다음과 같다.

갑	을	병	정	무
A	~기타, ~B	D or E	작곡	

조건 7에서 B실에서 드럼을 가르치므로 B실에서 가르치지 않는 을은 드럼 또한 가르치지 않는 것이 되며 C실에서 작곡을 가르치지 않으므로 정은 C실에서 가르치지 않는다. 또한, A실에서 가르치는 갑과 D 또는 E실에서 가르치는 병 또한 드럼을 가르치지 않으므로 자동적으로 무는 B실에서 드럼을 가르친다.

갑	을	병	정	무
A	~기타	D or E	작곡, ~C	드럼, B

조건 8에서 D실에서 보컬을 가르치므로 갑은 보컬을 가르치지 않고 정은 C와 D가 아닌 E에서 작곡을 가르치게 된다. 따라서 병은 D에서 보컬을 가르치며 갑은 A실에서 기타를 가르치고 을은 C실에서 피아노를 가르친다.

갑	을	병	정	무
기타, A	피아노, C	보컬, D	작곡, E	드럼, B

② 무는 B실에서 가르치므로 B실에서 가르치지 않는다는 말은 참이 아니다.

12 ▶ ④ 언어추리

우선, 두 개의 팀에 모두 속해 일하는 직원이 2명이라고 하였다. 을이 두 개의 팀에서 일하는 직원이며 갑과 을은 같은 팀에서 일하지 않는다고 하였으므로 갑은 1개의 팀에서만 일함을 알 수 있다. (갑도 두 개의 팀에 속한다면 3개의 팀 중 같은 팀에 속하는 경우가 생길 수밖에 없다.) 또한, 병, 정이 한 개의 팀에서만 일하므로 두 개의 팀에서 모두 일하는 나머지 1명은 무임을 알 수 있다.
그리고 두 개의 팀에 속한 직원이 2명, 한 개의 팀에만 속한 직원이 3명이므로 A, B, C팀의 총 팀원 수는 중복을 포함해 5명(갑, 을, 병, 정, 무)+2(을, 무)=7(명)이다. A팀 직원이 2명, B팀 직원이 3명이므로 C팀 직원은 2명이다.
B팀 업무가 가장 빨리 마무리됐고, 을이 속한 2개 팀 중 한 팀의 업무가 가장 빨리 마무리됐으므로 을은 B팀에 속한다. 또한 갑과 을은 같은 팀이 아니므로 갑은 B팀에 속하지 않는다.

A팀	B팀	C팀
	을 갑X	
2명	3명	2명

갑과 병은 같은 팀이므로 A팀 또는 C팀이며, 정과 무는 같은 팀이다. 각 팀의 인원수가 정해졌으므로 이에 따라 팀원을 배열하면 아래와 같은 두 가지 경우가 가능하다.

A팀	B팀	C팀
갑, 병	을, 정, 무	을, 무
2명	3명	2명

A팀	B팀	C팀
을, 무	을, 정, 무	갑, 병
2명	3명	2명

④ 정은 프로젝트 업무가 가장 빨리 마무리된 B팀에 속한다.
① 두 개 팀에서 일하는 직원은 을과 무이고, 을과 무가 A팀인 경우가 가능하다.
② 정과 무는 B팀에서 함께 일한다.
③ 을과 무는 B팀에서 함께 일하며, A팀 혹은 C팀에서도 함께 일한다.
⑤ 갑과 병은 A팀 또는 C팀에 속한다.

13 ▶ ⑤ 언어추리

영희나 민수 중 한명은 카페 모카를 주문했는데, 영희는 카페 모카를 주문하지 않았으므로 민수가 카페 모카를 주문했다. 이러한 사실과 문제에 제시된 정보를 정리하면 아래와 같이 나타낼 수 있다.

철수	카페 라떼 or 아메리카노	
영희	아메리카노 or 카페 라떼	
민수	카페 모카	샷 추가 ×
나영	카페 모카	

⑤ 영희가 아메리카노를 주문했다면 철수는 카페 라떼를 주문했다. 그렇다면 샷을 추가하지 않은 사람은 철수와 민수, 추가한 사람은 영희와 나영이다. 따라서 항상 참이다.
① 카페 라떼를 주문한 사람은 샷을 추가하지 않았다. 따라서 철수나 영희 중 적어도 한 명은 샷을 추가하지 않았다. 하지만 둘 중 한 명은 샷을 추가했을 수도 있다.
② 알 수 없다.
③ 나영이는 민수와 같은 카페 모카를 주문했다.
④ 철수는 아메리카노 또는 카페 라떼를 주문했으므로 아메리카노를 주문하는 것이 가능하다. 그런데 카페 라떼를 주문한 사람은 샷을 추가하지 않았다고 했으므로 카페 라떼를 시킨 영희는 샷을 추가하지 않았다. 따라서 남은 두 명인 철수와 나영이가 샷을 추가했음을 알 수 있다.

14 ▶ ④ `언어추리`

조건 (ㄷ), (ㅁ), (ㅂ)에 따라, 갑이 여행하는 나라는 다음과 같다.
갑 - 이탈리아, 프랑스, (독일, 네덜란드 중 하나) + 북부유럽 국가 하나
조건 (ㅁ)의 한 사람이 갑이라면 스위스와 독일 중 하나만을 여행하므로 모순이다. 따라서 을이 스위스와 독일도 여행한다.
을이 만약 덴마크를 여행할 경우, 을이 여행하는 나라는 다음과 같다.
을 - 덴마크, 노르웨이, 독일, 스위스
② 갑이 택한 서부유럽 국가는 이탈리아, 프랑스, 네덜란드이다.
③ 갑이 프랑스를 여행하므로 을은 여행하지 않는다.
①, ⑤ 제시된 조건으로는 알 수 없다.

15 ▶ ③ `도형추리`

그림의 9개 칸 중 세로 기준 1열, 2열, 3열로 나누어 살펴보자. 오른쪽 옆으로 한 칸 이동할 때마다 1열에 위치한 도형은 시계방향으로 180도씩 회전하고, 2열에 위치한 도형은 반시계방향으로 90도씩 회전하며, 3열에 위치한 도형은 시계방향으로 90도씩 회전한다.
또 아래로 한 칸 이동할 때마다 빈칸의 위치가 한 칸씩 위로 이동한다.

16 ▶ ⑤ `도형추리`

흰 큰 원의 외부와 내부의 검은 원은 숫자를 의미한다고 보면 된다.
위치는 무관하며 흰 원 내부에 검은 원이 있을 경우에는 개수만큼 마이너스되고 흰 원 외부에 검은 원이 있을 경우에는 개수만큼 플러스된다.

각 행별로 첫 번째와 두 번째 도형의 숫자 값을 계산하여 세 번째 도형에 표현했다고 여기면 된다. 예를 들면 첫 번째 행은 −1 − 1 = −2, 두 번째 행은 −1 + 3 = 2이다.
따라서 세 번째 행은 −1 + 1 = 0이므로 검은 원이 없는 ⑤가 답이 된다.

17 ▶ ④ `도형추리`

오른쪽으로 갈 때마다 내부의 삼각형 도형이 한 열씩 위로 이동한다. 맨 위의 삼각형은 가장 아래로 내려온다.

18 ▶ ③ `도식추리`

□는 다음과 같이 값을 증감한다 : ABCD → A(+1)B(+3)C(−2)D(−1)
▲는 다음과 같이 순서를 변화한다 : ABCD → CDAB
●는 다음과 같이 순서를 변화한다 : ABCD → DCBA

SOR2 → ▲ → R2SO → □ → S5QN → ● → NQ5S

19 ▶ ④ `도식추리`

7VIT → □ → 8YGS → ▲ → GS8Y → ● → Y8SG

20 ▶ ③ `도식추리`

9ING → ● → GNI9 → □ → HQG8 → ▲ → G8HQ

21 ▶ ① `도식추리`

ER3Q → □ → FU1P → ● → P1UF → ▲ → UFP1

22 ▶ ④ `단어유추`

'동조'의 입장을 취하여 '옹호'의 행동을 한다. '반박'의 입장을 취하여 '비판'의 행동을 한다는 점에서 빈칸에 '비판'이 들어가는 것이 가장 적절하다.

23 ▶ ④ `단어유추`

'추구'는 목적을 이룰 때까지 뒤쫓아 구하는 것을, '지양'은 어떠한 것을 하지 아니하는 것을 의미하는 것으로 반의어 관계이다. '지향'이 '추구'와 유의어 관계라고 할 수 있다.
①, ②, ③, ⑤는 유의어 관계이다.

24 ▶ ② `논리추론`

② 그린벨트 제도를 도입한 나라들은 모두 도시확산 방지 및 자연환경 보존을 위해 그린벨트를 지정했지만, 우리나라는 다른 나라들과 달리 국방상 이유로도 지정하였다고 하였다.

① 경우에 따라 주민의 생활 불편을 완화하기 위해 시설 설치 및 신축, 증축 등을 제한적으로 허용하고 있다.
③ 1960년대의 급속한 도시화와 공업화로 인해 도시 근교 지역이 무계획적으로 난개발되자 이를 막고자 개발제한구역을 설정했으며, 결과적으로 녹지대 형성, 상수도 수원 보호 등 환경적 측면에서도 긍정적인 기여를 했다고 제시되었다.
④ 도시계획법에 근거를 두고 '개발제한구역'이라는 용어로 시행하고 있다.
⑤ 영국의 그린벨트 제도를 참고하여 1960년대 개발제한구역을 지정하였다.

25 ▶ ② 　　　　　　　　　　　　　　　　논리추론

② '다이나모 이론'은 지구 내부의 '철의 바다'로 이루어진 외핵이 지구 자전으로 전류를 만들면서 지구 자기장을 생성한다고 설명하고 있다.
① 지구의 자전으로 별과 태양의 일주운동이 발생하여 낮과 밤이 생긴다고 하였다.
③ 다이나모 이론에 따르면 지구 자전으로 전류를 만들고, 전자기 유도에 의하여 지구 자기장이 생성되는데, 이 지구 자기장이 태양풍과 외계의 방사선과 같은 우주 공간의 위험으로부터 지구를 지키는 역할을 한다.
④ 우주 방사선이 그대로 지상에 도달하면 지구는 뜨거운 열과 방사능으로 휩싸여 생명체가 살 수 없는 불모지가 된다. 밴앨런대는 이러한 우주 방사능 물질이 지구로 유입되는 것을 차단해주는 보호막 역할을 한다고 하였으므로, 밴앨런대가 없다면 지구는 생명체가 살 수 없는 행성이 될 것이다.
⑤ 지구 자기권 내부로 유입되는 태양풍과 함께 날아온 대전 입자의 일부가 극지방으로 끌려 들어가며 오색의 오로라가 발생한다고 하였다.

26 ▶ ⑤ 　　　　　　　　　　　　　　　　논리추론

⑤ 화석이 되기 위한 조건에서, 딱딱한 조직을 갖고 있는 것은 이차적인 조건에 불과하며, 우선 그 개체수가 충분히 많아야 하는 조건을 충족해야 한다고 하였다. 따라서 이는 거짓이다.
① 지하수와 박테리아의 분해 작용을 받으면 화석이 되기 어렵다.
② 단단한 조직을 갖고 있으면 부패와 속성 작용에 대한 내성이 있어 화석으로 남기 쉽다고 하였다.
③ 단속 평형설은 모집단에서 변이가 누적되어 서서히 나타나는 것이 아닌, 모집단에서 이탈해 새로운 종이 급속히 나타나는 것이다. 이는 갑자기 나타난 생물 종을 합리적으로 설명할 수 있는 이론이다.
④ 해파리는 딱딱하지 않은 조직을 갖고 있어 분해 작용을 받기 쉬워 화석이 되기 어렵다. 이러한 해파리가 화석으로 보존되었다면 분해 작용을 거의 받지 않았다는 것인데, 이는 곧 해파리가 급속히 퇴적물 속에 매몰되어 분해 작용을 받지 않았다는 말이 된다.

27 ▶ ② 　　　　　　　　　　　　　　　　논리추론

② 부안 김씨 가문에서 사위와 외손에게 제사를 윤행시키지 않기로 정했다고 했지만, 종가에서만 제사를 지낸 것인지, 다른 아들의 집에서도 제사를 지낸 것인지는 알 수 없다.
① 제사는 종가에서만 지내고 여러 자손에게는 윤행시키지 않는 예제가 제대로 지켜지지 않고 있다고 하였다.
③ 사위집에 제사를 윤행시키는 경우가 수없이 많다고 하였다.
④ 딸은 부모가 죽은 후 제사를 지내지 않으므로 토지와 노비 등 재산을 아들과 똑같이 줄 수 없다고 하였으므로, 제사와 재산 상속 간에 밀접한 관계가 있음을 알 수 있다.
⑤ 사위와 외손들은 핑계를 대고 제사를 거르는 경우가 많다고 하였다.

28 ▶ ④ 　　　　　　　　　　　　　　　　논리추론

④ 명왕성에서 일식이 일어날 수는 있다는 설명은 있으나 사로스 주기가 같다는 언급은 없으므로, 명왕성에서의 일식 주기가 사로스 주기와 같은지는 알 수 없다.
① 지구, 달, 태양의 운동이 잘 알려져 있어 일식은 분 단위 이하의 정확도로 예측할 수 있다.
② 사로스 주기가 정확히 6585일이 아닌 0.32일 차이가 있기 때문에, 그 시간 동안 지구가 더 자전하므로 일식이 일어나는 지점이 달라진다.
③ 일식이 일어나는 지점은 달라지므로, 지구상의 특정 위치에서 관찰하기보다는 지구 전체적 관점에서 주기를 알아내는 것이 더 쉽다.
⑤ 달은 태양보다 작지만, 태양보다 지구와 가깝기 때문에 겉보기에 달과 태양이 크기가 비슷해 보여 개기 일식을 연출할 수 있다고 하였다. 따라서 달이 지금 위치에서 두 배 더 멀리 떨어져 있다면 개기 일식을 연출할 수 없을 것이다.

29 ▶ ② 　　　　　　　　　　　　　　　　논리추론

② 그라노베터에 따르면, 누구에게나 폭동 참가에 대한 경계값이 존재하는데, 연쇄반응에 필요한 경계값을 가진 사람이 존재하지 않는다면 연쇄반응이 일어나지 않는다. 글의 마지막 부분에서 경계값 1을 가진 개인이 없었다면 연쇄 반응이 일어나지 않고, 폭동도 일어나지 않았을 것이라고 하였다. 즉, 단 한 사람의 사소한 성향 차이에 의해 전체 집단에 파급되는 효과가 극적으로 달라질 수 있다는 것이다.
① 평균값으로는 구성원 각각의 행동을 예측할 수 없다.
③ 연쇄반응 여부가 폭동 가능성과 연관되므로, 폭동을 일으킨 집단과 그렇지 않은 집단 사이의 경계값 합이 폭동 여부와 긴밀하게 연관된다고 볼 수 없다.
④ 구성원 모두가 참여한 폭동이 발발한 것은 연쇄반응이 일어났다는 것인데, 이것만 가지고 경계값이 전체적으로 매우 낮다고 추론할 수는 없다.
⑤ 집단 속에 경계값이 0인 사람이 있더라도 연쇄반응이 일어나지 않으면, 즉 중간 단계 경계값을 가진 구성원이 없다면 집단 전체가 폭동에 휘말릴 가능성은 높다고 할 수 없다.

30 ▶ ①　　　논리추론

① 도심의 내연기관 자동차 대신 도시 외곽의 화력 발전소가 대기 오염물질을 방출하기 때문에, 전기의 생산 방식이 친환경적으로 바뀌어야 한다고 전제하지 않으면 전기 자동차를 보급하여 환경오염을 개선해야 한다는 주장은 성립할 수 없다.
② 내연기관 자동차를 전기 자동차로 전면 대체한다고 하더라도 화력 발전소에서 생산된 전기로 전기 자동차를 충전한다면 미세먼지 문제는 해결되지 않는다.
③ 전기를 경제적으로 만들어 내려면 석탄이나 석유를 사용할 수밖에 없기 때문에 완전한 친환경이라고 표현할 수 없다. 단 경제성을 생각하지 않고 신재생 에너지 발전을 이용할 경우 완전한 친환경차가 가능하다.
④ 태양광이나 풍력 등 신재생 에너지는 효율이 낮은 문제가 있지만, 그렇다고 선뜻 원자력 발전을 선택할 수 없는 이유는 사고 발생 시 방사능 누출이라는 위험이 있기 때문이다.
⑤ 오염 배출 지점을 옮길 뿐 온실가스 배출로 인한 지구 온난화 문제 등은 완화되지 않는다.

제2회 모의고사

수리논리

01. ④	02. ③	03. ③	04. ②	05. ⑤
06. ①	07. ②	08. ④	09. ①	10. ②
11. ②	12. ④	13. ④	14. ①	15. ②
16. ④	17. ④	18. ⑤	19. ③	20. ②

추리

01. ③	02. ④	03. ⑤	04. ①	05. ④
06. ④	07. ③	08. ④	09. ⑤	10. ③
11. ④	12. ③	13. ③	14. ⑤	15. ②
16. ④	17. ①	18. ④	19. ③	20. ②
21. ⑤	22. ②	23. ⑤	24. ②	25. ④
26. ⑤	27. ⑤	28. ⑤	29. ⑤	30. ④

수리논리 01 ~ 20번

01 ▶ ④ 응용수리

조사한 집단 내에서 이 대선후보를 지지한다고 응답한 사람의 수를 a명이라고 하면 이 대선후보를 지지하는 20대와 30대의 비는 5.5:4.5이며, 조사 집단 중 20대에서 이 후보를 지지한다고 응답한 사람은 60%이고, 30대에서 이 후보를 지지한다고 응답한 사람은 40%이다.
조사 집단 중 이 후보를 지지한다고 응답한 20대는 330명이므로 $a \times \dfrac{5.5}{5.5+4.5} \times \dfrac{60}{100} = 330$이고, $a = 1,000$(명)이다.
이때 조사 집단에서 30대에서의 지지율이 40%이므로 이 후보를 지지한다고 응답한 30대의 수는
$1,000 \times \dfrac{4.5}{5.5+4.5} \times \dfrac{40}{100} = 180$(명)이다.

02 ▶ ③ 응용수리

전체 일의 양을 1이라 하면 갑은 60일 만에 일을 완성하므로 하루에 하는 일의 양은 $\dfrac{1}{60}$, 을은 40일 만에 일을 완성하므로 하루에 하는 일의 양은 $\dfrac{1}{40}$이다.
갑이 일한 기간을 x일이라 하면

$\dfrac{1}{60} \times x + \dfrac{1}{40} \times (50-x) = 1$이 되어
$2x + 3(50-x) = 120$
$-x + 150 = 120$
$\therefore x = 30$
따라서 갑이 일한 기간은 30일이 된다.

03 ▶ ③ 자료해석

③ 2020년 전체 이민자 중 '교육' 사유에 의한 이민자의 비율은 $\dfrac{1,347+337}{5,634+2,152} ≒ 21.6\%$였고 2021년 전체 이민자 중 '교육' 사유에 의한 이민자의 비율은 $\dfrac{1,246+450}{5,124+2,249} ≒ 23.0\%$이므로 전년 대비 증가하였다.
① 2017년부터 2021년까지 전체 이민자 중에서 국내로 이민을 온 이민자의 비율은 각각 약 70.9%, 73.5%, 72.4%, 72.4%, 69.5%로 모두 60% 이상이다.
② 조사기간 중 국내로 이민을 온 이민자의 수가 가장 적은 해는 2021년으로 전체 이민자의 수도 가장 적었다.
④ 2017년 대비 2021년 전체 이민자 수의 감소율은 $\dfrac{7,531-7,373}{7,531} \times 100 ≒ 2.1(\%)$로 5% 미만이다.
⑤ 2020년과 2021년 모두 '직업'이 가장 많은 이민자의 이민 사유였다.

04 ▶ ② 자료해석

재위년도별 흉년 지역이 각각 1, 3, 4, 4, 5, 1, 2개 지역이고, 재위기간 중 지역별 흉년 빈도가 각각 4, 3, 2, 1, 3, 4, 2, 1회이므로 재위년도와 지역별로 비교하여 적합한 표를 찾으면, 답은 ②이다.
① 재위년도별 흉년 지역은 각각 1, 3, 3, 4, 3, 3, 2개 지역이고 재위기간 중 지역별 흉년 빈도가 각각 4, 3, 3, 1, 3, 2, 2, 1회이므로 일치하지 않는다.
③ 재위년도별 흉년 지역은 각각 1, 3, 3, 5, 5, 3, 3개 지역이고 재위기간 중 지역별 흉년 빈도가 각각 5, 2, 2, 4, 3, 4, 1, 2회이므로 일치하지 않는다.
④ 재위년도별 흉년 지역은 각각 1, 3, 4, 4, 5, 2, 3개 지역이고 재위기간 중 지역별 흉년 빈도가 각각 4, 1, 1, 1, 3, 4, 4, 4회이므로 일치하지 않는다.
⑤ 재위년도별 흉년 지역은 각각 2, 3, 5, 3, 2, 2, 4개 지역이고 재위기간 중 지역별 흉년 빈도가 각각 5, 2, 2, 0, 4, 4, 2, 2회이므로 일치하지 않는다.

05 ▶ ⑤

⑤ 2018년 B사의 지점당 종사자 수는 약 545명이고 2019년에는 약 610명이므로 2018년에 비해 증가하였다.
① D사의 경우 2016년에 비해 2020년에 지점 수는 감소하였으나 종사자 수는 증가하였으므로 지점당 종사자 수는 증가하였다.
② C사의 경우 지점당 트럭 보유 대수는 2019년에 $\frac{7,853}{87} ≒ 90$(대)이고, 2016년에 $\frac{7,887}{93} ≒ 85$(대)이므로 2019년에 증가하였다.
③ B사의 경우 매년 보유 대수가 감소하였지만 A사의 경우는 매년 증가하였다.
④ 2019년 A~D사의 종사자 수는 72,345+4,882+13,531+3,376=94,134(명)이다. 따라서 C사의 종사자 비율은 $\frac{13,531}{94,134} × 100 ≒ 14.4$(%)이므로 10% 이상이다.

06 ▶ ①

빈칸에 들어갈 숫자를 채우면 5,000+6,000=(가)+5,400이므로, (가)는 5,600이다.
$\frac{4,500+(나)}{11,000} × 100 ≒ 94.55$ 이므로 (나)는 5,900이다.
(다) = $\frac{10,000}{11,000} × 100 ≒ 90.91$이다.
① A사의 주가가 가장 높은 달은 3월로, 5,700원이다.
④ 주가지수가 가장 높은 달은 3월이고, A와 B사의 주가는 전월 대비 모두 증가하였다.
⑤ B사의 주가수익률이 가장 낮은 달은 6월이고, B사의 주가는 전월 대비 800원 하락하였다.

07 ▶ ②

㉠의 정보에 따르면 A는 호주이고 C는 아이슬란드임을 알 수 있다.
㉡의 정보에 따르면 캐나다와 네덜란드는 각각 B와 D 중 하나임을 알 수 있다.
㉢의 정보에 따르면 B는 캐나다이고 D는 네덜란드이다.
따라서 A는 호주, B는 캐나다, C는 아이슬란드, D는 네덜란드이다.

08 ▶ ④

④ 2020년에 동영상 시청에 사용된 1인당 데이터 소비량은 2,390MB이고 2021년에 사용된 데이터 소비량은 2,210MB이므로 $\frac{|2,210-2,390|}{2,390} × 100 ≒ 7.5$(%) 감소했다.
① 2019년 대비 2021년 1인당 기타 데이터 소비량의 증감률은 다음과 같다. 음악은 $\frac{522-301}{301} × 100 ≒ 73$(%)이고, 인터넷 검색은 $\frac{182-155}{155} × 100 ≒ 17$(%)이며, 게임은 $\frac{1,103-815}{815} × 100 ≒ 35$(%)이므로 증감률이 가장 큰 것은 음악이다.
② 동영상 시청에 사용된 데이터는 꾸준히 감소하고 있지만 2021년에도 여전히 전체 데이터 소비량의 50% 이상을 차지하고 있다.
③ 전년도 대비 증감률을 본다면 2019년에는 음악에 사용된 데이터 소비량 증감률이 약 30%인 것에 비해 게임에 사용된 데이터 소비량 증감률은 약 36%로 더 높지만 2020년에는 음악에 사용된 데이터 소비량 증감률이 약 44%로 게임에 사용된 데이터 소비량 증감률인 약 11%보다 더 높다.
⑤ 매년 기타 데이터 소비량에서 인터넷 검색이 차지하는 비율은 2018년에 약 14%, 2019년에 약 12%, 2020년에 약 11%, 2021년에 약 10%로 2018년부터 2021년까지 매년 감소하고 있다.

09 ▶ ①

① E자동차의 2021년 9월 매출액이 110억 원이라면, (가)에 들어갈 값은 110×1.4=154이다.
② 10월 매출액이 가장 큰 상위 2개 A, B 자동차의 시장점유율은 34.3+33.0=67.3(%)이다.
③ 2021년 10월 G자동차의 매출액은 138억 원이고 이는 전월 대비 50% 증가한 값이므로 9월 G자동차의 매출액은 $\frac{138}{1.5} = 92$(억 원)이다.
④ 시장점유율과 10월 매출액을 이용하여 구할 수 있다. 숫자가 제일 작은 J자동차의 10월 매출액을 이용하면, $\frac{10월 매출액}{시장 점유율} × 100 = \frac{27}{0.8} × 100 = 3,375$ (억 원)이다.
⑤ 전월 대비 매출액 증가율이 가장 큰 자동차는 I자동차이고 2021년 9월 매출액은 12억 원이다. 이는 2021년 10월 매출액이 가장 적은 자동차의 매출액인 27억 원보다 적다.

10 ▶ ②

② 2020년 11월 식량 가격지수는 191.3이고, 2021년 3월 식량 가격지수는 173.8이므로, $\frac{|173.8-191.3|}{191.3} × 100 ≒ 9.1$(%) 감소하였다.
③ 2020년 11월에 비해 2021년 3월에 설탕은 229.7 − 187.9 = 41.8 감소하였다.

11 ▶ ②

② 경제활동 참가율이 '(취업자 + 실업자) ÷ 15세 이상 인구'이므로 여기서 실업률을 빼면 15세 이상 인구 중에서 취업자가 차지하는 비율이 된다. 2021년 30대 남성의 경우, 94.3−2.5=91.8(%)이다.
① 2018년의 경우 전체 실업률이 전년도에 비하여 0.1%p 증가하였으나 남자의 경우 0.2%p 감소하였다.
③ 2021년 남자와 여자의 실업률 차이는 10대~20대에서 1.9%p로 가장 크다.

④ 여자의 실업률은 2017년 이후로 계속해서 감소하였다.
⑤ 경제활동 참가율은 40대가 82.1%로 가장 높고, 실업률은 10대~20대가 4.1%로 가장 높다.

12 ▶ ③　　　　자료해석

③ 수학성취도가 가장 높은 국가와 낮은 국가는 싱가포르와 아르헨티나이고, 1인당 GDP 차이는 5만 8천 달러 −1만 6천 달러 =4만 2천 달러이다. 미국과 인도네시아의 1인당 GDP 차이는 4만 7천억 달러 −5천억 달러 =4만 2천억 달러이다. 따라서 동일하다.
① 수학성취도 상위 5개국은 싱가포르, 네덜란드, 일본, 한국, 핀란드이다. 이 중 한국의 GDP는 2만 9천 달러이다.
② 1인당 GDP 상위 7개 국가 중 수학성취도가 34개국 학생 전체의 평균보다 낮은 국가는 수학성취도를 알 수 없는 카타르를 제외하고 세 곳이다.
④ 34개국 중 수학성취도가 평균 이상인 국가는 수학성취도가 500점 이상인 국가로 총 12곳이다.
⑤ 1인당 GDP가 2만 달러 이하인 국가 중 폴란드, 베트남의 수학성취도는 34개국 학생 전체의 평균보다 높다.

13 ▶ ④　　　　자료해석

④ 2020년 B지역의 벤처기업의 평균 매출액은 전년 대비 $\frac{39.2-35.7}{35.7} \times 100 ≒ 9.8(\%)$ 증가하였다.
① 2018년 A지역의 벤처기업 수는 전년 대비 531개에서 540개로 증가하였고, 벤처기업 평균 매출액도 전년 대비 23.5억 원에서 24.5억 원으로 증가하였다.
② 2019년 가장 적은 수의 종업원을 보유한 벤처기업은 Q사이고 전년 대비 종업원 수는 57명에서 58명으로 증가하였다.
③ A지역의 벤처기업 평균 매출액이 가장 큰 해는 2020년이고, B지역의 벤처기업 평균 매출액이 가장 큰 해는 2021년이다.
⑤ 두 지역의 벤처기업 평균 매출액 차이가 가장 큰 해는 2020년이다. 이때 S사의 종업원 수는 전년 대비 155명에서 153명으로 감소하였다.

14 ▶ ①　　　　자료해석

(a) V사는 조사기간 동안 가장 많은 종업원 수를 보유하고 있다.
→ 조사기간 내내 가장 많은 종업원을 보유한 벤처기업 V사는 Ⓐ이다.
(b) I사는 조사기간 동안 지속적으로 종업원 수가 줄어들었다.
→ 조사기간 동안 지속적으로 종업원 수가 줄어든 벤처기업 I사는 Ⓑ이다.
따라서 Ⓐ는 V사, Ⓑ는 I사, Ⓒ는 P사이다.

15 ▶ ②　　　　자료해석

② 2017년의 전년 대비 수출액 증감률이 가장 크다. 전년 대비 1,712백만 달러 증가하여 수출액이 가장 많이 증가했다.
① 2020년 수출품의 수출액을 계산해보면 철강판이 약 229,237,000달러, 고무제품(타이어)이 약 200,657,000달러이다. 따라서 수출액이 가장 낮았던 품목은 고무제품(타이어)이다.
③ 2016년 수출액은 7,012÷1.323≒5,300백만 달러이므로 2020년 수출액인 8,213백만 달러의 50%를 초과한다.
④ 2021년 전체 수출액보다 큰 비율로 증가한 제품은 냉난방기기로 두 번째로 높은 수출액을 기록했다.
⑤ 수출품목 중 수출액 증감률에 가장 큰 영향을 미치는 품목은 수출액에서 가장 큰 비율을 차지하는 자동차이다.

16 ▶ ④　　　　자료해석

2020년의 증감률은 −6.9%로 전년 대비 감소하였으나 ④의 그래프에는 6.9%로 표기되어 있다.
⑤ 두 번째 표의 증감률을 계산해 2020년 수출품 수출액을 구할 수 있다.

17 ▶ ④　　　　자료해석

④ 4대 유통업태 중 남성의 구매액 비중이 가장 큰 유통업태는 '소셜커머스'이고, 가장 큰 구매액 비중을 차지하는 연령대는 40대이다.
① 20대 이하 연령대가 가장 큰 구매액 비중을 차지하는 유통업태는 '일반유통'으로 전체의 25%를 차지한다.
② '할인점'에서 30대와 40대의 구매액 비중을 합친 값은 전체 구매액 비중의 35%이다.
③ 50대 이상 연령대의 구매액 비중이 가장 큰 유통업태는 '할인점'이고, 여성의 구매액 비중이 55%로 남성의 구매액 비중인 45%보다 크다.
⑤ '오픈마켓'과 '할인점'에서의 구매액 비중은 성별에서는 동일하지만 연령대에서는 동일하지 않다.

18 ▶ ⑤　　　　자료해석

40대 미만의 구매액 비중이 전체의 절반 이상인 유통업태는 '일반유통'이다. '일반유통'의 연간 구매액 규모는 126,700억 원이고, 이 중 남성의 구매액 비중이 55%, 여성의 구매액 비중이 45%이므로 이 둘의 구매액 차이를 구하면 126,700×(0.55−0.45)=12,670(억 원)이다.

19 ▶ ③　　　　자료해석

③ 2016~2021년 특별시·광역시의 실업률이 전국 실업률보다 높다. 따라서 그 외 지역의 실업률이 대체적으로 더 낮다는 것을 알 수 있다.

① 전년 대비 2018년 실업률은 15~19세가 6.5%p, 30~39세가 4%p, 60세 이상이 1.6%p 증가하였다. 따라서 실업률이 가장 크게 증가한 연령층은 15~19세이다.
② 실업률이 가장 높은 도시는 '부산'이지만 주어진 자료로는 부산의 15~29세 인구 비율을 알 수 없다.
④ 부산의 경우 2019년이 9.1%로 2018년보다 실업률이 더 높다.
⑤ 조사기간 동안 15~29세의 실업률은 전체 실업률보다 항상 높다.

20 ▶ ② [자료해석]

부산의 실업률 최고치는 2019년의 9.1%이고, 최저치는 2016년의 3.5%이므로 차이는 9.1-3.5=5.6(%p)이다.

추리 01~30번

01 ▶ ③ [언어추리]

개념요소는 주거 환경이 나쁜 곳, 소음공해가 발생하는 곳, 아파트이다. 이 단어들이 각각 2번 이상 나와야 하므로 추가되는 전제는 '소음공해가 발생하는 곳'과 아파트'에 관한 진술이어야 한다. 주거 환경 나쁨 → 소음 발생 → 아파트 아님으로 이어져야 하므로, 이에 부합하는 것은 ③이다.

02 ▶ ④ [언어추리]

주어진 전제와 결론은
[전제 1] (뛰어난 농구선수 → 농구 실력이 좋을 것) & (좋은 선생님 → 남에게 설명을 잘 할 수 있을 것)
[결론] ~뛰어난 농구선수 & ~좋은 선생님
결론을 도출하기 위해서는 추가되는 전제에 '~농구 실력이 좋을 것 & ~남에게 설명을 잘할 수 있을 것'이 들어가야 한다. 따라서 '민호는 농구 실력이 좋지 않고 남에게 설명도 잘하지 못한다.'라는 진술이 가장 적절하다.

03 ▶ ⑤ [언어추리]

첫 번째 전제에 의해 '선희네 집 고양이가 낳은 새끼 중 어떤 고양이는 털이 긴 얼룩무늬 고양이다'라는 진술이 참인 것을 알 수 있다. 이 진술을 포함하는 것은 ⑤이다.

04 ▶ ① [언어추리]

병이 태어난 달은 을과는 1달 차이가 나고, 정과는 3달 차이가 난다고 하였으므로 병이 태어난 달을 x라 하면, 을이 태어난 달은 $x+1$, 정이 태어난 달은 $x+3$으로 나타낼 수 있다. 또한, 갑, 무, 을, 정이 모두 홀수 달에 태어났으므로 정이 태어난 달을 9월, 11월로 잡고 이때 나머지 사람이 태어난 달을 찾아 정리하면 아래와 같다.

갑	무	병	을	정
5월	7월			
3월	7월	8월	9월	11월
3월	5월			
3월	5월	6월	7월	9월

② 무가 5월에 태어난 경우 정이 태어난 달은 9월 또는 11월이다.
③ 병은 6월 또는 8월에 태어났다.
④ 갑과 무가 태어난 달이 3개월 이상 차이 나는 경우는 갑이 3월, 무가 7월에 태어난 경우이고 이때 정은 11월에 태어났다.
⑤ 갑이 3월에 태어나고 무가 7월에 태어나는 경우도 가능하다.

05 ▶ ④ [언어추리]

돌고래 우리를 월요일 오전에 개방하고, 월요일 오후와 화요일 오전에 개방하는 동물 우리가 같으며 수요일 오전과 오후에 개방하는 동물 우리가 같으므로 표로 나타내면 다음과 같다.

	월요일	화요일	수요일	목요일
오전	돌고래	A	B	
오후	A		B	

오전에 개방하는 코끼리 우리는 사슴 우리를 개방하기 바로 전날 개방하고, 오후에 개방하는 돌고래 우리는 사슴 우리를 개방한 바로 다음 날 개방하므로, 다음과 같이 빈칸을 채울 수 있다.

	월요일	화요일	수요일	목요일
오전	돌고래	코끼리	사슴	기린
오후	코끼리	기린	사슴	돌고래

따라서 틀린 것은 ④이다.

06 ▶ ④ [언어추리]

여섯 명 모두 토익 점수가 700점 이상이고 그중 900점 이상인 사람은 1명, 800점 이상인 사람은 4명이므로, 여섯 명의 점수를 파악해보면 900점대 1명, 800점대 3명, 700점대 2명이라고 정리할 수 있다. 경희의 토익 점수가 799점이며 수현이 경희보다 순위가 낮으므로 수현이 700점대이며 여섯 명 중 가장 순위가 낮다. 다음으로 도연의 순위는 2위이고 명지는 경호 다음 순위라고 하였다. 명지와 경호의 순위가 붙어 있으려면 경호가 3위, 명지가 4위가 되어야 한다. 따라서 주영이 1위가 된다.

주영	도연	경호	명지	경희	수현
900점대	800점대			700점대	

④ 도연이 2위, 명지가 4위이므로 도연은 명지보다 순위가 높다는 것은 항상 참이다.

07 ▶ ③   언어추리

제시된 조건에 따르면 마우스, 키보드, 스피커 중에서 두 가지 제품은 반드시 납품해야 한다. 하지만 세 가지 제품을 모두 납품할 수는 없다.
따라서 마우스, 키보드, 스피커 중 어떤 두 가지 제품을 납품할 것인지에 따라 가능한 경우는 아래와 같이 세 경우가 있다.

ⅰ) 마우스와 키보드를 납품할 경우

납품하게 되는 제품	납품할 수 없는 제품
SSD, 이어폰, 이동식 메모리	노트북, 헤드폰, 모니터, 스피커

ⅱ) 마우스와 스피커를 납품할 경우

납품하게 되는 제품	납품할 수 없는 제품
SSD, 이어폰	노트북, 헤드폰, 모니터, 이동식 메모리, 키보드

ⅲ) 키보드와 스피커를 납품할 경우

납품하게 되는 제품	납품할 수 없는 제품
SSD, 이동식 메모리, (이어폰 or 헤드폰)	노트북, 모니터, 마우스, (헤드폰 or 이어폰)

(이어폰과 헤드폰 중 하나는 반드시 납품해야 하지만 둘 모두 납품할 수는 없다.)
따라서 납품이 가능한 것은 SSD와 이어폰이다.

08 ▶ ④   언어추리

제시된 자료의 정보를 보고 다음과 같이 나타낼 수 있다.
B사원은 A사원의 바로 옆 사무실에 근무한다고 하였으므로 영업팀 또는 마케팅팀에 근무한다.

영업팀	총무팀	마케팅팀	홍보팀
(B사원)	A사원	(B사원)	
		6명	

C대리는 마케팅팀 소속이 아니라고 하였는데, D대리가 C대리 바로 왼쪽 사무실에서 근무하므로 D-C가 연이어 와야 하고, 이에 따라 마케팅팀에는 D대리가, 홍보팀에는 C대리가 소속됨을 알 수 있다. 따라서 B사원은 영업팀 소속이다. (대리급 이하 직원은 팀별로 1명씩이므로 아래의 배치만 가능)

영업팀	총무팀	마케팅팀	홍보팀
B사원	A사원	D대리	C대리
		6명	

④ D대리는 마케팅팀 소속임을 확인할 수 있다.
① B사원이 속한 팀은 영업팀이고, 영업팀 직원은 6명 혹은 7명이므로 B사원보다 직급이 높은 직원은 5명 혹은 6명이다. 따라서 참일 수도, 거짓일 수도 있다.
② A사원 옆 사무실에는 B사원과 D대리가 근무한다.
③ C대리는 홍보팀 소속임을 알 수 있다.
⑤ B사원의 옆 사무실에는 A사원이 근무한다.

09 ▶ ⑤   언어추리

A는 서울역에 배치되고 G는 용산역에 배치된다. 서울역에 추가로 배치되어야 하는 직원은 두 명이다. B와 D는 같은 기차역에 배치되어야 하지만 D가 A, G와 같은 기차역에는 배치될 수 없으므로 서울역에는 C와 F가 함께 추가로 배치되어야 한다. (E가 서울역에 배치된다면 서울역의 남은 한 자리를 채울 수 없다.)
남은 직원은 B, D, E뿐이고 B와 D는 함께 배치되어야 하므로 B, D/E 세 명이 동대구역과 부산역에 배치되어야 한다. 이는 두 경우가 있다.

ⅰ) B, D가 동대구역, E가 부산역에 배치되는 경우

기차역	서울역	용산역	동대구역	부산역
직원	A, C, F	G	B, D	E

ⅱ) B, D가 부산역, E가 동대구역에 배치되는 경우

기차역	서울역	용산역	동대구역	부산역
직원	A, C, F	G	E	B, D

따라서 용산역에는 G만 배치되므로 두 명 이상의 직원이 배치될 수 없다.

10 ▶ ③   언어추리

안경 쓴 학생 수는 1반이 23명이고, 안경 쓴 학생이 가장 적은 학급인 2반의 안경 쓴 학생 수는 23-5=18(명)이다.
두 번째로 적은 학급은 5반이며, 3반과 4반은 그 중간임을 알 수 있다.

	안경 쓴 학생	안경 안 쓴 학생
1반	23	12
2반	18	17
3반		
4반		
5반		

3, 4, 5반의 안경 쓴 학생 수는 19~22명 사이가 된다. (모든 학급의 안경 쓴 학생 수는 다르므로) 안경 안 쓴 학생 수는 13~16명 사이이다. 그리고 3~5반 중에서는 5반의 안경 쓴 학생 수가 가장 적다.
③ 3, 4, 5반의 안경 쓴 학생 수는 19~22명 사이이고, 이 중 5반의 안경 쓴 학생 수가 가장 적다. 안경 쓴 학생 수를 가장 적게 잡는다면, 5반이 19명이 되고 3반이나 4반이 20명이 된다. 따라서 최소한 20명 이상은 되는 것으로 20명 미만이 될 수는 없다.
① 안경을 쓰지 않은 학생이 15명 이상인 학급은 1개 이상이다.(2반) 그리고 3, 4, 5반에서 안경을 쓰지 않은 학생은 13명~16명 사이이므로 최소 1개, 최대 2개 학급이 된다. 따라서 1~5반에서 안경을 쓰지 않은 학생이 15명 이상인 학급은 최소 2개, 최대 3개이다. 반드시 3개 이상이라고 할 수는 없다.

② 알 수 없다.
④ 안경을 쓴 학생 수가 3반이 4반보다 많은지는 알 수 없다.
⑤ 5개 학급의 안경을 쓴 학생 수는 1반 23명, 2반 18명이다. 3, 4, 5반의 안경 쓴 학생 수는 19~22명 사이인데 이를 최소로 잡아 19명, 20명, 21명이라고 한다면 23+18+19+20+21=101(명)이 된다.

11 ▶ ④ 〔언어추리〕

B와 C 사이에 두 종류의 알파벳 카드가 있으며, B는 C보다 왼쪽에 놓여있다. E는 B의 왼쪽이나 오른쪽에 위치하게 되는데, D가 E의 바로 오른쪽이라고 하였으므로 E는 B의 왼쪽에 위치할 수 없고, B의 오른쪽에 위치하게 된다. 따라서 D는 E와 C 사이에 위치하게 된다.
A는 F보다 오른쪽에 놓여있다고 하였으므로 고려할 수 있는 경우는 FABEDC, FBEDCA, BEDCFA 세 가지이다.
④ B와 C 사이에 놓이는 알파벳은 정해져 있으므로 F는 B와 C 사이에 절대 놓일 수 없다.

12 ▶ ③ 〔언어추리〕

옷장과 침대는 B, C, E, H가 2명씩 나누어 운반하였다. 옷장을 운반한 사람은 남자 한 명, 여자 한 명이다. 옷장을 운반한 사람 중 한 명이 여자이므로 침대를 함께 운반한 사람은 둘 다 남자이다.(여자라면 여자의 수가 3명을 넘어서는데, D가 여자이고 여자가 총 3명이므로)
E는 여자라고 하였으므로, E는 옷장을 한 남자와 함께 운반하였고 B는 침대를 운반하지 않았으므로, B가 E와 함께 옷장을 운반하였다. 따라서 C와 H는 침대를 함께 운반한 남자라고 볼 수 있다.
A가 서류 박스를 운반하였으므로 여자인 D는 텔레비전이나 컴퓨터가 아닌 식자재를 운반하였다. G는 텔레비전을 운반하지 않았으므로 컴퓨터를 운반했고, F가 텔레비전을 운반했다. 그런데 이 둘 모두 남자이므로 세 명 중 마지막으로 판정되는 여자는 A이다.
이를 표로 정리하면 다음과 같다.

사람	A	B	C	D	E	F	G	H
성별	여자	남자	남자	여자	여자	남자	남자	남자
운반물품	서류박스	옷장	침대	식자재	옷장	텔레비전	컴퓨터	침대

13 ▶ ③ 〔언어추리〕

F가 제주지점으로 출장을 가고 D와 E는 같은 지점으로 출장을 간다. 울산지점으로 출장을 가는 직원이 2명이고, A, B, C는 각각 다른 지점으로 출장을 가므로 D와 E는 울산지점으로 출장을 갈 수밖에 없다. 따라서 A, B, C가 출장을 가는 곳에 따라 전체 경우가 결정된다.
다만 A가 광주지점으로 출장을 가면 C는 제주지점으로 출장을 갈 수 없어, C는 강릉지점, B는 제주지점으로 출장을 가게 된다. 전체 경우를 표로 나타내면 다음과 같다.

지점	울산지점	광주지점	제주지점	강릉지점
직원(경우 1)	D, E	A	B, F	C
직원(경우 2)	D, E	B	A, F	C
직원(경우 3)	D, E	C	A, F	B
직원(경우 4)	D, E	B	C, F	A
직원(경우 5)	D, E	C	B, F	A

④ A가 광주지점으로 출장을 갈 경우 B는 반드시 제주지점으로 출장을 가게 된다.

14 ▶ ⑤ 〔언어추리〕

B를 첫 번째, F를 일곱 번째 순서로 광고한다. G는 C 다음 순서에 광고하므로 C, G는 연달아 광고한다. 첫 번째에 식자재를 광고하므로, 두 번째 순서에는 의류 혹은 안마기기를 광고하여야 하지만, H는 G 이후에 광고하고, G는 C 다음 순서에 광고하므로 두 번째 순서에는 의류를 광고하여야 한다. 의류 중에서는 E를 가장 먼저 광고하므로 E가 두 번째 광고 순서가 된다.
세 번째 광고 순서로는 식자재 혹은 안마기기가 올 수 있는데, 안마기기 H는 여전히 G 이후에 광고하여야 하고, G는 C 다음으로 광고하여야 하므로 세 번째 광고 순서에는 C가 올 수도 있고, A가 올 수도 있다.
의류 E와 F의 순서는 정해졌으므로 남은 D를 같은 종류의 제품이 연달아 광고되지 않도록 적절하게 배치해야 한다(D는 같은 의류 종류인 F의 앞뒤에 올 수 없다.).
이를 표로 정리하면 다음과 같다.

i) 세 번째 광고 순서에 C가 오는 경우

광고순서	1	2	3	4	5	6	7	8
광고제품	B	E	C	G	D	A 혹은 H	F	H 혹은 A

ii) 세 번째 광고 순서에 A가 오는 경우

광고순서	1	2	3	4	5	6	7	8
광고제품	B	E	A	D	C	G	F	H

⑤ G는 네 번째 혹은 여섯 번째 순서로 광고를 할 수 있으므로 '다섯 번째 순서로 광고한다.'라는 것은 항상 거짓이다.

15 ▶ ② 〔도형추리〕

가로열을 기준으로 3개의 도형을 놓고 보면, 우측 도형의 내부도형과 가운데 도형의 내부도형은 동일하다. 왼쪽과 오른쪽 도형의 음영에 따라 가운데 도형의 내부 작은 도형의 음영이 결정된다. 좌측 혹은 우측 도형 중 한쪽에서만 검은색 음영으로 표시된 부분은 검은색 도형이 되고, 좌측과 우측 모두 흰색 음영으로 표시된 부분은 흰색 도형이 된다. 그리

고 좌측과 우측 도형에서 검은색 음영으로 표시된 부분이 겹치는 경우 흰색 도형이 된다.

16 ▶ ④　　　　　　　　　　　　　도형추리

가로열 기준으로 첫 번째 도형과 세 번째 도형을 더하면 가운데 도형이 생겨난다. 이를 바탕으로 생각해보면 ④가 물음표에 들어갈 가장 적절한 도형이다.

17 ▶ ①　　　　　　　　　　　　　도형추리

가운데 도형의 내부도형 모양과 음영은 아래의 규칙에 따른다.

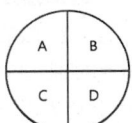 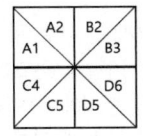 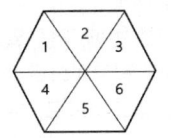

음영의 위치는 A, B, C, D에 따르고, 도형 모양은 1~6에 따른다.

18 ▶ ④　　　　　　　　　　　　　도식추리

> ☆은 다음과 같이 값을 증감한다 : AB12 → AB23(숫자만 변화)
> ★은 다음과 같이 값을 증감한다 : AB12 → BC12(문자만 변화)
> ◇은 다음과 같이 순서를 변화한다 : ABCD → DCBA
> ◆은 다음과 같이 순서를 변화한다 : ABCD → BADC

61BD → ◇ → DB16 → ☆ → DB27

19 ▶ ③　　　　　　　　　　　　　도식추리

V45M → ★ → W45N → ◆ → 4WN5 → ◇ → 5NW4

20 ▶ ②　　　　　　　　　　　　　도식추리

F4R1 → ◆ → 4F1R → ☆ → 5F2R → ◇ → R2F5

21 ▶ ⑤　　　　　　　　　　　　　도식추리

8Y0Q → ★ → 8Z0R → ◆ → Z8R0 → ◇ → 0R8Z

22 ▶ ②　　　　　　　　　　　　　단어유추

'밝히다'와 '폭로하다'는 각각 고유어와 한자어로 된 유의어이다. '줄이다'의 유의어이면서 한자어인 단어로는 '경감하다'가 적절하다.

23 ▶ ③　　　　　　　　　　　　　단어유추

③은 유의 관계(유사어)에 해당한다. 나머지는 반의 관계(반의어)에 해당한다.
귀납 : 특정 관찰이나 경험을 근거로 일반적 원리를 도출하는 방법
연역 : 일반적인 원리에서 개별적 사실을 유도해 내는 방법
긴밀 : 서로의 관계가 매우 가까워 빈틈이 없음
이완 : 바짝 조였던 정신이 풀려 늦추어짐
낙천 : 세상과 인생을 즐겁고 좋은 것으로 여김
염세 : 세상을 괴롭고 귀찮은 것으로 여겨 비관함
낭독 : 글을 소리 내어 읽음
묵독 : 소리를 내지 않고 속으로 글을 읽음

24 ▶ ②　　　　　　　　　　　　　논리추론

이 글에서 '사회문제는 윤리적인 문제일 뿐만 아니라 코의 문제, 후각의 문제이기도 한 것이다.'고 언급하고 있다. 현대 사회의 문제가 코의 문제, 즉 후각의 문제이기도 하다고 주장하고 있지만, 윤리적인 문제가 전혀 없다고 말하는 것은 아니다.

25 ▶ ④　　　　　　　　　　　　　논리추론

뉴런의 활성화 유형을 수식으로 나타내는 것이 불가능에 가까운 것은 맞지만, 그림으로 나타내는 경우가 많다는 내용은 거짓이다. 이 글에서는 그림으로 나타내는 것 역시 불가능에 가깝지만 그것이 가능하다고 상상해 보자고 하고 있다.

26 ▶ ⑤　　　　　　　　　　　　　논리추론

⑤ 오로라에 포함되어 있는 질소, 산소 등의 이온화된 기체는 제각기 다른 파장의 빛을 낸다.
① 지구에 도달하는 태양풍은 대부분 지구의 자기장 밖으로 밀려난다. 일부가 지구 자기장에 끌려 붙잡히는데, 이를 구성하는 대전입자들이 지구 양쪽 자기극으로 쏟아지고 대기와 충돌하면서 오로라가 나타나게 되는 것이다.
② 태양에서 날아오는 수소원자로 인해 태양 흑점의 극대기에 나타나는 오로라에서 수소원자 스펙트럼이 검출되는 경우가 있다고 하였다.
③ 오로라는 주로 공기 밀도가 희박한 상층부 80~160km 높이의 열권에서 발생하지만, 나타나는 시기와 모양에 따라 고도가 다르다.
④ 오로라 대에서만 매년 100회 이상 오로라 현상이 나타나므로, 오로라 현상이 매년 100회 이상 나타나는 것이 맞다.

27 ▶ ⑤ 　　　　　　　　　　　　　논리추론

이 글은 의견 교환을 통한 합의나 설득은 일시적인 해답을 주지만, 철학은 절대적이고 영원한 기준을 제시해 주기 때문에 철학이 더 중요하다는 관점을 지니고 있다. 따라서 4차 산업 혁명이라는 비교적 일시적인 변화에 대한 대응보다 절대적 진리와 관련된 문제가 더 우선시되어야 한다는 내용의 비판이 적절하다.

28 ▶ ⑤ 　　　　　　　　　　　　　논리추론

⑤ 원전 해체 중 발생한 콘크리트나 철재류가 극저준위폐기물의 대표적인 예이나, 이는 오염도가 낮아야 해당한다. 방사능 농도가 자체처분 허용 농도의 100배 미만이 아닌 100배 이상이라면 극저준위폐기물에 해당한다고 볼 수 없다.
① 고준위폐기물의 방사능이 천연 우라늄 수준으로 줄어들기 위해서는 30만 년이 지나야 하는 것은 맞다. 하지만 고준위폐기물의 경우 원전 내부의 저장시설에 자체 보관한다고 하였고, 방사능이 줄어들 때까지 100m 이상의 깊은 곳에 매립해야 한다고 하지 않았다.
② 극저준위폐기물의 경우 일반 매립이 가능하다.
③ 중준위폐기물은 지하 100m 이상의 깊은 곳에 매립해야 하고, 저준위폐기물의 경우 지상시설 처분이 가능하다.
④ 고준위폐기물은 방사능 세기가 절반으로 감소하는 데 20년 이상이 걸리는 것을 말한다. 방사능 세기가 절반으로 감소한 이후 중준위폐기물로 분류된다고 할 수는 없다.

29 ▶ ⑤ 　　　　　　　　　　　　　논리추론

⑤ 기둥을 연결한 창방들이 만들어 내는 수평선은 눈높이보다 높은 곳에 위치하고 있기 때문에 창방의 양쪽 끝이 아래로 처져 보이는 착시 현상이 발생하게 되고, 이러한 착시 현상을 교정하기 위해 기둥을 건물의 중앙에서 양쪽 끝으로 가면서 점차 높아지도록 만드는 귀솟음 기법을 이용한다고 설명하고 있다.
① 끝부분 기둥이 오랫동안 지속적으로 많은 하중을 받으면서 자연스럽게 중간 기둥보다 더 많이 침하된다고 하였다.
② 안쏠림 기법은 좌우 끝기둥의 '상부'를 건물의 중앙 쪽으로 기울어지게 하는 것이다.
③ 건물의 상부가 바깥으로 벌어져 보이는 착시 현상을 교정하기 위해 안쏠림 기법을 사용한다고 하였다. 이러한 착시 현상이 안정감을 줄 수도 있다는 언급은 찾아볼 수 없다.
④ 중층 건물에서 안쏠림 기법을 사용하면, 착시 현상을 교정하는 시각적 효과를 줄 뿐만 아니라 건물의 구조적 안정성에도 도움을 준다고 하였다. 하지만 그렇다고 해서 건축 기법이 반드시 이러한 두 가지 효과를 모두 가져야 사용될 수 있다고 말하고 있지 않다.

30 ▶ ④ 　　　　　　　　　　　　　논리추론

④ 지문에는 입자의 운동 상태 측정과 방법에 따른 부정확성이 제시되어 있다. 하지만, 측정에서 생기는 오차를 극복할 수 있는 기술에 관한 내용은 제시되어 있지 않다.
① 광양자가 전자와 충돌하면 전자의 운동량이 변한다는 것을 알 수 있고, 운동량은 물체의 질량과 속도를 곱한 값이므로 물체의 속도가 변했다는 것을 알 수 있다.
② 물체의 운동량은 물체의 질량과 속도의 곱으로 정의된다.
③ 물리량을 측정하기 위해, 빛을 쏘아 전자와 충돌시킨 후 튕겨 나오는 광양자를 관측한다는 것을 알 수 있다.
⑤ 파장이 짧은 빛, 곧 광양자의 운동량이 큰 빛을 쓰면 광양자와 충돌한 전자의 속도가 큰 폭으로 변하게 되므로 운동량 측정의 부정확성이 파장이 긴 빛을 썼을 때보다 커진다는 것을 알 수 있다.

제3회 모의고사

수리논리

01. ①	02. ①	03. ①	04. ⑤	05. ③
06. ④	07. ②	08. ②	09. ④	10. ③
11. ⑤	12. ⑤	13. ②	14. ③	15. ③
16. ②	17. ⑤	18. ⑤	19. ③	20. ④

추리

01. ③	02. ③	03. ③	04. ③	05. ②
06. ⑤	07. ⑤	08. ④	09. ⑤	10. ③
11. ②	12. ④	13. ⑤	14. ④	15. ④
16. ③	17. ③	18. ④	19. ⑤	20. ③
21. ①	22. ②	23. ⑤	24. ①	25. ③
26. ③	27. ⑤	28. ⑤	29. ④	30. ①

수리논리   01 ~ 20번

01 ▶ ① 응용수리

임의로 뽑은 응시자 한 명이 30대일 사건을 A, 여자일 사건을 B라 하면

$P(A) = \dfrac{1}{5}$, $P(B) = \dfrac{1}{3}$, $P(A \cup B) = \dfrac{2}{5}$

$P(A \cup B) = P(A) + P(B) - P(A \cap B)$에서

$P(A \cap B) = P(A) + P(B) - P(A \cup B)$

$= \dfrac{1}{5} + \dfrac{1}{3} - \dfrac{2}{5} = \dfrac{2}{15}$

따라서 구하는 확률은

$P(B|A) = \dfrac{P(A \cap B)}{P(A)} = \dfrac{\frac{2}{15}}{\frac{1}{5}} = \dfrac{2}{3}$

02 ▶ ① 응용수리

A도시에서 B도시까지 가는 데 승기가 걸린 시간을 x시간이라 하면 병만이가 걸린 시간은 $(x+3)$시간, 지혜가 걸린 시간은 $(x+3+3)$시간이다.

또, 승기의 속력을 시속 y km라 하면 병만이의 속력은 시속 $(y-3)$ km, 지혜의 속력은 시속 $(y-3-1)$ km이다.

	A도시에서 B도시까지 가는데 걸린 시간(시간)	속력(km/시)
승기	x	y
병만	$x+3$	$y-3$
지혜	$x+6$	$y-4$

이때 세 사람이 A도시에서 B도시까지 이동한 거리는 같으므로

$xy = (x+3)(y-3) = (x+6)(y-4)$

$\begin{cases} xy = (x+3)(y-3) \\ xy = (x+6)(y-4) \end{cases}$ 에서

$\begin{cases} x - y = -3 \\ 2x - 3y = -12 \end{cases}$

$\therefore x = 3,\ y = 6$

따라서 A도시에서 B도시까지의 거리는 $3 \times 6 = 18$(km)이다.

03 ▶ ① 자료해석

① 2018년 대비 2021년의 건축 건수 증감률을 살펴보면 A지역의 경우 약 $-20.8\%(\dfrac{95-120}{120} \times 100)$이고 B지역의 경우 약 $-34.4\%(\dfrac{107-163}{163} \times 100)$로 증감률 폭은 B지역이 더 크다.

② A지역의 건축공사비 중 아파트 건축에 사용되는 비용 자체는 점점 감소하고 있다. 하지만 비중을 살펴보면 2018년 약 54.7%에서 2019년 약 55.9로 상승한 경우가 있다.

③ B지역의 건축 건수 중 아파트 건축 건수가 차지하는 비중을 살펴보면 2019년에 약 19.7%, 2020년에 약 17.4%로 20% 미만이다.

④ A지역의 아파트 건축에 사용된 건축공사비가 가장 적었던 해는 2021년이고, 이때 오피스텔 건축에 사용된 건축공사비는 전년 대비 약 5.0% 감소하였다.

⑤ 2019년 B지역에서 오피스텔 건축 건수가 차지하는 비중은 약 50.4%로 50% 이상이고, 오피스텔 건축에 사용된 건축공사비는 전체 공사비의 약 25.9%로 20% 이상이다.

04 ▶ ⑤ 자료해석

⑤ 2018년 A도시의 남자 외국인 주민 중 남자 유학생의 비율

$= \dfrac{39,189}{186,709} \times 100 ≒ 21.0(\%)$

2018년 A도시의 여자 외국인 주민 중 여자 유학생의 비율

$= \dfrac{47,221}{219,584} \times 100 ≒ 21.5(\%)$

— 18 —

따라서 남자 외국인 주민 중 남자 유학생의 비율은 여자 외국인 주민 중 여자 유학생의 비율보다 낮다.

① $\frac{135,087}{457,806} \times 100 = 29.5(\%)$

② $\frac{457,806 - 415,059}{415,059} \times 100 = 10.3(\%)$

③ 2016년 A도시의 외국인 주민 중 여성의 비율
$= \frac{182,275}{336,221} \times 100 = 54.2(\%)$

2016년 A도시의 유학생 중 여자 유학생 비율
$= \frac{43,890}{84,711} \times 100 = 51.8(\%)$

④ A도시의 전체 유학생 수는 2017년에 전년 대비 감소하였다.

05 ▶ ③   자료해석

ⓒ과 ⓒ을 보고 B와 C가 대전청과 광주청임을 알아냈고, A가 서울청임을 알아냈다면 대구청은 D임을 알 수 있다. 대구청과 비교했을 때, 원천세 비중이 큰 곳은 B로 대전청이며, 작은 곳은 C로 광주청이다.

06 ▶ ④   자료해석

분포비율이 가장 높은 소득구간은 300~400만 원이고 가장 낮은 구간은 100만 원 미만 구간이다. 300~400만 원의 각 월평균 사교육비의 합은 21.2(만 원)이며, 100만 원 미만의 각 월평균 사교육비의 합은 6.4(만 원)이다. 그 차이는 21.2−6.4=14.8(만 원)이다.

07 ▶ ②   자료해석

② 2021년 축구 연간 관중 수를 X로 가정하고 구하면,
$34.9 = \frac{X}{33,314} \times 100$
$X = 0.349 \times 33,314 = 11,626.586$(천 명)이다.
2021년 야구 연간 관중 수를 Y로 가정하고 구하면,
$65.7 = \frac{Y}{19,450} \times 100$
$Y = 0.657 \times 19,450 = 12,778.65$(천 명)이다.
따라서 2021년 야구의 연간 관중 수가 더 많다.
① 2017년부터 2019년까지 야구 연간 관중 수는 연간 경기장 수용 규모가 동일하므로 관중수용률과 비례한다. 2017년부터 2019년까지 관중수용률이 매년 증가하므로 연간 관중 수도 매년 증가함을 알 수 있다.

08 ▶ ②   자료해석

② 40~49세에서는 교육비가 식료품비보다 평균 지출액이 많다.
③ 직군별 전체 소비량 대비 주거비용의 비율은 아래와 같다.

전문관리직 : $\frac{34.7}{318.0} \times 100 = 10.9(\%)$

사무직 : $\frac{34.2}{294.4} \times 100 = 11.6(\%)$

서비스판매직 : $\frac{29.4}{225.5} \times 100 = 13.0(\%)$

농어업 : $\frac{11.2}{153.3} \times 100 = 7.3(\%)$

기능/노무직 : $\frac{21.3}{188.0} \times 100 = 11.3(\%)$

따라서 주거비용이 전체 지출액 대비 가장 높은 비율을 차지하는 직군은 서비스판매직이다.

09 ▶ ④   자료해석

④ G제빙기의 부피는 $0.51(m) \times 0.85(m) \times 1.97(m)$을 통해 약 $0.9m^3$로 C제빙기의 부피 $0.4m^2$보다 크다.
① 저장량이 가장 많은 D제빙기는 수냉식 냉각방식을 사용하고 있다.
② 제빙기 부피가 가장 큰 제품은 G제빙기이다.
③ 제빙기의 부피와 저장량의 크기는 관계없다.
⑤ 열냉식 냉각방식을 사용한 제빙기 중에서 높이가 1m 이하인 F제빙기가 있으므로 옳지 않다.

10 ▶ ③   자료해석

㉠ 두 번째 표에서 확인할 수있다.
㉢ 종사자규모가 50명 미만인 기업은 548개, 50명 이상인 기업은 276+80+46=402(개)이다.
㉡ '바이오자원 산업'의 총연구개발비에서 바이오산업 연구개발비가 차지하는 비중은 $\frac{222}{642} \times 100 = 34.6(\%)$이고 총시설투자비에서 바이오산업 시설투자비가 차지하는 비중은 $\frac{30}{45} \times 100 = 66.7(\%)$이다. 따라서 총시설투자비에서 바이오산업 시설투자비가 차지하는 비중이 더 크다.
㉣ 기업 수 대비 바이오산업 연구개발비가 가장 높은 업종은 '바이오의약'이다.

11 ▶ ⑤   자료해석

⑤ '바이오화학, 에너지'의 바이오산업 연구개발비는 1,181억 원으로 바이오산업 시설투자비보다 크다. 그러나 주어진 그래프에서는 바이오산업 시설투자비가 더 크게 표현되어 있다.

12 ▶ ⑤   자료해석

⑤ 2021년 5대 사인으로 인한 사망자는 29.9+8.8+7.9+5.8+4.7=57.1(%)이다.
① 40~50대의 사망원인 2위가 자살이므로 질환으로 인한 사망이 대부분이라 볼 수 없다.

② 뇌혈관질환으로 인한 사망자는 70세 이상에서 가장 많다.
③ 2011년과 2020년의 사망자 수를 알 수 없으므로 자살로 인한 사망자 수를 추정할 수 없다.
④ 당뇨병으로 인한 사망률은 2011년 19.9명, 2020년 17.6명으로 낮아졌지만 2021년 19.4명으로 다시 높아졌다.

13 ▶ ②   자료해석

암으로 인한 총사망자는 12,405명이고, 30대에서 암으로 인한 사망자는 251명이므로 $\frac{251}{12,405} \times 100 ≒ 2.02(\%)$이다.

14 ▶ ③   자료해석

③ 2016년 갑 국가 전체의 수입 및 이입은 59,694천 원이고, A와 B지역의 수입 및 이입은 24,278천 원으로 전자가 후자보다 약 2.46배 더 많다.
① 수출 및 이출과 수입 및 이입 규모가 해마다 증가하고 있다.
②, ④ 첫 번째 표를 통해 확인할 수 있다.
⑤ 2018년 B지역의 무역 규모는 9,869 + 21,294 = 31,163 (천 원), A지역의 무역 규모는 2,244 + 19,065 = 21,309(천 원)이다. 따라서 B지역의 무역 규모가 A지역보다 9,854(천 원) 많다.

15 ▶ ③   자료해석

카페 아르바이트를 선호하는 학생의 비중은 2학년이 가장 높다.

16 ▶ ②   자료해석

② 2020년의 경우 대구의 미세먼지 농도가 울산보다 높았다.
① 2019, 2020, 2021년 모두 국내 주요 도시 중 인천의 연평균 미세먼지 농도가 가장 높다.
③ 2019년에 비해 2021년 연평균 미세먼지 농도가 낮은 도시는 서울, 부산, 대구, 인천, 광주 5개이다.
④ 2020년 베이징의 평균 미세먼지 농도는 72㎍/m³로, 국내 주요 도시들보다 높다.
⑤ 2019년 대전의 평균 미세먼지 농도는 43㎍/m³, 2020년 런던의 평균 미세먼지 농도는 31㎍/m³로, 런던의 평균 미세먼지 농도가 더 낮다.

17 ▶ ⑤   자료해석

2020년 미세먼지가 가장 낮은 도시의 미세먼지 농도는 대전 44㎍/m³, 2021년 미세먼지 농도가 가장 높은 도시의 미세먼지 농도는 인천 55㎍/m³이므로 11㎍/m³ 차이가 난다.

18 ▶ ⑤   자료해석

⑤ 총전입자 수가 세 번째로 많은 지역은 인천이고, 총전출자 수가 세 번째로 많은 지역은 부산으로, 일치하지 않는다.
① 순이동자 수가 가장 많은 지역은 서울이지만, 순이동률이 가장 높은 지역은 세종시이다.
② 세종시와 서울시는 순이동률 차이가 가장 크다. 순이동자 수 차이가 가장 큰 두 개 지역은 서울시와 경기도이다.
③ 서울은 총전입 119,741명, 총전출 131,098명으로 총이동은 250,839명인 반면 경기도는 총전입 164,436명, 총전출 160,975명으로 총이동 325,411명이다. 따라서 경기도의 인구이동이 가장 활발하다고 볼 수 있다.
④ 세종시는 총전출률이 0.95%로 가장 낮지만 총전입률은 1.40%로 인천시의 1.45%에 이어 두 번째로 높다.

19 ▶ ③   자료해석

순이동률 상위 3개 지역은 세종시, 제주시, 인천시이고 총전출자 수는 각각 1,129명, 6,054명, 39,006명이고, 순이동률 하위 3개 지역은 서울시, 부산시, 대구시로 총전출자는 각각 131,098명, 41,335명, 29,182명이다.
따라서 상위 3개 지역과 하위 3개 지역의 총전출자 수 차이는
(131,098 + 41,335 + 29,182) − (1,129 + 6,054 + 39,006)
= 155,426(명)이다.

20 ▶ ④   자료해석

④ 1월 1일 일본의 100엔 환매수수료는
1,026.24 − 1,008.29 = 17.95(원),
1월 2일 일본의 100엔 환매수수료는
1,011.62 − 993.92 = 17.7(원)
따라서 1월 2일의 환매수수료가 더 작다.

추리   01 ~ 30번

01 ▶ ③   언어추리

주어진 전제의 '어떤 가수 → 건강관리를 소홀히 하였다.'에서 결론인 '어떤 가수 → ~훌륭한 가수'를 도출하기 위해서는 '모든 훌륭한 가수 → 건강관리를 소홀히 하지 않는다.'라는 전제가 추가되어야 한다.

02 ▶ ③   언어추리

아침에 운동을 하는 모든 사람이 조깅을 하므로, 조깅을 하는 모든 사람이 체중이 50kg 이상이면 아침에 운동을 하는 모든 사람은 조깅을 하면서 체중이 50kg 이상이다. 따라서 조깅을 하는 모든 사람은 체중이 50kg 이상이라는 의미의 '체중이 50kg 미만인 모든 사람은 조깅을 하지 않는다.'가 타당한 전제이다.

03 ▶ ③ 언어추리

주어진 전제에서, 민희는 경제학을 전공하는 학생이고, 민희가 장학금을 받았으므로 경제학을 전공하는 어떤 학생은 장학금을 받았다는 진술이 참인 것을 알 수 있다.

04 ▶ ③ 언어추리

D가 네 번째 순서로 면접을 보았고 A와 B는 연이어 면접을 보았음을 알 수 있다. C와 F 사이에는 1명의 면접자가 있으므로 C-?-F 또는 F-?-C의 순서가 된다.

| | | | | D | | |

그런데 F가 B보다 늦게 면접을 보았다고 했으므로 A-B는 F 앞 순서에 와야 한다. 따라서 A-B는 다섯 번째와 여섯 번째가 될 수는 없다. 그리고 A-B의 뒷 순서에 C-?-F 또는 F-?-C가 와야 하므로 A-B는 첫 번째와 두 번째 순서가 된다. 따라서 다음과 같은 두 가지 경우가 가능하다.

| A | B | C | D | F | E |
| A | B | F | D | C | E |

③ B는 F의 바로 앞 순서로 면접을 볼 수도, 아닐 수도 있으므로 항상 참이 아니다.
① 첫 번째와 마지막 순서는 항상 A와 E이므로 A와 E가 채용되었다.
② F의 면접 순서는 세 번째 또는 다섯 번째이다.
④ D의 바로 앞 순서에 면접을 본 후보자는 C 또는 F이다.
⑤ 두 경우 모두 F가 E보다 먼저 면접을 보았다.

05 ▶ ② 언어추리

1층이 최하층이기 때문에 조건 (다)에 의해 E는 최소한 3층 이상에 투숙해야 하는데, 조건 (가), (나)에 의해 3층 투숙은 불가능하다. 만약 E가 4층에 투숙한다면, A와 C는 2층에 투숙해야 하는데, 조건 (나)에 의해 불가능하다. 따라서 E는 5층 1인용 객실에 투숙하고, A와 C는 3층 2인용 객실에 투숙한다.
조건 (라)에 의하면 G는 H보다 한 층 아래에 투숙하고 있는데, 이들은 모두 1인용 객실에 투숙하고 있다. 그리고 1인용 객실 중 두 층 연속으로 투숙할 수 있는 곳은 1층과 2층이므로 G와 H는 각각 1층과 2층의 1인용 객실에 투숙한다.
또한 I는 G와 같은 층에 투숙하고 있으므로 1층 2인용 객실에 투숙한다는 것을 알 수 있다.
B는 조건 (가)에 의해 1인용 객실에 투숙해야 하는데, 1인용 객실 중 남은 곳은 4층 하나이므로, 4층 1인용 객실에 투숙하게 된다.
여기까지가 주어진 조건에 의해 확정할 수 있는 투숙 상황이다. D와 F의 경우에는 4층과 5층의 2인용 객실 중 어느 하나에 투숙한다는 것만을 알 수 있다.

구분	1인용 객실	2인용 객실
5층	E	
4층	B	
3층		A, C
2층	H	
1층	G	I

② D가 4층에 투숙하고 있을 수도 있으므로 항상 참이라 할 수 없다.
① H는 2층, B는 4층에 투숙하므로, H는 B보다 아래층에 투숙하고 있다.
③ F는 4층 또는 5층에 투숙하고 있으므로, F는 B보다 아래층에 투숙하고 있지 않다.
④ D는 4층 또는 5층에 투숙하고 있으므로, A와 C는 D보다 위층에 투숙하고 있지 않다.
⑤ C는 3층, B는 4층에 투숙하고 있으므로, C가 B보다 아래층에 투숙하고 있다.

06 ▶ ⑤ 언어추리

경영지원팀에는 2명의 신입사원이 배치되고, 운영팀에는 세 팀 중 가장 많은 수의 신입사원이 배치되므로 운영팀에는 3명의 신입사원이 배치된다. 따라서 통역팀에는 1명의 신입사원이 배치된다.
B와 E는 같은 팀에 배치되므로 B, E가 운영팀에 배치되는 경우와 경영지원팀에 배치되는 경우를 생각할 수 있다.
A, C, E가 배치되는 팀은 서로 다르므로 통역팀에는 A 혹은 C가 배치될 수 있고, D는 통역팀, 경영지원팀에도 배치될 수 없는 꼴이 되어 D는 운영팀에 배치된다.
따라서 B와 E가 배치되는 팀에 따라 다음과 같이 표로 나타낼 수 있다.

ⅰ) B, E가 운영팀에 배치되는 경우

구분	운영팀	경영지원팀	통역팀
신입사원	B, D, E	C 혹은 A, F	A 혹은 C

ⅱ) B, E가 경영지원팀에 배치되는 경우

구분	운영팀	경영지원팀	통역팀
신입사원	C 혹은 A, D, F	B, E	A 혹은 C

⑤ F는 경영지원팀 혹은 운영팀에 배치될 수 있고, 통역팀에는 배치될 수 없으므로 'F는 통역팀에 배치된다.'라는 것은 항상 거짓이다.

07 ▶ ⑤ 언어추리

조건 1, 2, 6을 동시에 고려하면 아무도 가지 않은 지사는 1곳뿐이어야만 한다. 조건 5를 고려해보자. 먼저 한 대리가 지원을 간 지사가 부산 지사라면 서 과장은 인천 지사에 지원을 가야 하며, 따라서 장 대리는 대구 지사에 지원을 가게 된다. 하지만 이때 박 대리는 부산 또는 대전 지사에 가야 하는데 이것은 조건 2, 6에 모순이다.

따라서 한 대리가 지원을 간 곳은 부산 지사가 아닌 인천 지사이다. 그렇게 되면 서 과장과 장 대리가 지원을 간 곳은 각각 부산 지사, 대구 지사가 되며, 박 대리와 임 주임이 지원을 간 곳 또한 각각 부산 지사, 대구 지사가 된다.
아무도 지원을 가지 않은 지사는 대전 지사이다.

인천 지사	한 대리
부산 지사	서 과장, 박 대리
대구 지사	장 대리, 임 주임
대전 지사	×

08 ▶ ④ 언어추리

주어진 조건에 따라 2명씩 3개의 조로 나누면 다음과 같이 나타낼 수 있다.

| C, (A 또는 B) | E, ( ) | F, ( ) |

이때 D는 E와 같은 조가 되거나 F와 같은 조가 될 수 있다.
④ A가 E와 같은 조라면, B와 C가 같은 조가 된다. 다른 조일 수 없다.
① D와 E가 같은 조일 경우 A는 C와 같은 조이거나 F와 같은 조일 수 있다.
② A와 F가 같은 조가 아니라면 A는 C와 같은 조가 되거나, E와 같은 조가 된다. 이 경우 B는 C, E, F와 같은 조가 될 수 있는데, 정확히 E와 같은 조가 된다고 말할 수는 없다.
③ B가 E가 같은 조라면, C는 A와 같은 조가 된다. C와 F는 처음 조를 나눌 때부터 다른 조임을 알 수 있다.
⑤ D는 E나 F와 같은 조가 될 수 있다. A와 같은 조인 경우는 불가능하다.

09 ▶ ⑤ 언어추리

첫 번째 규칙에 의해 갑과 을은 서로 다른 팀에 배정되어야 한다.

1팀	갑(1학년)
2팀	을(2학년)

세 번째 규칙에 의해 같은 화학과 2학년인 A와 B는 서로 다른 팀에 배정되어야 한다.

1팀	갑(1학년)	A(B) (2학년)
2팀	을(2학년)	B(A) (2학년)

두 번째 규칙에 의해 2팀에는 더 이상 2학년이 들어갈 수 없다. 따라서 물리학과의 가(2학년)가 속할 수 있는 팀은 1팀뿐이다.

1팀	갑(1학년)	A(B) (2학년)	가(2학년)
2팀	을(2학년)	B(A) (2학년)	

세 번째 규칙에 의해 같은 물리학과 1학년인 '나'와 '다'는 서로 다른 팀에 배정되어야 한다.

1팀	갑(1학년)	A(B) (2학년)	가(2학년)	나(다)(1학년)
2팀	을(2학년)	B(A) (2학년)		다(나)(1학년)

남은 자리에는 C가 들어가면 된다.

1팀	갑(1학년)	A(B) (2학년)	가(2학년)	나(다)(1학년)
2팀	을(2학년)	B(A) (2학년)	C(1학년)	다(나)(1학년)

⑤ 항상 참이다.
A와 B, '나'와 '다'의 위치가 유동적이므로 나머지 ①, ②, ③, ④는 항상 참이라고 할 수는 없다.

10 ▶ ③ 언어추리

조건 ㉠과 조건 ㉥를 고려해보면 가운데 줄에 검정색 모자를 쓴 사람들이 앉아있음을 알 수 있다. 그런데 조건 ㉣을 보았을 때 맨 앞줄에 있는 한국인이 검정 모자를 쓰고 있어야 한다. 조건 ㉤과 조건 ㉮을 보면 초록색 모자를 쓴 중국인은 맨 앞줄 오른쪽에 앉아야 하며 따라서 초록색 모자를 쓴 일본인은 맨 앞줄 왼쪽에 앉게 된다. 중국인끼리 붙어 앉을 수 없으므로 빨간색 모자를 쓴 중국인은 맨 왼쪽 줄 중간 자리에 앉게 된다.
좌석 배치도를 나타내면 아래와 같다.

초록/일본	검정/한국	초록/중국
빨강/중국	검정/일본	빨강/일본
한국	검정/중국	한국

③ 가장 오른쪽 줄에는 중국인이 가장 앞에 앉아 있으므로, 반드시 거짓이다.
① 가장 뒷줄에는 한국인이 두 명 앉아 있다.
② 가운데 줄에는 빨강과 검정색 모자를 쓴 사람만 있다.
④, ⑤ 항상 참이다.

11 ▶ ② 언어추리

② 예진이 가장 높이 뛰었다면,
[예진 – 태진 – 길함 – 영민 – 지수],
[예진 – 태진 – 지수 – 영민 – 길함],
[예진 – 지수 – 태진 – 영민 – 길함]
3가지의 경우만 가능하다.
나머지 ①, ③, ④, ⑤는 반드시 참이거나 참일 수 있다.
① 예진이 가장 높이 뛰었다면, 태진은 두 번째 아니면 세 번째에 서게 된다.
③, ⑤ [지수–영민–태진–길함–예진]의 경우가 가능하다. 이때 영민은 태진 앞에 서있다. 또한 지수가 가장 높이 뛴 경우인데, 이때 길함은 태진 뒤에 서있다.
④ 예진이 가장 높이 뛴 경우 [예진 – 태진 – 길함 – 영민 – 지수]에서 길함은 영민 앞에 서게 된다.

12 ▶ ④ 〔언어추리〕

G는 직무평가 점수가 65점이므로 채용될 수 없다. 또한 자기소개서 점수가 90점 이상인 A와 E는 둘 중 한 명 혹은 두 명 모두 채용되어야 한다. 가능한 조건은 다음과 같다.

구분	A 채용(E는 채용 안 함)	E 채용(A는 채용 안 함)	A, E 둘 다 채용
채용	A, B, D	E	A, B, D, E
채용 안 함	C, E, G	A, C, F, G	C, G
미정	F	B, D	F

우선 A와 E 모두 채용할 경우 채용해야 할 인원이 4명 이상이 되므로 불가능하다. 따라서 A와 E 둘 중 한 명만 채용해야 한다.
A를 채용하고 E를 채용하지 않을 경우, 문제에서 B를 채용하면 F도 채용해야 한다고 하였으므로, 채용해야 할 사람은 A, B, D, F 4명이 되므로 채용지침에 어긋난다.
E를 채용하고 A를 채용하지 않을 경우 미정 상태인 B나 D의 채용 여부에 따라 신입사원 구성이 달라진다. B와 D 모두 채용할 경우 채용 인원이 B, D, E, F의 4명이 되므로 불가능하다. B만 채용할 경우에는 B, E, F 세 명을 채용할 수 있다. D만 채용할 경우에도 B, D, E, F 4명이 되어 역시 불가능하다. 따라서 E만 채용하거나, B, E, F 세 명을 채용할 수 있다.

13 ▶ ⑤ 〔언어추리〕

우선 모두가 1가지 이상의 문구를 샀으며 총 7개의 문구를 구매했다.
네 번째 정보와 다섯 번째 정보 그리고 여섯 번째 정보에 의해 민성은 풀을 샀고 건우는 풀이 아닌 두 가지의 문구를 샀으며 이 세 가지를 제외한 한 문구를 현철이 샀다. 따라서 현철은 풀을 제외한 1개의 문구만을 구매했다. 영준은 건우가 산 2개의 문구를 다 사고 민성이 사지 않은 문구, 즉 풀을 제외한 문구를 하나 더 사야 하므로 건우가 산 문구 2개와 현철이 산 문구 1개를 구매한 경우에 해당된다. 따라서 어떤 경우에서도 영준은 볼펜, 자, 가위를 구매했다.
정보를 통해 얻을 수 있는 경우는 총 3가지로 현철이 볼펜, 자, 가위 3개 중 하나를 고른 경우 나머지 2개를 건우가 구매하는 상황이 된다. 따라서 현철이 볼펜을 산 경우 건우는 자와 가위를, 현철이 자를 산 경우 건우는 볼펜과 가위를, 현철이 가위를 산 경우 건우는 볼펜과 자를 구매하게 된다.
(○ - 구매, × - 구매하지 않음)

구분	볼펜	자	풀	가위	합계
영준	○	○	×	○	3
건우			×		2
민성	×	×	○	×	1
현철			×		1
합계	2	2	1	2	7

14 ▶ ④ 〔언어추리〕

철수의 진술 두 개 중 하나가 참인 경우로 나누어 살펴볼 수 있다.
ⅰ) 영희가 2등을 한 경우
이 경우 영희의 진술에서 성훈이가 1등을 했음을 알 수 있다. 그런데 성훈의 진술을 볼 때 영희가 4등을 했다는 결론이 나오고 이는 가정에 모순된다.
ⅱ) 철수가 3등을 한 경우
이 경우 준호의 진술을 보아 준호는 2등을 했음을 알 수 있다. 따라서 성훈의 진술을 볼 때 영희가 4등을 했음을 알 수 있다. 마지막으로 영희의 진술을 보면 성훈이가 1등을 했다는 진술이 거짓임을 알 수 있으므로 성훈이가 꼴찌를 했다는 결론이 나온다.

15 ▶ ④ 〔도형추리〕

좌측 도형의 직사각형과 정사각형 부분이 각각 가운데 도형의 반원과 사분원이 되고, 음영의 위치가 가운데 원의 음영 위치와 일치한다. 또 우측 도형의 대각선이 있는 위치에 음영이 있는 도형이 있을 경우 대각선이 표시된다.

16 ▶ ③ 〔도형추리〕

가로열을 기준으로 도형 전체가 시계방향으로 90° 회전하고 있으며 내부의 작은 도형은 첫째 칸 도형의 시계방향으로 1개씩 추가되고 있다.

17 ▶ ③ 〔도형추리〕

세로열을 기준으로 처음 도형에서 선분이 1개씩 추가된다. 이때 추가된 선분으로 면이 생기게 되면 색이 칠해진다.

18 ▶ ④ 〔도식추리〕

◇는 다음과 같이 순서를 변화한다 : ABCD → CDAB
○는 다음과 같이 순서를 변화한다 : ABCD → BDAC
♡는 다음과 같이 순서를 변화한다 : ABCD → DCBA

LOST → ♡ → TSOL → ○ → SLTO → ◇ → TOSL

19 ▶ ⑤ 〔도식추리〕

NOSE → ○ → OENS → ♡ → SNEO → ◇ → EOSN

20 ▶ ③ 〔도식추리〕

RUSH → ◇ → SHRU → ○ → HUSR → ♡ → RSUH

21 ▶ ① 도식추리

MASK → ◇ → SKMA → ♡ → AMKS → ○ → MSAK

22 ▶ ② 단어유추

'어리석고 둔하다'라는 의미의 '우둔하다'와 '어리석고 사리에 어둡다'라는 의미의 '우매하다'는 유의어 관계이다. '어질고 슬기로워 사리에 밝다'라는 의미의 '현명하다'는 '영리하고 재주가 있다'라는 의미의 '총명하다'와 가장 의미가 근접하다.

23 ▶ ⑤ 단어유추

①, ②, ③, ④는 반의관계이지만 ⑤는 유의관계이다.

24 ▶ ① 논리추론

촉매 자신은 변하지 않고 화학 반응을 조절한다. 즉, 반응 도중에 소모되지 않기 때문에 계속 투입할 필요가 없다.

25 ▶ ③ 논리추론

③ 1850년 이후 유럽에서 발레에 대한 관심이 꺾이자 유럽의 유명한 안무가들이 러시아로 건너왔고, 차이코프스키 등과 같은 작곡가들과 발레 작품을 만들었다고 하였다. 안무가들이 러시아로 유입된 것은 맞으나 이들은 러시아 작곡가들과 함께 발레를 만들었다.
① 러시아 발레는 상당 기간 유럽식 발레를 모방하면서 성장했다.
② 마지막 문장을 보면, 러시아에서 '고전 발레'의 형식이 확립되었다.
④ 예카테리나 2세는 발레 부문 제국 극장을 세우고 시스템을 확립하였으며 발레 학교를 설립하였다. 이를 통해 러시아의 발레가 한층 발전하였다고 볼 수 있으므로, 러시아 발레 발전에 기여하였다는 것은 적절한 설명이다.
⑤ 발레는 본래 서유럽의 궁정과 귀족사회에서 향유되던 사교무용이라고 하였다. 또한 이탈리아 르네상스의 영향을 받아 프랑스에서 탄생하였다고 하였으므로, 발레가 처음으로 발생한 곳은 서유럽이라고 할 수 있다.

26 ▶ ③ 논리추론

③ 원통형 드럼의 표면은 양전하를 띠고 있는데 드럼 표면에 빛이 닿으면 빛이 닿은 부분은 드럼 표면의 양전하가 드럼 내부의 음전하와 중화되어 전하를 띠지 않는다고 하였다.
① 첫부분을 통해 알 수 있다.
② 정전기는 양전하와 음전하의 대전으로 나타나는 현상인데, 양전하로 대전된 감광체가 도포되어 있는 원통형 드럼과 음전하로 대전된 토너는 이 원리를 활용한 부품이라 할 수 있다.
④ 종이 위에 형성된 글씨는 정전기가 있는 동안만 유지되므로, 뜨거운 롤로 압축해야 글씨가 찍힌다.
⑤ 문서의 검은 글씨 부분은 빛을 흡수하고 하얀 부분은 빛을 반사하여 원통형 드럼 위에 상을 형성한다고 하였다.

27 ▶ ⑤ 논리추론

⑤ 유전적 결함이 있는 난자에서 핵을 추출해 핵을 제거한 기증자의 난자에 이식한다. 난자에서 결함이 있는 부분을 제거한 후 기증자의 난자에서 이 제거한 부분을 이식받는다는 것과는 완전히 다르다. 따라서 이는 항상 거짓이다.
① 시험관 아기 시술과 비슷해 보이지만 세 부모 체외수정은 유전자 변형이라고 하였다. 서로 다른 난자를 하나로 결합시켜야 하기 때문에 핵치환 기술을 사용한다고 했고, 이것이 시험관 아기 시술과 비교하여 크게 다른 점이다. 따라서 시험관 아기 시술은 하나의 난자만 이용하고 핵치환 기술을 사용하지 않는다는 점을 알 수 있다.
② 난자 기증자로부터 물려받는 DNA는 0.1% 정도라고 하였으므로, 세 부모에게 고루 DNA 특징을 물려받지 않는다.
③ 학계 일부에서 기증자의 유전자가 아이의 외형적 특징이나 성격에 아무런 영향을 주지 않는다고 주장한다. 이러한 사실은, 학계의 다른 일부에서는 어느 정도의 영향을 줄 수도 있다는 주장이 있음을 내포한다. 하지만 이는 확실한 참이나 거짓은 아니다.
④ 난자 공여자에게서 세포질 성분이 유전되는데, 세포질에는 미토콘드리아가 포함되며, 미토콘드리아는 세포가 정상적으로 작용하는데 관여한다. 여기에 이상이 있다면, 이 난자를 가지고 세 부모 체외 수정을 했을 때 태어난 아이도 같은 병에 걸릴 확률이 있다.

28 ▶ ⑤ 논리추론

⑤ 카오스계는 부정확성이 빠르게 증가하는 물리계이고, 예측 가능성이 지극히 제한적인 특징이 있다고 하였다. 따라서 예측이 자신의 주요 임무라고 생각하는 과학자에게는 카오스계가 존재한다는 것은 부담이 될 것이다.

29 ▶ ④ 논리추론

④ 첫 번째 문단에서 '부력은 밀도가 매우 작은 물체가 낙하할 경우에 낙하 속도에 큰 영향을 미친다.'고 하였으므로, 큰 물체보다는 작은 물체의 낙하에 더 많은 영향을 미칠 것으로 추론할 수 있다.
① 첫 번째 문단에서 '부력은 항상 중력의 반대 방향으로 작용한다.'고 하였다.
② 마지막 문단에서 '항력과 부력의 합이 중력의 크기와 같아지게 되면 물체의 가속도가 0이 되므로 속도가 일정해진다.'고 설명한다.
③ 두 번째 문단에서 '물체가 유체 내에서 정지해 있을 때와는 달리, 운동하는 경우에 저항하는 힘인 항력이 발생한다.'고 하였으므로, 정지해 있을 때는 항력이 가해지지 않는다

고 할 수 있다.
⑤ 세 번째 문단에서 '스카이다이버와 같이 큰 물체가 떨어질 경우에는 압력 항력이 매우 크므로 마찰 항력이 전체 항력에 기여하는 비중은 무시할 만하다.'고 하였다.

30 ▶ ① 〔논리추론〕

① 말을 더듬고 핵심적 단어로만 말을 이어가는 실어증 환자는 브로카 실어증 환자로, 좌뇌 앞부분이 손상되었음을 추론할 수 있다.
② 베르니케 실어증 환자가 얼핏 듣기에 유창하게 말하는 것처럼 보인다고 했으나, 대화를 하기 어느 쪽이 더 수월한지는 제시문만으로는 판단할 수 없다.
③ 좌뇌에 언어를 담당하는 고유의 영역이 있다는 사실을 확인할 수 있다고 하였다. 인간의 언어 능력과 여타 인지 능력은 직접적 관련이 없다.
④ 베르니케 실어증 환자의 특징이다.
⑤ 베르니케 실어증 환자는 얼핏 듣기에 유창하게 말하는 것 같은 느낌을 준다고 하였다. 브로카 실어증 환자는 기능적 어휘를 잘 사용하지 못하고 더듬거리며 말을 한다고 하였다. 따라서, 복잡한 문장을 구사하는 데 어려움을 겪는 실어증 환자는 오히려 브로카 실어증 환자일 가능성이 높다.

제4회 모의고사

수리논리

01. ①	02. ④	03. ③	04. ⑤	05. ⑤
06. ③	07. ⑤	08. ④	09. ④	10. ④
11. ②	12. ①	13. ①	14. ③	15. ③
16. ③	17. ⑤	18. ②	19. ③	20. ①

추리

01. ④	02. ①	03. ⑤	04. ③	05. ①
06. ①	07. ②	08. ②	09. ④	10. ②
11. ②	12. ③	13. ⑤	14. ④	15. ②
16. ①	17. ③	18. ④	19. ①	20. ②
21. ⑤	22. ⑤	23. ②	24. ④	25. ①
26. ④	27. ③	28. ③	29. ②	30. ⑤

수리논리 | 01 ~ 20번

01 ▶ ① [응용수리]

여자 직원은 80−46=34(명)이므로, 정규직 여자 직원은 34−15=19(명)이다.
정규직 남자 직원이 x명이라면 정규직 직원은 $x+19$명이므로, 계약직 직원은 $80-(x+19)=61-x$명이 된다.
따라서 $x+19=(61-x)-14$이므로 정규직 남자 직원은 14명이다.

02 ▶ ④ [응용수리]

차고지에서 출발하는 버스는 3분 동안 두 정류장을 지나므로, 정류장당 90초의 시간을 소비하고, 종점에서 출발하는 버스는 5분 동안 세 정류장을 지나므로, 정류장당 100초의 시간을 소비한다. 따라서 90과 100의 최대공배수인 900, 즉 900초 후인 15분 후에 두 버스는 처음 만나게 된다.
이는 차고지인 1정류장에서 출발한 버스가 10개 정류장, 종점인 20정류장에서 출발한 버스가 9개 정류장을 지난 시점이므로, 그때의 위치는 11정류장이다.

03 ▶ ③ [자료해석]

③ B물질의 유효농도는 11.5이고, 각 기관의 실험 오차율은 유효농도가 모두 같으므로 실험 오차에 따라 정해진다. '을 기관'의 실험 오차는 11.5−7=4.5이고, '정 기관'의 실험 오차는 11.5−6=5.5이다. 따라서 실험 오차율은 실험 오차가 큰 '정 기관'이 더 크다.
① A, B, C, D 물질의 유효농도는 각각 4.5, 11.5, 39.5, 125.5이다.
② A물질의 유효농도는 4.5이고 '갑 기관'의 실험 오차는 0.5, '병 기관'의 실험 오차도 0.5이므로 두 기관의 실험 오차율은 같다.
④ D물질에 대한 '병 기관'의 실험 결과는 131로 D물질 유효농도인 125.5보다 높다.
⑤ C물질에 대한 '정 기관'의 실험 오차 : 21.5
C물질에 대한 '을 기관'의 실험 오차 : 24.5

04 ▶ ⑤ [자료해석]

⑤ 표의 수치는 백만 명당 평균 수치이므로 도시별 동일한 기준을 통해 비교만을 하기 위한 자료이다. 주어진 표만을 참고하여 세 도시의 실제 인구를 알 수 없으므로, 사망자 수를 알 수 없다. 그렇기에 사망자 수의 대소 비교를 할 수 없다.
① 모든 연도에서 1개 이상의 도시가 전년 대비 평균 사망자 수가 감소하므로, 모든 도시에서 전년 대비 사망자 수가 증가한 해는 없었다.
② 전년 대비 2019년의 평균 사망자 수 증감률은 아래와 같다.

도시	전년 대비 평균 사망자 수 증감률
서울	54.7%
부산	−72.8%
대구	−76.8%
인천	−59.1%
광주	−4%
대전	−5.5%
울산	−34.5%

따라서 전년 대비 2019년 평균 사망자 수 증감률이 가장 큰 도시는 대구이다.
③ 2018년의 평균 사망자 수가 가장 많은 도시는 대전이며, 6개년 모두에서 1~2번째로 평균 사망자 수가 많다.
④ 인천의 전년 대비 평균 사망자 수의 증감률은 아래와 같다.

구분	2021년	2020년	2019년	2018년	2017년	2016년
인천	17.6%	−5.6%	−59.1%	−21.4%	558.8%	−

따라서 인천의 전년 대비 평균 중증질환 사망자 수의 증감률이 가장 큰 연도는 2017년이다.

05 ▶ ⑤

⑤ 1648년 대비 1904년 한성지역은 인구지수가 2배로 늘었으므로 인구가 2배로 늘어난 것이다. 인구 비중이 2배로 늘어난 것은 아니다.
① 1789년 황해의 인구지수 1,033은 1789년 인구 ÷ 1648년 인구 × 1000이므로 1789년 황해의 인구는 55 × 10.33 = 568.15 (천 명)이다. 1648년 경상의 인구는 425천 명이므로 1789년 황해의 인구가 더 많다.
② 1904년 전라의 인구는 432 × 2.16 = 933.12(천 명), 경상의 인구는 425 × 2.61 = 1109.25(천 명)으로 인구가 17만 6천 명 차이 난다.
③ 1837년 전체 인구 대비 경기지역 인구의 비중과 황해지역 인구의 비중을 구할 때, 분모가 되는 전체 인구가 같으므로 분자의 경기지역 인구와 황해지역 인구만 비교하면 된다. 1837년 경기지역 인구는 81 × 8.12 = 657.72천 명, 황해지역 인구는 55 × 9.95 = 547.25천 명으로 경기지역 인구의 비중이 더 크다.

06 ▶ ③

③ 금요일 오전 6시에 스키장에 입장하면, 입장료 7만 원과 장비 대여료 3만 5천 원을 합해 총 10만 5천 원을 지불하지만, 공휴일 오후 1시에 입장하면 입장료 10만 원과 장비 대여료 3만 5천 원을 합해 총 13만 5천 원을 지불한다. 따라서 총 3만 원 더 절약할 수 있다.
① 24:00~05:59에 입장 시 금요일과 공휴일의 가격 차이가 없다.
② A스키장의 1인 최소 이용료는 월~목 24:00~05:59 사이에 입장하여 이용하는 것으로 55,000(입장료) + 35,000(대여료) = 90,000(원)이다.
④ 일요일 오후 1시에 입장하는 것과 월요일 오후 4시에 입장하는 것은 모두 입장료만 9만 5천 원이 든다. 이용요금은 장비 대여료를 합친 13만 원이다.
⑤ 월~목요일에는 9만 원, 나머지 요일에는 10만 원이 든다.

07 ▶ ⑤

⑤ 실업률이 가장 낮은 연령대는 40~49세이며, 40~49세의 인구수는 조사한 연령대 중 세 번째로 많다.
③ ㉠과 ㉡을 구하면 다음과 같다.
㉠ : $\frac{70,811}{74,851} \times 100 ≒ 94.6(\%)$
㉡ : $\frac{398,263}{422,130} \times 100 ≒ 94.3(\%)$
따라서 30~39세의 취업률이 50~64세의 취업률보다 높다.

08 ▶ ④

④ 2021년에 일어난 전체 항공기 사고 건수는 51건이고 지상 이동 단계에서 일어난 사고는 8건으로 $\frac{8}{51} \times 100 ≒ 15.7(\%)$이다.

① 항공기 사고는 2020년에 52건, 2021년에 51건 발생하였다.
② 증가하다 다시 감소하는 추세이다.
③ 2018년 전체 항공기 사고 발생 건수에서 순항 단계에서 발생한 항공기 사고의 비중은 2018년 $\frac{22}{58} \times 100 ≒ 37.9(\%)$ 이고, 2019년 $\frac{31}{61} \times 100 ≒ 50.8(\%)$로 증가하였다.
⑤ 표를 보면, 아무런 상관관계가 없음을 알 수 있다.

09 ▶ ④

④ A, C, D의 화재 규모 순서는 A, D, C이고, 복구 비용도 A, D, C의 순서이다.
① 층수 높은 순 : D – B – C – A – E
복구 비용 : A – B – E – D – C → 비례하지 않음
② 복구 기간 긴 순 : B – E – A – C – D
복구 비용 : A – B – E – D – C → 비례하지 않음
③ 사고 비용이 가장 큰 사고는 4,205억 원인 A이다.
⑤ B사고의 사고 비용은 3,276 + (39 × 5) = 3,471(억 원)이다.

10 ▶ ④

④ 수출액이 발생하는 품목 중 매출액이 네 번째로 많은 품목은 녹차 추출물이며, 수출액은 세 번째로 낮다.
① 조사한 건강기능식품 중 국내 판매액이 수출액보다 적은 품목은 없다.
② 수출하지 않은 품목은 필수지방산, 매실 추출물, 마늘이며 3가지 품목의 매출액의 총합은 737,120 + 219,409 + 228,309 = 1,184,838(원)이다. 이때 글루코사민의 매출액의 절반은 2,096,924 ÷ 2 = 1,048,462(원)이므로 수출하지 않은 모든 품목의 매출액의 총합은 글루코사민 매출액의 절반보다 많다.
③ 모든 품목의 매출액 대비 수출액의 비중은 아래와 같다.

수출액의 비중 = $\frac{수출액}{매출액} \times 100(\%)$

이때 단백질의 수출액 비중은 12.58%, 프로바이오틱스의 수출액 비중은 16.62%로 단백질의 수출액 비중이 프로바이오틱스보다 4.04%p 적다.
⑤ 녹차 추출물, 은행잎 추출물, 매실 추출물 중 매출액이 가장 높은 품목은 녹차 추출물이며, 다른 두 품목의 매출액을 합한 것인 8,185,739 + 219,409 = 8,405,148(원)보다 $\frac{20,066,022}{8,405,148} ≒ 2.4(배)$ 많다.

11 ▶ ②

② 전국적으로 가장 많이 발생하는 범죄는 폭력이지만, 총 범죄자 중 A지역 범죄자가 차지하는 비율이 현저히 높은 것은 절도이다. 따라서 A지역에서 범죄자 수가 가장 많은 범죄유형은 절도이다.

① 2013년 이후 A지역의 범죄자 수는 2016년까지 꾸준히 증가하고 있다.
③ 전국적으로 절도 범죄자는 2017년 이후 감소하고 있다.
④ 전국의 살인 범죄자 중 A지역이 차지하는 비율은 10.4%로 항상 동일하다. 범죄자 수가 동일한 것은 아니다.
⑤ 2012년 대비 2013년 A지역의 전체 범죄자수는 증가하였지만 형법별 범죄자 수는 감소하고 있다.

12 ▶ ① [자료해석]

절도 범죄자 수가 가장 많은 해는 2017년이고, 이때의 A지역의 강도 범죄자 수는 4,132×0.496 ≒ 2,049(명)이다.

13 ▶ ① [자료해석]

① 2021년 전국의 자동차 보유가구 수는 15,889×0.614 ≒ 9,759(천 가구)이고, 2016년 전국의 자동차 보유가구 수는 14,310×0.582 ≒ 8,328(천 가구)로 9,759 − 8,328 = 1,431(천 가구)이므로 100만 가구 이상 증가하였다.
② 30~39세는 3,590×0.764 ≒ 2,743(천 가구), 40~49세는 4,413×0.755 ≒ 3,332(천 가구)로 자동차 보유가구 수가 가장 많은 연령대는 40대이다.
③ 자동차 보유가구 비율이 가장 높은 지역은 울산이다.
④ 표에서 성별·지역별 자료가 따로 제시되어 있으므로 알 수 없다.
⑤ 전체 가구 수가 가장 많은 지역은 경기로 자동차 보유가구 비율은 자동차 미보유가구 비율의 $\frac{69.4}{30.6}$ ≒ 2.3(배)이다.

14 ▶ ③ [자료해석]

자동차를 2대 이상 보유한 가구 비율이 가장 많은 가구주 연령대는 50대이고, 50대의 자동차 보유가구 비율은 68.1%, 미보유가구 비율은 31.9%이다. 따라서 보유가구 비율과 미보유가구 비율의 차는 68.1 − 31.9 = 36.2(%p)이다.

15 ▶ ③ [자료해석]

③ 인터넷 이용률이 PC 보유율보다 높은 지역은 전북, 전남, 경남의 세 지역이다.
① PC 보유율이 다섯 번째로 높은 지역은 세종으로 세종의 인터넷 이용률은 80.7%이다.
② PC 보유율이 가장 낮은 지역은 전남으로 인터넷 이용률도 가장 낮다.
④ 가장 높은 PC 보유율은 가진 지역은 88.4%인 서울이며 66.7%로 가장 낮은 전남지역보다 약 1.3배 높다.
⑤ 강원지역보다 인터넷 이용률이 낮은 지역은 충남, 전남, 경북지역이고 이 지역의 PC 보유율 또한 강원지역보다 낮다.

16 ▶ ③ [자료해석]

③ 중국어 시험 합격률이 $\frac{66}{76}$×100 ≒ 86.8(%)로 가장 높다.
① $\frac{260}{352}$×100 ≒ 73.9(%)
② $\frac{35}{105}$×100 ≒ 33.3(%)
④ $\frac{186}{275}$×100 ≒ 67.6(%)
⑤ $\frac{15}{25}$×100 = 60.0(%)

17 ▶ ⑤ [자료해석]

응시율이 가장 높은 시험은 임상심리사 자격시험으로 응시율이 100%이다. 합격률이 가장 낮은 시험은 변리사 시험으로 $\frac{2}{160}$×100 = 1.25(%)이다.
따라서 응시율이 가장 높은 시험의 응시율과 합격률이 가장 낮은 시험의 합격률의 차이를 구하면 100 − 1.25 = 98.75이다.

18 ▶ ② [자료해석]

② 조사기간 동안 보육아동의 수가 처음으로 90만 명을 넘은 해는 2019년인데 2019년에는 개인보육 시설이 45.4%로 가장 많은 비중을 차지하고 있다.
① 2016년에는 2015년에 비해 감소하였다.
③ 부모협동을 제외하고 매년 가장 적은 비중을 나타내고 있는 것은 직장 보육시설이다.
④ 2016년의 경우 보육시설의 수는 증가하였지만 비중은 6.7%에서 6.5%로 낮아졌다.
⑤ 조사기간 동안 놀이방이 차지하는 비중은 계속 증가하고 있다.

19 ▶ ③ [자료해석]

2021년도 놀이방의 수는 11,828개소, 법인과 직장 보육시설의 수는 1,475 + 298 = 1,773(개소)로 $\frac{11,828}{1,773}$ ≒ 6.7(배) 많다.

20 ▶ ① [자료해석]

① A + B + C : 530,000×0.93 = 492,900(원)
② A + C + D : 560,000×0.9 = 504,000(원)
③ A + C + E : 500,000×0.99 = 495,000(원)
④ B + C + E : 520,000×0.97 = 504,400(원)
⑤ C + D + E : 550,000×0.9 = 495,000(원)
따라서 최소비용이 드는 교육 프로그램 구성은 A + B + C인 ①이다.

추리   01~30번

01 ▶ ④ 언어추리

어떤 회사원이 자동차로 출퇴근한다는 것은 자동차로 출퇴근하는 회사원이 존재한다는 것이므로 모든 회사원이 야간 근무를 한다면 자동차로 출퇴근하면서 야간 근무를 하는 어떤 회사원이 반드시 존재하게 된다. 따라서 '모든 회사원은 야간 근무를 한다.'가 타당한 전제이다.

02 ▶ ① 언어추리

고객에게 피드백을 주지 않는 직원은 매출액이 증가하지 않는다는 것은 매출액이 증가하는 모든 직원이 고객에게 피드백을 준다는 것이므로 하루에 세 명 이상의 고객을 상담하면서 매출액이 증가한 직원이 존재하면 하루에 세 명 이상의 고객을 상담하고 고객에게 피드백을 주는 어떤 직원도 반드시 존재하게 된다. 따라서 '하루에 세 명 이상의 고객을 상담하는 어떤 직원은 고객에게 피드백을 준다.'가 타당한 결론이다.

03 ▶ ⑤ 언어추리

연인을 불쾌하게 하는 모든 것이 데이트폭력이므로, 연인을 불쾌하게 하는 어떤 사생활 침해 행위도 데이트폭력이다. 따라서 '어떤 사생활 침해 행위는 데이트폭력이다.'가 타당한 결론이다.

04 ▶ ③ 언어추리

제시된 정보를 정리하여 갑, 을, 병, 정이 근무한 지사 정보를 나타내면 아래와 같다.
갑: 부산, 대구 근무
을: 2곳 근무(인천 포함)
병: 부산 근무
정: 1곳 근무(대구)
③ 을은 인천과, 그외 한 곳의 지사에서 근무했다. 그런데 부산 지사에서 근무한 적이 있는 사람은 갑과 병뿐이고, 광주 지사에서 근무한 사람은 없다면, 을은 대구 지사에서 근무한 적이 있다고 말할 수 있다.
①, ② 갑과 병이 몇 개의 지사에서 근무했는지는 알 수 없다.
④ 인천 지사에서 근무한 것이 확실한 사람은 을뿐이다. 정은 인천 지사에서 근무한 적이 없고, 갑과 병의 근무 여부는 알 수 없다.
⑤ 제시된 정보로는 알 수 없다. 갑이 3곳에서 근무했다면 광주 지사가 아닌 인천 지사에서 근무했을 수도 있다.

05 ▶ ① 언어추리

마지막 조건에서, 시험은 월요일~목요일 사이에 치르게 됨을 알 수 있다. 따라서 다음과 같이 조건을 나타낼 수 있다.

	월	화	수	목	금	토	비고
(조건1)				○	→	○	불가
(조건2)	×	○					(조건4 참고)
	×			○	→	○	불가
(조건3)	○		×				가능
(조건4)		○	→	○	→	○	불가
		○		→	○		불가

(조건 2)에서 화요일에 시험을 볼 경우, 목요일 혹은 금요일에도 시험을 보아야 한다. 먼저, 목요일일 경우 토요일도 보아야 하므로 불가능하고, 금요일일 경우 강의를 하지 않는 날에는 시험을 보지 않는다는 조건에 위배되므로, 결국 화요일은 불가능하다. 따라서 가능한 요일은 월요일~목요일 중, 월요일 또는 수요일이다. (단, 월요일과 수요일에 모두 시험 보는 것은 불가능)

06 ▶ ① 언어추리

① A대리가 선발되면 인사팀의 P과장은 선발되지 않고, 같은 대리급인 Y대리와 S대리도 선발되지 않는다. 과장급 이상인 H차장, O과장, K과장 중 2명이 선발되는데, 선발되는 3명의 팀은 모두 달라야 하므로 K과장은 선발되고, H차장과 O과장 중 한 명만 선발된다.
② H차장이 선발되지 않으면 홍보팀에서는 Y대리나 O과장 중 한 명이 선발된다. 이때 만약 Y대리가 선발되면 A대리나 S대리는 모두 선발되지 않는다.
③ H차장이 선발되지 않으면 홍보팀에서 Y대리 또는 O과장이 선발된다. 이때 O과장이 선발되지 않을 수도 있다.
④ 기획팀에서 1명이 선발되어야 하므로 S대리가 선발되지 않는다면 K과장이 반드시 선발된다.
⑤ O과장이 선발되지 않고, A대리, S대리도 모두 선발되지 않는 경우가 가능하다. Y대리가 선발되고, P과장, K과장이 선발될 수 있다.

07 ▶ ② 언어추리

② 갑이 305호를 배정받을 수 없고 을과 정은 이웃해야 하므로 이 두 명의 방은 병의 방 오른쪽인 304호와 305호에 있게 된다. 을과 정의 방이 병의 방 왼편에 있게 되면, 정은 301호, 을은 302호에 오는데, 305호에 올 수 없는 갑이 304호에 배정되어 1학년 세 명이 이웃하게 되기 때문이다.

301호	302호	303호	304호	305호
정	을	병	갑	

즉, 을과 정이 병의 오른 편에 위치해야 한다.
병과 정은 이웃할 수 없으므로 정은 305호를, 을은 304호를 배정받게 된다. 1학년 3명이 이웃할 수 없으므로 갑은 301호를 배정받고, 무가 302호를 배정받는다.

301호	302호	303호	304호	305호
갑	무	병	을	정

① 갑이 302호, 병이 305호 방을 배정받았다면 303호, 304호는 이웃해야 하는 정과 을이 배정받게 된다. 그런데 정은 병과 이웃할 수 없으므로 정이 303호, 을이 304호를 배정받는다. 따라서 301호는 무가 배정받게 된다.

301호	302호	303호	304호	305호
무	갑	정	을	병

③ 정이 303호를 배정받으면, 정과 이웃하는 을은 302호 또는 304호를 배정받는다.

301호	302호	303호	304호	305호
	을	정		
		정	을	

또한 병과 정의 방은 이웃할 수 없는데, 병의 방은 301호는 아니라고 하였으므로, 병은 305호를 배정받게 된다. 또한, 3학년 학생끼리 연속하여 이웃해 방을 배정할 수 없으므로 정과 이웃한 방을 피해 무를 배정해야 한다.

301호	302호	303호	304호	305호
무	을	정	갑	병
무	갑	정	을	병

따라서 을은 302호 또는 304호에 배정받는다.

④, ⑤ 을과 정은 이웃하므로 302호는 정의 방이다. 3학년 학생 두 명이 이웃할 수 없고 정은 병과 이웃할 수 없으므로 303호는 병과 무가 배정받을 수 없다. 따라서 303호는 갑의 방이다. 304호와 305호는 병과 무에게 배정되어 둘은 서로 이웃한 방에 배치된다.

301호	302호	303호	304호	305호
을	정	갑	병 또는 무	병 또는 무

08 ▶ ② 〔언어추리〕

우선 문제에서 '다'와 '마'가 B팀에 속한다고 하였고 세 번째와 네 번째 조건을 고려해 보면 다음과 같은 표를 완성시킬 수 있다.

A팀	아
B팀	다, 마
C팀	바

두 번째 조건을 고려해 보면, 가는 반드시 두 명의 외국인과 같은 팀에 속해야 한다. B팀의 경우 이미 한국인인 '다'가 포함되어 있으므로 '가'가 들어갈 수 없다. 그리고 남은 A팀, C팀에는 외국인이 한 명씩 배정되어 있다. 따라서 남은 사람 중에서 남은 외국인인 '사'와 '자' 중에 한 명과 팀이 된다. 마지막 조건을 살펴보면 '가'의 경우 '바'와는 같은 팀에 속할 수 없으므로 A팀에 들어가야 한다.

A팀	가, 아
B팀	다, 마
C팀	바

첫 번째 조건에서 말한 바와 같이 각 팀에는 적어도 한 명의 한국인이 들어가야 하므로 C팀에는 '나'와 '라' 중 한 명 혹은 두 명이 들어가야 하는데, '라'는 '바'와 한 팀이 될 수 없으므로 C팀에는 '나'가 들어간다. 한편 '라'는 A팀이나 B팀 가운데 한 팀에 들어가야 하는데 A팀에 들어가면 '가'가 두 명의 외국인과 같은 팀에 속해야 한다는 조건에 모순되므로 '라'는 B팀에 들어가야 한다.

A팀	가, 아
B팀	다, 라, 마
C팀	나, 바

또한, '사'는 '바'와 같은 팀이 될 수 없으므로 A팀에 들어갈 수밖에 없고, 마지막 남은 '자'의 경우 C팀에 들어간다.

A팀	가, 사, 아
B팀	다, 라, 마
C팀	나, 바, 자

따라서 A팀에 들어갈 직원들은 '가, 사, 아'가 되고 정답은 ②가 된다.

09 ▶ ④ 〔언어추리〕

화요일 오전과 수요일 오후에는 강의가 개설되지 않는다고 하였다. 월, 수요일에는 초급반 강의가 없으므로 초급반 강의는 화, 목요일에 있다.(화, 목 오후) 중급반 강의는 초급반 강의와 같은 요일에 개설되지 않으므로 월, 수요일에 있다.(월, 수 오전) 이를 표로 나타내면 아래와 같다.

	월요일	화요일	수요일	목요일
오전 9~10시	(중급)	×	(중급)	
오전 10~11시	(중급) (고급)	×	(중급) (고급)	(고급)
오후 2~3시	(고급)	초급	×	초급

중급반과 고급반 강의가 개설 가능한 시간은 다음과 같다.
중급반(월, 수): 월요일 오전 9시와 10시, 수요일 오전 9시와 10시
고급반(월, 수, 목 가능): 월요일 오전 10시와 오후 2시, 수요일 오전 10시, 목요일 오전 10시

④ 화요일에는 초급반 강의만 개설된다.
① 고급반 강의는 월요일, 수요일, 목요일 중에 두 번 개설된다. 반드시 수요일과 목요일에 있다고 할 수는 없다.
② 월요일에는 중급 강의가 있는 것은 확실하나, 고급반 강의가 월요일에 개설되지 않고 수요일과 목요일에 개설될 수도 있다.
③ 초급, 중급, 고급반 강의가 모두 개설되는 요일은 없다.
⑤ 목요일에 고급반 강의가 개설되는 경우가 가능하다.

정답 및 해설(제4회 모의고사)

10 ▶ ② [언어추리]

A와 D가 만나지 않았고, D는 기자와 만났으므로 A와 D는 기자가 아니다. 또한, B가 연구원과 기자를 만났으므로 B도 기자가 아니다. 따라서 기자는 C다.
연구원을 찾아보면, B가 연구원과 기자를 만났으므로 B는 연구원이 아니다. 따라서 A나 D가 연구원인데, C가 연구원과 만나지 않았고, D는 기자인 C와 만났으므로 A가 연구원임을 알 수 있다.
이제 남은 것은 B와 D이고, 이들이 소설가와 변리사이다. B는 연구원과 기자를 만났다고 했으므로, B는 A와 C를 만났음을 알 수 있다. 그런데 A는 소설가와 만났지만 D와는 만나지 않았다고 했으므로 A가 만난 소설가는 B이다.
따라서 D가 변리사이다.

11 ▶ ② [언어추리]

세 명이 가위바위보 게임을 해서 승부가 난다면 2명이 이기거나 1명만이 이긴다.
i) 1명이 게임에서 이기는 경우
이때 두 명의 진술이 참이 된다. 희연과 동수의 진술은 동시에 참이 될 수 없고, 동수의 진술이 참이 될 수 없으므로, 희연과 민재의 진술이 참이 되고, 동수가 게임에서 이긴다.
ii) 2명이 게임에서 이기는 경우
이때 한 명의 진술만이 참이 된다. 그런데 희연과 동수의 진술 중 하나가 반드시 참이므로 동수의 진술이 참이 되고, 민재의 진술이 거짓이기 때문에 희연과 민재가 게임에서 이긴다.
따라서 선택지 중 게임에서 이긴 사람으로 가능한 경우는 동수가 이기는 경우이다.

12 ▶ ③ [언어추리]

영균이 참석하게 된다면 윤정이 오고, 윤정이 오면 정수가 오며, 정수가 오면 철희는 오지 않고, 3명 이상이므로 민희는 참석한다. 즉, 영균(○), 철희(×), 성희(×), 윤정(○), 민희(○), 정수(○)이므로 최대 4명이 참석한다.

13 ▶ ⑤ [언어추리]

형주는 금요일에 시험을 봐야 하므로 수요일이나 금요일에 시험을 봐야 하는 수희는 수요일에 시험을 보게 된다. 따라서 지원이는 월요일에 시험을 보게 된다.
남는 것은 화요일과 목요일인데, 정욱이는 월요일과 화요일에 시험을 볼 수 없으므로 목요일에 시험을 보게 된다.
따라서 남는 화요일에는 나윤이가 시험을 보게 된다. 이를 표로 나타내면 다음과 같다.

월요일	화요일	수요일	목요일	금요일
지원	나윤	수희	정욱	형주

14 ▶ ④ [언어추리]

우선, 두 번째 조건에 따르면 B는 짝수번호인 여자 옆에는 앉을 수 없으므로 반드시 1과 5 사이에 앉아야 한다. 나머지 조건으로는 A, C, D, E의 자리를 확정하기에는 경우의 수가 적지 않으므로 선택지 중에서 답이 될 수 없는 것을 살펴보자.
① A가 1과 2 사이에 앉는다고 가정해보자. 그렇다면 네 번째 조건에 따라 E는 4와 5 사이에 앉아야 하는데 그러면 C의 위치는 2와 3 사이이든, 3과 4 사이이든 결국 3 옆에 앉는다는 말이 된다. C가 3 옆에 앉는다면 세 번째 조건에 따라 D는 1 옆에 앉아야 하는데 1 옆에는 B와 A가 이미 앉아 있다. 따라서 A는 1과 2 사이에 앉을 수 없다.
② D가 4와 5 사이에 앉는다고 가정해보자. 그렇다면 네 번째 조건에 따라 E는 1과 2 사이에 앉아야 하는데 그러면 C는 ①의 경우와 마찬가지로 결국 3 옆에 앉아야 한다. C가 3 옆에 앉는다면 세 번째 조건에 따라 D는 1 옆에 앉아야 하는데 1 옆에는 이미 B와 E가 앉아 있다. 따라서 D는 4와 5 사이에 앉을 수 없다.
③ C가 2와 3 사이에 앉으면 세 번째 조건에 따라 D는 1과 2 사이에 앉아야 한다. 그러면 A는 3과 4 사이나 4와 5 사이에 앉아야 하는데 첫 번째 조건에 따라 4와 5 사이에는 앉을 수 없다. 따라서 C가 2와 3 사이에 앉으면 A는 반드시 3과 4 사이에 앉아야 한다.
④ E가 4와 5 사이에 앉더라도 1과 2 사이에 D, 2와 3 사이에 C, 3과 4 사이에 A가 앉으면 문제의 조건에 위배되지 않는다. 따라서 A는 3과 4 사이에도 앉을 수 있다.
⑤ C가 3과 4 사이에 앉으면 B가 1과 5 사이에 앉아 있으므로, 세 번째 조건에 의해 D가 1과 2 사이에 앉는다.

15 ▶ ② [도형추리]

가로열을 기준으로 화살표가 머리 방향으로 이동한다.

16 ▶ ① [도형추리]

가로열을 기준으로 음표가 오선지에서 일정하게 이동하고 있고 색칠된 부분도 일정하게 1칸씩 변화하고 있다.

17 ▶ ③ [도형추리]

가로열의 첫 번째 줄은 시계 시간으로 3시, 6시, 9시(3시간 증가)를, 두 번째 줄은 4시, 8시, 12시(4시간 증가)를 표현하고 있다. 세 번째 줄은 5시, 10시, 3시(5시간 증가)로 변화함을 알 수 있다.

18 ▶ ④　[도식추리]

□는 다음과 같이 값을 증감한다: ABCD → A(−1)B(−2)C(−3)D(−4)
◇는 다음과 같이 값을 증감한다: ABCD → A(+1)B(+2)C(+3)D(+4)
☆다음과 같이 순서를 변화한다: ABCD → BADC
○는 다음과 같이 값을 증감한다: ABCD → A(+2)B(−4)C(+6)D(−8)

SKㄹ3 → ◇ → TMㅅ7 → ☆ → MT7ㅅ

19 ▶ ①　[도식추리]

H9E6 → □ → G7B2 → ○ → I3H−6

20 ▶ ②　[도식추리]

6790 → ☆ → 7609 → ◇ → 88313

21 ▶ ⑤　[도식추리]

REOQ → □ → QCLM → ☆ → CQML → ◇ → DSPP

22 ▶ ⑤　[단어유추]

①, ②, ③, ④는 유의관계이지만 ⑤는 반의관계이다.

23 ▶ ②　[단어유추]

농부가 농작물을 생산하는 사람이므로 생산자와 생산품의 관계이다. 따라서 작가가 생산하는 것으로는 '도서'가 적절하다.

24 ▶ ④　[논리추론]

④ 이순신 장군을 표상하거나 지시한다고 해서 반드시 이순신 장군의 모습과 유사하다고 할 수는 없다고 하였다.
① 개미가 우연히 그린 '이순신 장군'이라는 글자 모양은 의도를 가지고 만든 것이 아니기 때문에 이순신 장군을 표상한다고 할 수 없으나, 어떤 책이나 신문에 나온 활자화된 '이순신 장군'은 이순신 장군을 지시하려는 의도를 가지고 사용되었으므로 이순신 장군을 표상한 것이다. 따라서 이름이 어떤 것을 표상하기 위해서 '의도'는 반드시 필요하다고 할 수 있다.
② 이순신 장군과 그 모습이 유사하다고 하여 그것이 바로 이순신 장군을 표상하는 것은 아니다. 따라서 어떤 것을 표상하기 위해 '유사성'이 반드시 필요한 것은 아니다.
③ 개미가 남긴 모래 위의 흔적은 의도를 가지고 어떤 것을 나타내기 위한 것이 아니므로, 어떤 것도 표상하지 않는다.
⑤ 개미가 아무런 의도 없이 나타낸 '이순신 장군'의 모습이나 글자 모양이 이순신 장군을 표상할 수 없는 것은, 그것에 아무런 의도가 없었기 때문이다. 이름이 어떤 대상을 표상하기 위해서는 그 이름을 사용한 사람이 그 대상을 의도해야 한다. 즉, 그 대상을 생각할 수 있는 능력이 있어야 한다.

25 ▶ ②　[논리추론]

② 태양보다 8배 이상 무거운 별이 최후를 맞이하면 중심부는 높은 밀도의 중성자별이 되거나, 수축하여 블랙홀이 된다. 태양과 비슷한 질량의 별은 수명을 다하면 적색거성이 되었다가 백색왜성으로 변하고 바깥 부분의 물질은 우주 공간으로 퍼져나가 성운을 만든다.

26 ▶ ④　[논리추론]

④ 플라톤은 비엘리트인이 능력과 자격이 결여되어 있으므로 정치적 임무를 수행할 수 없어 민주정에 호의적이지 않았다고 하였고, 현대 엘리트 이론에서도 마찬가지로 민주주의를 정치 체계의 분류 도식에 편입시킬 필요가 없다고 부정하였으므로 이들의 민주주의에 대한 시각은 모두 부정적이라 볼 수 있다. 시각이 판이하게 다르다는 내용은 거짓이다.
① 엘리트 이론은 권력이 한 사회 안에서 중요한 의사 결정을 하는 소수의 사람과 집단에 집중된다는 것을 전제로 삼는다고 하였다.
② 플라톤은 비엘리트인을 본성상 정치적 임무를 수행할 자격과 능력이 결여된 자들로 보았기 때문에 민주주의에 대해 부정적이라고 하였다.
③ 엘리트 이론에서는 엘리트 계급은 우월성과 탁월성을 통해 자신의 지배를 정당화하여 피지배 계급을 지배한다고 하였다.
⑤ 파레토는 "역사는 바로 이 엘리트 계급의 부침으로 설명"된다고 하였다.

27 ▶ ③　[논리추론]

이 글의 논지는 뇌는 의식의 주체가 아니며, 의식은 뇌와 몸과 외부 세계의 상호작용을 요구한다는 것이다. 따라서 외부 세계에 대한 관찰 없이 뇌를 살피는 것만으로 인식에 대해 확실하게 알 수 있다는 진술은 이 글의 논지를 약화시키는 진술이 된다.

28 ▶ ③　[논리추론]

③ 대법원은 반론권 제도에 대해, 사회적 강자인 언론을 대상으로 일반인이 동등한 공격과 방어를 할 수 있도록 균형 유지 수단을 제공하는 것으로 보았다. 이는 즉 언론을 일반인과 비교해 사회적 강자로 본 것이다.

① 반론권은 언론 보도로 인해 입은 피해에 대한 비금전적 구제 방식에 해당한다. 반론권은 금전적 보상을 포함하지 않는 것이다.
② 사실적 주장 및 의견에 대해 반론권을 부여하는 제도가 전 세계 약 30개 국가에서 시행 중이다.
④ 글에 제시되지 않아 추론할 수 없는 내용이다.
⑤ 반론권 도입 당시 정부가 언론의 자유보다 개인의 권리에 방점을 두었다기보다, 언론사에 부담을 주지 않고 개인의 피해를 신속하게 구제받을 수 있는 '효율성'에 방점을 두었다고 추론할 수 있다.

29 ▶ ②   논리추론

A씨는 미세먼지를 감소시키기 위해 모든 국민들에게 차량 2부제 실시를 강제해야 한다고 하였다. 이에 대해 차량 2부제를 강제할 때 발생할 수 있는 문제를 제시하는 것은 적절한 반박이 될 수 있다.

30 ▶ ⑤   논리추론

제시된 글의 주장은 '표준말이 방언에 비해 우월한 위치에 있어야 한다'는 것이다. 따라서 반론은 표준말에 비해 방언의 가치가 더 크거나 적어도 작지 않다는 주장이어야 할 것이다. 여기에 해당되는 것은 ⑤이다.

제5회 모의고사

수리논리
01. ⑤	02. ④	03. ②	04. ⑤	05. ④
06. ④	07. ④	08. ④	09. ③	10. ③
11. ③	12. ③	13. ③	14. ⑤	15. ④
16. ③	17. ⑤	18. ②	19. ④	20. ③

추리
01. ①	02. ④	03. ⑤	04. ②	05. ①
06. ③	07. ①	08. ②	09. ⑤	10. ④
11. ④	12. ③	13. ④	14. ⑤	15. ②
16. ④	17. ②	18. ⑤	19. ④	20. ②
21. ①	22. ②	23. ②	24. ③	25. ②
26. ①	27. ④	28. ③	29. ③	30. ②

수리논리 01 ~ 20번

01 ▶ ⑤ 응용수리

A버스의 이동 시간을 x분이라고 하면, A버스로 x분 동안 이동하는 거리는 $x$km이고 B버스로 $(x-10)$분 동안 이동하는 거리는 $1.5(x-10)$km이다.
B버스가 A버스보다 이동한 거리가 더 길어야 하므로
$x < 1.5(x-10)$, $15 < 0.5x$, $30 < x$
따라서 B버스가 A버스를 앞지르게 되는 것은 A버스가 출발하고 나서 30분 후이다.

02 ▶ ④ 응용수리

맞힌 문제를 x개라 하면 틀린 문제는 $(15-x)$개다.
$40 + 8x - 2(15-x) = 10x + 10 = 80$
$\therefore x = 7$
따라서 정답을 맞힌 문제의 개수는 7개이다.

03 ▶ ② 자료해석

② 대면 거래의 비중은 줄어들고 있지만, 실제 건수는 알 수 없다.
① 86.2%에서 87.8%로 1.6%p 증가했다.
③ 2017년부터 2021년까지의 비대면 거래 중 업무처리 건수 비중이 가장 적은 금융서비스 방식은 텔레뱅킹이다.
④ 전체 제공방식 업무처리 건수 중에서 CD/ATM의 비중이 매년 높기 때문에 그 건수 또한 가장 많다.
⑤ 2020년 대면 거래 업무처리는 전체의 13.6%이고, CD/ATM 업무처리 비중은 39.8%이므로 두 비중의 합은 53.4%로 절반 이상이다.

04 ▶ ⑤ 자료해석

⑤ 전년 대비 2019년 평균 월급은 남자는 감소하였고 여자는 증가하였지만, 월 급여 200만 원 미만인 근로자 수의 경우 남자는 증가하였고 여자는 감소하였다.
① 2021년 근로자 중 월 급여가 200만 원 이상인 근로자의 비율은 $\frac{5,231}{7,990} \times 100 ≒ 65.5(\%)$이다.
② 전년 대비 2020년 월 급여가 200만 원 이상인 근로자의 수의 증가율을 보면 남자는 약 2.9%이고, 여자는 약 11.4%이므로 여자가 남자보다 높다.
③ 2017년부터 2021년까지 A지역의 근로자의 평균 월 급여는 매해 남자가 여자보다 높다.
④ 2018년의 경우 월 급여 200만 원 미만의 근로자 중에서 남자가 차지하는 비율은 약 61.0%이고 월 급여 200만 원 이상의 근로자 중에서 남자가 차지하는 비율은 약 78.2%이다.

05 ▶ ④ 자료해석

직업별 조사 결과 중 고위험의 비율이 가장 높은 직업군은 무직이며, 일반사용자군의 비율이 가장 낮은 직업군은 79.5%인 학생이다.

06 ▶ ④ 자료해석

④ 매년 30대 남자 관람객 수가 증가한 뮤지컬은 J와 H인데 H는 매년 여자 관람객 수가 감소하였다.
① 매년 30대 남자 관람객 수가 가장 많은 뮤지컬은 J임을 두 번째 표를 통해 확인할 수 있다.
② 연도별 남자 관람객 수와 30대 남자 관람객 수를 비교해 보면 전체 남자 관람객 수가 전년 대비 증가한 경우 같이 증가하였고 감소한 경우 같이 감소하였다.
③ 2017년 인기 뮤지컬 3편의 총 관람객 수는 3,508,000명이었고, 2020년에는 3,583,000명으로 증가하였다.
⑤ 조사기간 동안 인기 뮤지컬 3편의 총 30대 남자 관람객 수를 살펴보면 2017년에 898,000명, 2018년에 935,000명,

2019년에 973,000명, 2020년에 979,000명 그리고 2021년에 981,000명으로 2021년에 가장 많은데, 이때 뮤지컬 C의 남자 관람객 수는 전년 대비 감소하였다.

07 ▶ ④   자료해석

④ 인구 비중 대비 제조업 생산액의 비중이 1을 초과하는 권역은 충청권, 호남권, 동남권, 대경권이다. 이 네 권역의 인구 비중 대비 제조업 생산액을 구하면 다음과 같다.

충청권: $\frac{17.3}{10.2}$ ≒ 1.7

호남권: $\frac{11.3}{10.4}$ ≒ 1.1

동남권: $\frac{24.6}{15.8}$ ≒ 1.6

대경권: $\frac{14.1}{10.3}$ ≒ 1.4

따라서 인구 대비 제조업 생산액이 가장 큰 권역은 충청권이다.
② 면적 비중 대비 총생산액의 비중이 1을 초과하는 권역은 수도권, 동남권이다. 이때 면적 비중 대비 총생산액은 수도권이 $\frac{47.8}{11.8}$ ≒ 4.1, 동남권이 $\frac{17.1}{12.4}$ ≒ 1.4로 두 번째로 큰 지역은 동남권이다.
③ 면적 비중 대비 농업·임업·어업 생산액의 비중이 1을 초과하는 권역은 수도권, 충청권, 호남권, 동남권, 제주권이다. 이때 면적 비중 대비 농업·임업·어업 생산액은
수도권이 $\frac{12.3}{11.8}$ ≒ 1.0, 충청권이 $\frac{18.4}{16.6}$ ≒ 1.1,
호남권이 $\frac{26.4}{20.7}$ ≒ 1.3, 동남권이 $\frac{14.9}{12.4}$ ≒ 1.2,
제주권이 $\frac{6.6}{1.8}$ ≒ 3.7로 가장 큰 지역은 제주권이다.

08 ▶ ④   자료해석

④ 건설작업 소음 민원건수 비율은 감소 추이를 보이는 반면 항공 소음 민원건수 비율은 계속 증가하고 있다.
① 공장 소음 민원건수가 차지하는 비율은 34% → 35.6% → 36.0% → 38.1%로 매년 증가하였다.
② 2020년 심야영업 소음 민원건수 비율은 18.4%이고 2년 전인 2018년은 8.2%이므로 $\frac{18.4}{8.2}$ ≒ 2.2(배) 증가하였다.
③ 2020년과 2021년 소음 발생원별 민원건수 비율이 높은 순서는 '공장 – 심야영업 – 건설작업'까지 동일하다.
⑤ 2021년 생활 소음 민원건수와 교통 소음 민원건수 비율의 차이는 7.1 − 2.7 = 4.4(%p)이고, 2018년 생활 소음과 교통 소음 민원건수의 비율 차이는 14.3 − 4.8 = 9.5(%p)로 2018년에 비하여 2021년의 비율 차이는 감소하였다.

09 ▶ ③   자료해석

③ 절도사건이 가장 많이 일어난 해는 7,936건이 발생한 2021년이고 강도사건이 가장 적게 검거된 해도 167건을 검거한 2021년이다.
① 절도사건의 검거율이 가장 낮았던 해는 2016년으로 $\frac{2,880}{7,303} \times 100$ ≒ 39.4(%)이다.
② 강도사건의 검거율이 가장 높았던 해는 2018년으로 $\frac{201}{224} \times 100$ ≒ 89.7(%)이다.
④ 강도사건이 가장 많이 일어난 해는 245건이 발생한 2020년이고, 절도사건이 가장 적게 검거된 해는 2,880건을 검거한 2016년이다.
⑤ 절도 사건의 발생건수는 증감을 반복하고 있다.

10 ▶ ③   자료해석

③ 투자건수 비율이 가장 높은 투자규모는 28.0%를 나타낸 5만 달러 미만이고, 가장 낮은 투자규모는 4.5%를 나타낸 500만 달러 이상이다.
① 투자규모가 10만 달러 이상인 투자금액 비율은 98.1%에 이른다.
② 투자규모가 10만 달러 미만의 투자건수 비율을 먼저 계산하면 28.0+20.9=48.9(%)이므로 50%를 넘지 않는다. 따라서 10만 달러 이상의 투자건수 비율이 더 높다는 것을 알 수 있다.
④ 투자규모가 커질수록 투자금액 비율도 늘어나고 있다.
⑤ 투자금액 비율이 가장 낮은 투자규모는 5만 달러 미만이다.

11 ▶ ③   자료해석

③ 첫 번째 그래프를 보면, 인구성장률이 2014년과 2019년에는 1.5% 미만으로 상승하였다.
① 출생자가 가장 많은 연도는 2015년으로, 인구성장률은 5.04%로 가장 높다.
② 사망자가 두 번째로 많은 연도는 2019년으로, 인구성장률은 2014년 다음으로 가장 낮다.
④ 2017년 전년 대비 203,000명 감소하여 가장 많이 감소하였다.
⑤ 출생자 수가 가장 적은 연도는 2017년으로 자연증가율 또한 3.6%로 가장 낮다.

12 ▶ ③   자료해석

인구성장률 = $\frac{\text{당해연도 총인구} - \text{이전년도 총인구}}{\text{이전년도 총인구}} \times 100$

2018년 인구성장률 = $\frac{54,412 - 53,085}{53,085} \times 100$ ≒ 2.50(%)

13 ▶ ③

③ 전년 대비 연간 급여비 증가액은 2016년 7,167억 원, 2020년 7,570억 원으로 2020년의 급여비 증가액이 가장 크다.
④ 2011년 대비 2015년의 연간 보험료 증가율은 $\frac{70,342-42,445}{42,445} \times 100 ≒ 65.7(\%)$이다.
⑤ 2011년 대비 2021년 연간 보험료 증가율은 $\frac{132,946-42,445}{42,445} \times 100 ≒ 213.2(\%)$, 급여비 증가율은 $\frac{66,248-28,279}{28,279} \times 100 ≒ 134.3(\%)$로 보험료 증가율이 더 높다.

14 ▶ ⑤

보험료 증가율은 약 213.2%이고, 급여비 증가율은 약 134.3%이다.
따라서 보험료 증가율은 급여비 증가율의 약 $\frac{213.2}{134.3} ≒ 1.6$(배)이다.

15 ▶ ④

④ 중학생을 기준으로 유학생 수가 가장 적은 해는 2014년이고, 이때의 고등학생 유학생 수는 877명이지만, 이것이 가장 적은 수치는 아니다. 고등학생을 기준으로 유학생 수가 가장 적은 해는 2015년이다.

16 ▶ ③

2016년 외국으로 유학을 간 초등학생의 비율은 $\frac{1.8}{10,000} \times 100 = 0.018(\%)$이다.

17 ▶ ⑤

① 학력별 '그저 그렇다'라고 답한 비율의 그래프이다.
② 소득별 '그저 그렇다'라고 답한 비율의 그래프이다.
③ 연령별 '만족'이라 답한 비율의 그래프이다.
④ 소득별 '만족'이라 답한 비율의 그래프이다.

18 ▶ ②

② 2021년 국외 자회사 수가 두 번째로 많은 업종은 442개를 나타내고 있는 도소매업이다. 출판영상통신업은 2021년 국내 자회사 수가 두 번째로 많은 업종이다.
① 2.3개로, 비슷한 수준이라 할 수 있다.
③ 자회사 수가 증가한 업종은 78개, 감소한 업종은 3개이다.
④ 20% 증가한 전기가스업의 증가율이 가장 크다.
⑤ 자회사 수 및 1기업당 자회사 수 모두 감소하였다.

19 ▶ ④

2021년 전년 대비 국내 자회사 수가 가장 크게 증가한 업종은 서비스업으로 9.9%이고, 가장 크게 감소한 업종은 전기가스업으로 −13.0%이다. 따라서 증감률 차이는 22.9%p이다.

20 ▶ ③

ⓒ 2011년 대비 2021년 수입액이 가장 큰 비율로 증가한 주류는 $\frac{90-14}{14} \times 100 ≒ 542.9(\%)$ 증가한 맥주이다.
ⓔ 2020년 대비 2021년 포도주 수입액의 증가율은 $\frac{172-147}{147} \times 100 ≒ 17.0(\%)$이다.
㉠ 2015년 이후 위스키의 수입액은 2017년까지 감소하다 2018년 다시 증가한 후 다시 감소하고 있다.
㉡ 포도주의 수입액은 2016년까지 계속 늘어난 후 서서히 감소하다가 2019년부터 다시 늘어나 2021년 최대치를 기록했다.

추리 | 01~30번

01 ▶ ①

언어추리

개념요소는 수학자, 계산이 빠른, 감성적인 사람이다. 문장마다 각각 2개 이상의 개념요소가 들어가야 하므로 추가되는 전제는 '계산이 빠름'과 '감성적인 사람'으로 문장이 이루어져야 한다. 수학자 → 계산이 빠름 → 감성적이지 않음으로 이어져야 하므로, 이에 부합하는 것은 ①이다.

02 ▶ ④

언어추리

모든 정치가는 거짓말쟁이이므로, 어떤 거짓말쟁이는 정치가임을 알 수 있다.
어떤 거짓말쟁이는 사기꾼이라고 했으므로, 거짓말쟁이 중에는 정치가도 있고 사기꾼도 있다는 사실을 알 수 있다. 단, 모든 정치가가 거짓말쟁이이고, 어떤 거짓말쟁이는 사기꾼이므로 어떤 정치가는 사기꾼일 수 있지만, 정치가 중에 사기꾼이 없을 수도 있으므로 ③은 반드시 참이라 볼 수 없다.

03 ▶ ⑤

언어추리

다음과 같이 벤 다이어그램을 그려 보거나, 삼단논법을 통해 문제를 해결해야 한다.

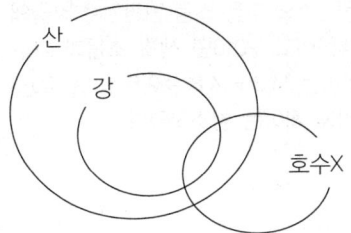

⑤ 강을 여행한 어떤 사람들은 산을 여행한 사람들이고 호수를 여행하지 않았다는 것이 한꺼번에 성립하므로, '강을 여행한 어떤 사람들은 호수를 여행하지 않았다'가 성립한다.
① 강을 여행한 사람 중에 일부는 호수를 여행하지 않은 것으로 볼 수 있기 때문에 반드시 참일 수 없다.
② 호수를 여행한 어떤 사람은 강을 여행할 수 있지만, 모든 사람이 강을 여행했다고 할 수는 없다.
③ 강을 여행한 어떤 사람들은 산을 여행한 사람들이다. 산을 여행한 사람들이 호수를 여행했다는 것이 성립하지 않으므로 반드시 참이라고 할 수 없다.
④ 강을 여행한 모든 사람들은 산을 여행한 사람들이다. 산을 여행한 모든 사람들이 호수를 여행하지 않은 것이 성립하지 않는다.

04 ▶ ② 언어추리

A는 B보다 먼저 발표하고, E는 B보다 나중에 발표한다. (A>B>E)
E 앞에는 최소한 3명 이상(A와 B는 연이어 발표하지 않음)이 있으므로, E는 두 번째 발표자가 될 수 없다. 따라서 두 번째 발표하는 사람은 D이다.
세 번째 발표자는 A 또는 F인데, 이 두 가지 경우를 나누어 살펴보면 아래와 같다.
ⅰ) A가 세 번째로 발표하는 경우
A>B>E의 순서로 발표하며 A와 B는 연이어 발표하지 않으므로, 다섯 번째로 B, 마지막 여섯 번째로 E가 발표한다. 또한 C는 처음 혹은 마지막에 발표하는데, 마지막을 E가 발표하게 되므로 C가 첫 번째가 되어 다음과 같은 순서로 정리할 수 있다.

| C | D | A | F | B | E |

ⅱ) F가 세 번째로 발표하는 경우
A>B>E의 순서로 발표하며 이때 A와 B는 연이어 발표하지 않으므로, A는 첫 번째 순서가 될 수밖에 없다. (A가 네 번째에 발표한다면 뒤이어 B, E가 연달아 오게 되는데 이는 A와 B가 연이어 발표하지 않는다는 조건에 어긋난다.) 따라서 C는 마지막 순서가 되고, 네 번째와 다섯 번째가 차례로 B, E가 된다.

| A | D | F | B | E | C |

② A가 첫 번째로 발표하는 경우 B는 네 번째로 발표한다.
①, ③, ④, ⑤는 항상 참이다.

05 ▶ ① 언어추리

각각의 경우 중 하나만을 참으로 놓고 결과를 정리해 보자.
ⅰ) 방 A의 안내문이 참일 때
A → 보물
B → 비어 있지 않다. → 괴물
C → 보물이 들어 있지 않다. → 비어 있다.

ⅱ) 방 B의 안내문이 참일 때
B → 비어 있다.
C → 보물이 없다. → 괴물
A → 보물

ⅲ) 방 C의 안내문이 참일 때
C → 보물
A → 방 B에는 괴물이 있지 않다. → 방 A에 괴물이 있다.
방 C에 보물이, 방 A에 괴물이 있으므로 방 B는 비어 있다. 그러면 방 B의 안내문이 참이 되고, 방 B와 C의 안내문이 참이므로 조건에 위배된다.
ⅰ), ⅱ)를 표로 정리하면 다음과 같다.

A	B	C
보물	×	괴물

A	B	C
보물	괴물	×

따라서 ①만 옳다.

06 ▶ ③ 언어추리

제시된 비교 정보를 정리하면 아래와 같다.
갑은 무보다 책을 많이 읽었다. (갑>무)
병은 기보다 책을 적게 읽었다. (기>병)
을은 정보다 책을 적게 읽었지만, 갑보다는 많이 읽었다. (정>을>갑)
무는 기보다 책을 많이 읽었지만, 을보다는 적게 읽었다. (을>무>기)
→ 정>을>갑>무>기>병
③ 을보다 책을 많이 읽은 사람은 정 1명이다.
① 책을 가장 적게 읽은 사람은 병이다.
② 무보다 책을 많이 읽은 사람은 정, 을, 갑 3명이다.
④ 병보다 을의 독서량이 많다.
⑤ 정이 기보다 독서량이 많다.

07 ▶ ① 언어추리

파란색 옷은 왼쪽 끝, 오른쪽 끝에는 C가 걸려 있다.

			C
파란색			

D는 B의 바로 오른쪽에 걸려 있으므로 다음 두 가지 경우가 가능하다.

B	D	A	C
파란색			

A	B	D	C
파란색			

② 왼쪽 끝에 걸린 옷은 A 또는 B이다.
③ A는 D의 왼쪽, 오른쪽에 걸리는 두 가지 경우가 모두 가능하다.
④ A가 왼쪽 끝에 걸리지 않았다면 A는 빨간색 또는 노란색이다.
⑤ D가 초록색이라면 C는 빨간색 또는 노란색이다.

08 ▶ ② [언어추리]

6명의 직원들 중에 E는 세미나에 불참하게 된다고 하였으므로 A, B, C, D, F만이 세미나에 참석할 수 있다.
우선 조건 2에 의해서 D 또는 E는 반드시 참석해야 하므로 D는 반드시 참석해야 한다.

A	B	C	D	E	F
			참석	불참	

조건 3의 대우를 취하면 D가 참석하게 되면 C도 참석하게 된다.

A	B	C	D	E	F
		참석	참석	불참	

조건 4에서 'B가 불참하면 F도 불참한다'고 하였다. 만일 B가 불참하게 되어서 이 두 명이 모두 불참하게 되면 참석자가 최대 3명이 될 수밖에 없으므로 문제에서 주어진 조건과 모순이 된다. 그러므로 B는 반드시 참석해야 한다.

A	B	C	D	E	F
	참석	참석	참석	불참	

조건 1에 의해 B가 참석하였으므로 A는 불참하여야 한다. 또한 세미나 참석자는 반드시 4명이 되어야 한다고 하였으므로 F는 반드시 참석하여야 한다. 그러므로 최종 참석자는 B, C, D, F의 1가지 경우만이 가능하다. 그러므로 답은 ②가 된다.

09 ▶ ⑤ [언어추리]

헝가리 선수 뒤에 오는 선수가 2명이므로 헝가리가 3위 즉 동메달을 획득했음을 알 수 있다.
그리고 아시아 국가는 모두 메달권에 들었으므로 한국과 중국이 1위와 2위를 차지했음을 알 수 있다. 단, 어느 국가가 1위이고 2위인지는 제시된 정보로는 알 수 없다.
4위와 5위는 캐나다와 미국인데, 이 경우도 어느 국가가 4위이고 5위인지는 알 수 없다.

금메달	은메달	동메달	4위	5위
한국, 중국		헝가리	캐나다, 미국	

⑤ 은메달은 한국 또는 중국이 차지한 것이 맞다.
① 한국이 금메달을 땄는지는 알 수 없다. 금메달 또는 은메달을 땄다.
② 캐나다 선수는 4위 또는 5위이다.
③ 헝가리 선수 앞에는 한국 또는 중국 선수이므로 아시아 선수가 들어왔다. 그 뒤로는 캐나다 또는 미국 선수이므로 북미 선수가 들어왔다.
④ 중국은 1위 또는 2위이므로 헝가리 선수 바로 앞 혹은 한국 선수 바로 앞에 들어왔다.

10 ▶ ④ [언어추리]

조건을 정리하면 다음과 같다.

영어	적성검사
A > B	A > C
E < B	E > D, E > A
D ≤ B	D > C
C > D	C > B

영어 성적의 경우
A > B > E, B ≥ D, C > D이며,
적성검사의 경우
E > A > C > B, E > D > C > B이다.
따라서 ④와 같이 적성검사 성적이 B > D인 경우는 항상 거짓이다.
①, ②, ③은 참·거짓 여부를 알 수 없고, ⑤는 참이다.

11 ▶ ④ [언어추리]

A와 연합할 수 있는 국가를 찾고, 이때 침략이 가능한 국가들을 고르면 된다. A는 침략국이고 다른 나라와 연합할 수 없는 관계가 없으므로, A를 제외한 서로 연합이 가능한 두 나라를 찾고, 그때 다른 나라와의 연합이 불가능한 나라들을 선택하면 된다.
한편 E는 어떤 나라와도 연합하지 않고 다른 나라가 침공할 수도 없으므로 E를 제외한 나머지 나라들의 상황을 요약하면 다음과 같다.

침략	연합국	상황
A	B, C	B, C 적대국이므로 연합 불가
	B, D	C or F 침략 가능
	B, F	C, D 연합 가능하므로 침략 불가
	C, D	B, F 연합 가능하므로 침략 불가
	C, F	C, F 적대국이므로 연합 불가
	D, F	D, F 적대국이므로 연합 불가

따라서 A는 B, D와 연합하게 되고, 이때 침략하여 합병할 수 있는 나라는 C와 F다.

12 ▶ ③ [언어추리]

G가 5번, A가 6번 타자인 것은 정해져 있다.
B와 F가 각각 G와 A의 앞에 와야 하므로 B, F는 모두 7번 타자가 될 수 없다.
7번 타자가 될 수 있는 사람은 결국 C, D, E이다. 그러나 C와 D는 타순이 연이어 배치되어 있는데 6번 타자로 A가 정해져 있으므로 결국 7번 타자가 될 수 있는 사람은 E뿐이다.
①, ② 제시된 조건만으로는 알 수 없다.
④, ⑤ C가 2번 타자이면 F가 3번 타자가 된다. 그리고 C와 타순이 연이어 있는 D는 1번 타자가 된다. 이때, B는 4번 타자이다.

13 ▶ ④ [언어추리]

① 학과장인 C는 한 과목만 강의할 수 있고 일주일에 하루만 강의할 수 있다. 그런데 논리학과 윤리학은 이틀에 나누어서 강의해야 하므로 학과장 C는 논리학과 윤리학을 강의할 수 없다. 따라서 학과장 C는 과학철학을 강의할 수밖에 없다.
② 논리학은 학과장 C를 제외한 A, D, E교수가 개설할 수 있다.
③ F교수가 인식론과 심리철학 과목을 개설할 수 있다.
⑤ B와 G는 각각 두 과목을 개설해야 하는데 근세철학과 윤리학이 공통이다. 따라서 한 교수가 근세철학을 개설하면 다른 교수는 근세철학을 개설할 수 없으므로 반드시 윤리학은 개설된다.

14 ▶ ⑤ [언어추리]

경식의 말이 참인 경우 성재의 학년은 두 번째로 높다. 이에 따라 영호의 학년은 가장 높거나 세 번째로 높다. 만약 영호의 학년이 가장 높다면 영호 − 성재 − 경식 − 범진 순서로 학년이 높다. 그런데 만일 영호의 학년이 세 번째로 높다면 범진 − 성재 − 영호 − 경식 순서대로 학년이 높아야 하는데, 이는 영호의 진술에 모순되므로 불가능한 순서이다. 따라서 영호 − 성재 − 경식 − 범진 순서가 가능하다.
두 번째로 경식의 말이 거짓인 경우 성재의 학년은 세 번째로 높다(성재가 학년이 가장 높으면 경식은 성재에 대해 거짓을 말할 수 없으므로). 성재의 진술이 참이라면 영호의 학년은 가장 높으며, 경식의 학년이 두 번째로 높게 된다. 따라서 가능한 순서는 영호− 경식 − 성재 − 범진이다. 그런데 성재의 진술이 거짓이라면 영호의 학년이 가장 낮아야 하는데 이는 성재의 진술과 맞아 참이 된다. 따라서 성재의 진술은 참이고 순서는 영호 − 경식 − 성재 − 범진이다.
경식의 말이 참인 경우와 거짓인 경우 모두 학년이 가장 높은 사람은 영호이고 가장 낮은 사람은 범진이다.

15 ▶ ② [도형추리]

우선 9칸의 가운데 있는 도형은 그 안에서 오른쪽으로 90도씩 회전한다.
그리고 나머지 가장자리 칸에서는 도형이 시계방향(오른쪽)으로 한 칸씩 이동하는데, 이동할 때 색반전이 이루어진다. 단, 선으로만 이루어진 칸은 색반전 없이 이동만 한다.

16 ▶ ④ [도형추리]

가로열을 기준으로 (첫 번째 색칠된 도형의 개수)−(두 번째 색칠된 도형의 개수)=(세 번째 색칠된 도형의 개수)이다.

17 ▶ ② [도형추리]

○는 반시계방향으로 두 칸씩, △는 오른쪽 방향으로 한 칸씩, □는 반시계방향으로 한 칸씩 이동한다. ○, △, □의 위치가 겹치는 경우도 가능하다.

18 ▶ ⑤ [도식추리]

△는 다음과 같이 순서를 변화한다 : ABCD → DCBA
◇는 다음과 같이 값을 증감한다 : ABCD → A(+1)B(+2)C(+3)D(+4)
☆는 다음과 같이 값을 증감한다: ABCD → A(−1)B(+2)C(−3)D(+4)
○는 다음과 같이 값을 증감한다: ABCD → A(+4)B(−3)C(+2)D(−1)

7245 → ☆ → 6419 → △ → 9146

19 ▶ ④ [도식추리]

BGㅅ6 → ◇ → Cㅊ10 → △ → 01ㅊC

20 ▶ ② [도식추리]

F4K6 → ☆ → E6H10 → ○ → I3J9

21 ▶ ① [도식추리]

MAIN → △ → NIAM → ☆ → MKXQ → ◇ → NMAU

22 ▶ ② [단어유추]

당구풍월: 서당(書堂) 개 3년이면 풍월(風月)을 읊는다.
마이동풍: 말 귀에 봄바람이 스쳐간다는 뜻으로 남의 말을 귀담아듣지 않고 흘려버림 또는 전혀 관심이 없음을 비유하는 말

23 ▶ ② [단어유추]

'신장'은 세력이나 권리 따위가 늘어나는 것을, '수축'은 부피나 규모가 줄어드는 것을 의미하는 것으로 반의어 관계이다.
①, ③, ④, ⑤는 유의어 관계이다.

24 ▶ ③ [논리추론]

③ 한국 자본 시장은 일반적인 시장 원리가 적용되는 곳이지만, 1990년대 후반 마이크로소프트사의 사례에서 보듯이 민족 감정으로 인해 시장 원리가 무력화되기도 한다. 따라서, 시장 원리가 완벽하게 작동한다는 내용은 거짓이다.

①, ⑤ 이 글을 관통하는 내용이라 할 수 있는데, 세계화가 진행되고 있는 환경 속에서도 특정 국가 혹은 지역 상황이 국제 사회에 미치는 영향력이 점점 커지고 있는 현실이 있다고 하였다. 이를 통해 세계화가 진행되더라도 지역주의는 없어지지 않고 남아있음을 알 수 있다.
② '빅맥'은 오늘날 거의 모든 나라의 사람들이 먹는 음식으로, 세계화의 확산을 단적으로 나타내는 음식이다.
④ 중동 지역의 어느 나라의 경우를 들어, 빅맥 척도에 의하면 세계화가 상당히 진행되어 있지만 이 나라에는 반세계화 투쟁을 주창해 온 세력이 존재한다고 하였다. 이를 통해 빅맥 척도와 실질적인 세계화 진행 정도가 다를 수 있음을 알 수 있다.

25 ▶ ②
유교는 예악(禮樂)이라고 하여 예제(禮制)와 음악을 동일하게 중시했으며, 예제와 음악이 조화된 단계의 오례 운영을 추구했다.

26 ▶ ① 〔논리추론〕
① 장거리 탄도미사일은 하늘 높이 솟구쳤다가 중력 가속도를 받으며 떨어지기 때문에 하강 속도가 음속의 20배 이상으로 빨라 요격이 쉽지 않다고 하였다. 중력 가속도를 받는 것은 솟구친 다음 포물선을 그리며 자유낙하하며 날아가는 궤적 때문이라 할 수 있다.
② 북한의 대기권 재진입 기술 확보에 대해서는 전문가 사이에 의견이 엇갈린다고 했으므로, 확보 여부를 확인하지 못한 것으로 볼 수 있다.
③ 순항미사일은 레이더 탐지를 피하기 위해 발사 직후부터 수십 미터 이하의 고도로 날아간다.
④ 사정거리 5,500km 이상인 것을 대륙간탄도미사일로 분류한다.
⑤ 중거리 탄도미사일의 사거리는 960~5,500km 정도, 장거리 탄도미사일의 사정거리는 5,500km 이상이다. 사거리 범위만 제시되었을 뿐, 사거리에 따른 중거리 탄도미사일의 비중은 나와 있지 않아 알 수 없다.

27 ▶ ④ 〔논리추론〕
공정무역은 공정한 가격 지불뿐 아니라 성 평등, 건강한 노동환경 제공에도 노력을 기울이고 있어 제3세계의 경제문제뿐 아니라 사회, 정치적 상황에도 영향을 줄 수 있음을 추론할 수 있다.

28 ▶ ③ 〔논리추론〕
③ 올림픽에 여자의 참가가 금지되고 기혼 여성의 관람을 허용조차 하지 않은 것으로 미루어 그리스 사회는 남녀평등을 바탕으로 하고 있지 않음을 추론할 수 있다.

① '제우스에 대한 불신행위가 없었던 자'로 미루어 다신교 국가임을, '크리스트교를 국교로 인정'에서 유일신을 신봉하는 국가로 바뀌었음을 추론할 수 있다.
② 시민권이 있는 사람만이 참석할 수 있다는 조항으로 미루어보아 그리스는 도시국가였다.
④ 시가(詩歌) 경연과 각종 운동 경기를 시행하였다는 데서 추론할 수 있다.
⑤ 원래 올리브 잎으로 만든 관만 수여했으나, 이후 상금을 주는 풍습이 생겼다는 데서 추론할 수 있다.

29 ▶ ③ 〔논리추론〕
③ 휴대전화 요금과 놀이공원 입장료에 적용되는 이부가격제는 기업의 이윤 극대화의 방법이다.
① 저렴한 가격으로 상품을 구입할수록 소비자 잉여는 커진다.
② 이용자가 가격의 부담이 적은 것처럼 느끼게 만들 뿐 우리가 모르는 가운데 기업의 이윤극대화를 위한 모색은 계속되고 있다고 하였다.
④ 이부가격제를 적용하면 휴대전화 회사는 소비자의 통화량과 관계없이 기본 이윤을 확보할 수 있다고 하였으므로, 이는 소비자가 아닌 회사에 더 이익이다.
⑤ 제시문을 통해서는 추론할 수 없는 내용이다.

30 ▶ ② 〔논리추론〕
② 복제인간은 난자 제공자에게서 미토콘드리아 유전자를 받기 때문에, 체세포 제공자와 유전자가 100% 일치하지는 않는다고 하였다. 또한, 미토콘드리아 유전자는 수정 과정에서 난자를 통해 어미로부터만 유전된다고 하였다.
①, ③ 복제인간의 경우 미토콘드리아 유전자 때문에 체세포 제공자와 100%는 일치하지 않아, 반드시 일란성 쌍둥이와 같다고 할 수는 없다.
④ 난자 제공자가 동일하면 미토콘드리아 유전자도 같아지기 때문에 같은 DNA를 가지게 된다고 할 수 있다.
⑤ 일란성 쌍둥이와 비교했을 때, 복제인간의 경우 환경의 영향이 일란성 쌍둥이에 비해 훨씬 크게 작용한다고 하였다.

GSAT
삼성직무적성검사

QMG 박문각